Rupert Riedl

Mit dem Kopf durch die Wand

Die biologischen Grenzen des Denkens

Klett-Cotta

Klett-Cotta
© J. G. Cotta'sche Buchhandlung Nachfolger GmbH,
gegr. 1659
Stuttgart 1994
Alle Rechte vorbehalten
Fotomechanische Wiedergabe nur mit Genehmigung
des Verlages
Printed in Germany
Schutzumschlag: Klett-Cotta-Design
Gesetzt aus der 10 Punkt Novarese
von Steffen Hahn GmbH, Kornwestheim
Auf säure- und holzfreiem Werkdruckpapier gedruckt
und gebunden von J. Ebner, Ulm

Die Deutsche Bibliothek – CIP-Einheitsaufnahme
Riedl, Rupert:
Mit dem Kopf durch die Wand : die biologischen Grenzen des
Denkens / Rupert Riedl. – Stuttgart : Klett-Cotta, 1994
ISBN 3-608-91672-5

Inhalt

Vorwort

Im Grunde dachte ich, meinen Teil getan zu haben: Zwei
Bände zu meiner Systemtheorie der Evolution, vier Bände
Evolutionäre Erkenntnistheorie und einige drum herum schienen mir für zwei Jahrzehnte der Tintenflut genug zu sein –
zumal man ohnedies seine originalen Ergebnisse nicht unter
Buchdeckeln, sondern zunächst als Einzelstudien in wissenschaftlichen Archiven publizieren soll, denn nur dort werden
diese erwartet: ein weiser Rat schon meiner Lehrer, den ich
allerdings nicht befolgte, denn diese Themen schienen mir zu
umfangreich, um sich in kleine Aufsätze zu fügen.

Nun aber bestimmten mich meine eigenen, heute schon
prominenten Schüler, doch noch die Konsequenzen darzustellen, die sich aus der Zusammenfügung meiner Evolutionstheorie mit meiner Erkenntnistheorie ergeben. Erst dadurch,
so meinten sie, werde man auch außerhalb meiner Schule
wahrnehmen, wie aus einer Erkenntnislehre der Biologen eine
echte Erkenntnistheorie hervorging.

Mir graute vor der Aufgabe, in diesem Kontext nun mehr als
tausend wissenschaftliche Quellen zitieren zu sollen, um meinen Standort in den Wissenschaften nochmals erweitert zu
belegen. Schwung kam aber über der Einsicht auf, daß von
mir ohnedies schon alles Einschlägige zitiert und belegt sei,
und über der Vermutung, sich darum auch eine gelockerte,
fast populäre Schreibweise leisten zu können. Alles Techni-
sche könne vermieden werden.

Nun, ganz so bequem ging's nicht ab; auch der Leser wird
es an mancher heiklen Passage als nicht zu bequem empfinden. Auch er wird sich, so wie es mir beschieden war, einiges
zu erarbeiten haben. Schließlich empfahl der kluge Lektor,

doch die Schlüssel-Literatur, und diese wenigstens abschnittweise, zuzufügen, um es dem Leser zu erleichtern, falls erwünscht, in die fachlichen Hintergründe hineinzufinden. Der Leser sollte gleich erkennen, wohin der Weg ihn führt.

Dankend hebe ich die Umsicht des Verlages hervor, die Geduld, da meiner Familie, dort meines Instituts, die Akribie, mit welcher meine Frau ein sechstes, Dr. LUDWIG HUBER ein zweites Mal Graphiken für eines meiner Bücher produzierten, und die Treue meiner Schüler: Sie gaben den Anstoß zu diesem Buch.

Wien   Im Mai 1994
und
Altenberg (a. d. Donau)   RUPERT RIEDL

Einführung

In unserem Laborjargon hieß der Text, der hier folgen wird, bereits „das Käferbuch", und zwar deshalb, weil ich mit einem Käfer beginne, der aus einem Trinkglas nicht mehr herausfindet; in Analogie zur zentralen Frage dieses Buches, wie denn die unsichtbare Wand beschaffen sei, die das Erkenntnisvermögen unseres Gehirns daran hindert, die Wand zu überwinden. Daß ich eine solche Frage stellen und beantworten kann, wird durch Einsichten möglich, die sich aus dem Zusammenhang zweier Theorien ergeben: aus der „Systemtheorie der Evolution" und der „Evolutionären Erkenntnislehre" in der Fassung ihrer zweiten Generation.

Die Systemtheorie der Evolution geht über die Konzepte, die heute die meisten Lehrbücher anbieten, hinaus. Sie anerkennt die mit Mutation, Milieuselektion und Populationsdynamik argumentierende „Synthetische Theorie" des Neodarwinismus als einen gewiß notwendigen, nicht aber als einen zureichenden Ansatz der Erklärung. Was hinzukommt, ist die Kenntnis rekursiver, eben systemischer Kausalität, die einsichtig macht, wie die Schichten organismischer Organisation in Wechselwirkung stehen und warum – das interessiert uns hier – einmal erreichte konstruktive Lösungen nicht mehr aufgegeben werden können, also das, was man Gerichtetheit der Evolution nennt, Begrenzung, oder, in moderner Terminologie „constraints" ihrer adaptiven Möglichkeiten.

Die Evolutionäre Erkenntnislehre wiederum beantwortet die alte Frage, wie es kommt, daß unsere Sinne und unser Hirn dieser Welt entsprechen, mit dem Prozeß der Anpassung. Die *Apriori* unseres Denkens werden aus demselben Grund in die Welt passen, aus welchem die Flosse des Fisches ins Wasser

11

paßt, noch bevor er aus dem Ei geschlüpft ist. Es sind *a posteriori* Lernprodukte unseres Stammes (KONRAD LORENZ). Dazu kommt in der zweiten Generation der Theorie die Einsicht, daß die Langsamkeit solch genetischer Adaptierung von der Geschwindigkeit der Kulturentwicklung überrannt worden ist. Was für die Lebensprobleme des Frühmenschen noch zureichend adaptiv gewesen sein konnte, bleibt in solchen angeborenen Anschauungsformen ebenso wie in constraints gefangen und findet sich von der Komplexität der Probleme überfordert, vor denen wir heute stehen.

Die Formen der Anschauung wie auch der Kommunikation sind nun gewiß beide adaptiv entstanden. Von allen tastenden Versuchen, der Welt wie den Partnern zu genügen, mußten solche erhalten bleiben, die Erfolg hatten. Das gilt für die Leistungen unserer Sinne und die angeborenen Formen unseres Anschauens ebenso wie für unsere Sprache und deren „gereinigte" abstrakte Formen. Was hinzukommt, ist die Einsicht, daß die Selektionsbedingungen, die Anschauungs- und Kommunikationsformen durchsetzten, sehr unterschiedlich sind. Die Anschauung wurde durch einen Selektionsdruck auf Korrespondenz durchgesetzt. Sie muß der Welt genügen. Dagegen wurde Kommunikation durch einen Selektionsdruck auf Kohärenz durchgesetzt. Sender und Empfänger müssen einander wechselseitig entsprechen.

Die korrespondenz- und kohärenzgeprüften Leistungen sind folglich von zweierlei Art. Erstere operieren kybernetisch und gewinnen ihre relativen Sicherheiten aus der Bestätigung von Prognosen, die das Milieu betreffen. Letztere operieren linear und gewinnen ihre relativen Sicherheiten aus dem Streben nach Eindeutigkeit und Widerspruchsfreiheit im kommunikativen System. Dazu kommt, daß der Korrespondenzdruck zu sinnlicher Wahrnehmung, zu typologischer Klassen- und Begriffsbildung und zur Entdeckung der Gesetzmäßigkeiten der Natur führt. Der Kohärenzdruck führt aber zu Semantik und Syntax und in „gereinigter" Sprache zu Logik und Mathematik. Korrespondenzen leiten den Intellekt, den Verstand, an und führen zu den „empirischen Wahrheiten"; Kohärenzen leiten die Vernunft an und führen zu den „rationalen Wahrheiten".

Die empirischen und die rationalen Wahrheiten sind dem Menschen hier durch die Sinne, dort durch sein Sprachdenken suggeriert worden. Und mit der beginnenden Reflexion über sich und die Welt wurden ihm auch die Widersprüchlichkeiten dieser Wahrheiten bewußt. Daraus entstand die Polarisierung zweier alternativer Strömungen des Denkens, die uns bis heute begleiten: Empirismus und Rationalismus. Dazu kommt die Erkenntnis, daß alle Erkenntnisprobleme, sei es der Herkunft des Wissens, der Wirklichkeit, der Wahrheit, oder der Ursachen der Dinge, durch die ganze Philosophiegeschichte widersprüchlich geblieben sind und daß in keiner der Teillösungen eine zureichende Lösung liegen kann. Sie kann erst durch die Kenntnis der Evolution unserer Ausstattung gefunden werden. Die Wand wird sichtbar.

Unser Umgehen mit der Welt führt diese Spaltung fort. Unsere Kultur hat Glauben und Wissen getrennt, Philosophie und Wissenschaft, Natur und Kultur und zuletzt sogar Natur- und Geisteswissenschaften, und wir nehmen dies einfach als gegeben hin. Jene haben die Welt ohne viel Bedenken verändert, diese haben, außer Lamenti, nicht viel beigetragen (LORD SNOW). Was hinzukommt, ist die Einsicht, daß wir mit jenen gespaltenen Prognosen über uns und die Welt fortgesetzt an der Erfahrung scheitern, daß wir eigentlich schon ahnen, was wir anrichten, und uns zu fürchten beginnen. Die Bedrohung durch die Wand wird fühlbar. Die Formen unseres Anschauens und Sprachdenkens sind zwar nicht mehr zu ändern, aber wir können Verstand wie Vernunft nach deren Widersprüchen und nach den Widerlegungen der Prognosen, die sie anbieten, korrigieren, wenn wir uns der Erfahrung beugen.

Im Unterschied zu unserem Käfer haben wir die Chance, aufgrund der Kenntnis unserer Geschichte, in einer neuen Phase evolutiven Kenntnisgewinns, auch die alten Anleitungen und damit auch die Wand zu übersteigen.

1

Über einige nützliche Begriffe im voraus

Die Biologie hat ihr Fach im letzten Jahrhundert ausgedehnt, auf der einen Seite bis in den Bereich der Moleküle, auf der anderen bis in die Grundlagen der Erkenntnisfähigkeit des Menschen. An dieser zweiten Entwicklung bin ich beteiligt. Über die Erforschung der „Systembedingungen der Evolution", die uns nun auch „Die Ordnung des Lebendigen" (RIEDL 1975) verstehen läßt, entdeckte ich die Übereinstimmung von Denk- und Naturmustern: Naturmuster als Ursache der Denkmuster.

Aus KONRAD LORENZ' „Die Rückseite des Spiegels" (1973) ergab sich die Bestätigung: Denkmuster als Selektionsprodukt. Bis wir denselben Gedanken bei Sir KARL POPPERs „Evolutionärem Entwurf" (1970) vorbereitet fanden und weiter bei LUDWIG BOLTZMANN (vgl. 1979), ERNST MACH (1905) und ERNST HAECKEL (1905), alles ausgelöst durch den Erfolg des Evolutionsgedankens, durch CHARLES DARWIN (1859).

Mit der Grundfrage, ob wir die Welt recht erkennen, wie das käme und wie sich dies begründete, beginnt jede Erkenntnistheorie. Drei Möglichkeiten hat unsere Geistesgeschichte erdacht oder gefunden: PLATON eine transzendente; Ideen seien der Welt wie der Seele vorgegeben, IMMANUEL KANT (ab 1781) eine transzendentale; Erkenntnisformen sind uns allein vorgegeben, oder KONRAD LORENZ (erstmals 1941) evolutionär; die Möglichkeiten zu erkennen sind Produkte der Selektion an der Welt. Diese „Evolutionäre Erkenntnistheorie" stellt meinen Ansatz dar. Wir werden erst durch sie das Maß des Menschen besser verstehen.

Am besten beginne ich mein Thema von der bequemen Seite, nahe der Trivialität: in einer Geisteshaltung, die man einen philosophischen Augenblick nennen mag: Frühsommer, Garten, Körpergefühl, Insektengesumme – man fühlt sich eins mit der Natur. Sie scheint durch einen hindurchzuziehen. Mehr noch: Man mag selbst ein Teil sein von ihr. Und die Welt ist klar und von bezwingender Deutlichkeit. Aber da plumpst ein großer Käfer in mein schon leeres Wasserglas.

Der Blick fällt auf seine aussichtslosen Befreiungsversuche; und schon schwebt in dem luftigen Augenblick etwas wie Bedenklichkeit. In dem Glas würde der Käfer sterben, wiewohl seine Vorfahren, seit es Käfer gibt auf dieser Welt, seit dem Unter-Perm, dem Rotliegenden, also über 200 Millionen Generationen, erfolgreich gewesen sein müssen. Hätte nur einer in der Kette seiner Ahnen keinen Reproduktionserfolg gehabt, er wäre nicht da und hätte darum auch nicht in mein Glas fallen können. Und nun meistert er das Lebensproblem nicht, vor das ihn ein Glas stellt. Dabei war keine Organismengruppe so tüchtig wie die Käfer. Die Hälfte aller Arten dieser Biosphäre sind Insekten, und von diesen die meisten *Coleopteren*. Sollte sich ein Schöpfer die Evolution der Kreaturen ausgedacht haben, er müßte, so sagt man, ein Coleopterologe, ein Coleopterophile gewesen sein. Und nun bewältigt seine so erfolgreiche Kreatur ein so einfaches Existenzproblem nicht. Nun, wir meinen das zu verstehen. Glas ist in der Evolution der Käfer nicht vorgekommen. Seine Tücke blieb unbekannt. Seine lebensbedrohende Irreführung wurde nicht zum Problem, und daher ist kein Käfer darauf vorbereitet und in der Lage, einer solchen Todesfalle zu entgehen. Ich aber werde mit leichter Hand das Glas kippen und ihn seiner Welt zurückgeben.

Durch das Glas sah er die Grashalme, die es umstanden. Sah er auch mich? Vielleicht einen Teil von mir. Aber er krabbelte nicht auf mich zu. Ich war bedeutungslos. Irrte er sich? Und als ich ihn aus der Falle kippte? Hätten in einem Käferhirn Vorstellungen Platz, er müßte an die Gunst des Schicksals glauben, an das Wirken höherer Mächte, die solche

16

unbegreiflichen und unentrinnbaren Lebensbedrohungen
einfach hinwegfegen.

Am Rande der Erkenntnisprobleme

Vorerst müssen wir in Erkenntnisfragen noch nicht tiefer eindringen.
Der Band wird uns in sie hineinführen. Auch will ich ihn nicht mit
Zitierungen belasten. Alles, was ich in der „Evolutionären Erkennt-
nistheorie" zugrunde lege, ist längst zitiert. Man verwende ihre
philosophische Systematik von VOLLMER (1975), ihre biologische
von mir (RIEDL 1980), der ich Bände zu den „Biologischen Grundlagen des Erklärens und Verstehens" (1985), „... des Erkennens und
Begreifens" (1987) und „... des Für Wahr Haltens" (1992) folgen ließ.
   Nimmt man die Symposienbände, die ihre Wirkung auf die
Philosophie (RIEDL & WUKETITS 1987) und auf die Wissenschaften
(RIEDL & DELPOS 1994) schildern, sowie das Lehrbuch (IRRGANG
1993) hinzu, so wird man alle weiteren Sammelbände und Zitierungen vorfinden.

Manchem mag solcherart Philosophieren schon begegnet
sein. Auch, was sich daraus folgern läßt. Denn nur zu offensichtlich sind wir keine höheren Mächte. Vielmehr zählt es zu
den Eigenschaften höherer Mächte, eben höher zu sein.
   Könnten wir selbst die Tücken und Irreführungen erahnen,
die Todesfallen, wie sie vielleicht die Zukunft unserer Generationen längst umgeben? Oder hätten wir diese dank unserer
Vernunft inzwischen bereits abgewendet? Sind wir über unseren Schatten gesprungen? Aber wie könnte das sein? Wer
könnte über sich selbst so hinauswachsen – transzendieren,
so erinnern wir uns in solch einem philosophischen Augenblick. Und wir können ohne Mühe nachblättern, in welche
Richtung man meinte hinüberzusteigen. Ins Jenseits, lehren
Religionen. Oder in ein Jenseitiges, in dem Gott noch wohnt.
Jenseits aller Begriffe, meinten die Scholastiker, jenseits alles
Erkennbaren, meinte KANT. Und so blieb es in zunehmend

säkularisierter Zeit bei einem Hinübersteigen über die Erfahrungswelt, das Weltgegebene bei JASPERS, ins Nichts bei HEIDEGGER, ins Metaphysische, in das Jenseits der Physik, was das auch sein mag. Im Grunde sind es Sprachunterschiede in der naheliegenden Vermutung, daß es jenseits des uns Begreifbaren noch allerlei geben müsse.

Etwas über Metaphysik

Es ist zu vermuten, daß unser Käfer keine vergleichbare Vermutung hegt. Sie mag ein Privileg des Menschen sein. Und da ich ihn nun befreite, wird er weder höhere Mächte annehmen noch über Dinge jenseits des ihm Erfahrbaren grübeln. Er wird weder beten noch philosophieren. Er wird weiterkrabbeln, als Befreiter behender denn zuvor. In dem einen unterscheiden wir uns von ihm, im anderen wenig. Damit sind wir unserem Thema nähergekommen.

Können wir die Scheibe wenigstens ahnen, an der wir selber krabbeln? Gewißheit haben wir natürlich nicht. Denn entweder haben wir einen Sachverhalt begriffen oder nicht. Worin wir unserem Käfer voraus sind, das sind eben Ahnungen. Er mag keine Ahnung haben, was es ist, das seine Bemühung erfolglos macht. Weder biß er ins Glas, noch suchte er es klebrig zu machen, um dessen Glätte doch zu überwinden. Wir aber ahnen vielleicht, wo die Grenzen liegen.

Metaphysik ist ein notwendiger Antrieb zu jeglichem Grübeln, Denken und Forschen, aber sie ist ein schlechter Führer; in ganz willkürlicher Weise kann sie auch vielfältig in die Irre leiten.

Dennoch: die Nachrichten, die wir aus unserer Geschichte haben, zeigen, daß sich die Grenze zu dem, was jenseits des Erfahrbaren liegt, verschoben hat. Um wieviel, wissen wir freilich nicht. Und zwar deshalb nicht, weil es zu den Eigenschaften des Unbegreiflichen zählt, auch die Menge des noch immer Unbegreiflichen nicht zu begreifen. Für den frühen Menschen war schon das Feuer an der Grenze zum Unverstehbaren, für HOMER manche Laune der Götter im Himmelsgewölbe. Für uns Moderne verschob sie sich von der Atmosphäre in den Kosmos.

Über Transzendieren

Mein philosophischer Augenblick war von Körper- und Naturgefühl inspiriert, aber auch von einem Büchlein, das ich nun weglege zu Gräsern, Glas und Insekten. EINSTEINS ‚Relativitäts-Theorie gemein verständlich‘. Und das Interessanteste, das aus ihm verständlich wird, ist eine Ahnung davon, wo das Unverstehbare beginnt, hier schon in den Begriffen von Raum und Zeit.

Wenn wir den gemessenen Bögen des Sternenlichtes trauen, muß der Raum in sich zurückgekrümmt sein. Könnten wir mit unseren Radioteleskopen weit und schnell genug sehen, dann müßten wir in jeder Himmelsrichtung unseren eigenen Hinterkopf wahrnehmen. Das liegt so außerhalb des Vorstellbaren, wie es nicht gelingt, uns einen Begriff vom Ende des Raumes oder vom Anfang der Zeit zu bilden. Vor dem Urknall sollte es weder Zeit noch Raum gegeben haben. Durch Auseinanderrasen der schweren Quanten konnte beides erst geschaffen worden sein. Wie wäre nun diese kosmische Zeit vor der Entstehung der Zeit zu denken, wie eine Welt ohne Raum? Oder wie müßte man sich den Raum unseres Kosmos vorstellen: in irgend etwas schwebend, das kein Raum mehr sein kann. Jeder Denkversuch, derlei vorstellbar zu machen, endet zwanghaft in der Vorstellung eines weiteren Raumes.

Wir können ohne Raum und Zeit nicht denken; und wir meinen, nun auch dies zu verstehen. Alle unsere Vorfahren sind, wie GERHARD VOLLMER sagt, in einem Mesokosmos, an einer Welt mittlerer Größe, ausgebildet worden. Die uns angeborenen Formen der Anschauung, so KONRAD LORENZ, hatten sich stets an jenen mittleren Dimensionen zu bewähren, die eben näherungsweise wie eine lineare Zeit und

19

ein davon unabhängiger dreidimensional euklidischer Raum erscheinen.

Das vierdimensionale Raum-Zeit-Kontinuum, dessen wirkliches Vorhandensein uns die Berechnung anzunehmen zwingt, ist in seiner kosmischen Dimension so wenig ein Lebensproblem irgendeines unserer Vorfahren gewesen wie das Glas für irgendeinen Vorfahren der Käfer. Die Tücken des Raum-Zeit-Kontinuums blieben unbekannt. Und sollte dies für uns eine lebensbedrohende Irreführung werden, sie wurde nicht zum Problem, und daher kann keines Menschen Hirn darauf vorbereitet und in der Lage sein, einer solchen Falle für unsere Sinne zu entgehen.

Ähnliches sagte ich schon von dem Käfer. In dem einen sind wir dem Käfer gleich, im anderen weniger. Unsere Sinne können wir nicht ändern. Aber wir ahnen die Möglichkeit, die Grenzen unserer angeborenen Anschauungsformen, messend und denkend, kritisch empirisch zu übersteigen.

Nun mag man einwenden, daß es sich in diesem Beispiel nicht um ein Lebensproblem der Spezies Mensch zu handeln scheint, vielleicht nur um eine akademische Grille der theoretischen Kosmologen. Letzteres, so überzeugen mich die Astrophysiker, kann nicht der Fall sein; das Phänomen gilt als unabweislich. Ersteres, so muß ich einräumen, trifft zu.

Ich habe aber unsere angeborenen Anschauungsformen zunächst für Raum und Zeit nur aus didaktischen Gründen vorgezogen, weil man deren Grenzen noch am leichtesten mitvollziehen kann. Wir werden aber weiteren begegnen, die dimensionslos wirken und uns daher auch in den mesokosmischen Dimensionen dieses Erdenlebens mit Tücken und Irreführungen plagen und zum Überlebensproblem unserer Spezies werden können. Doch davon später.

Im Zentrum der Evolutionsprobleme

Schon hier müssen wir uns tiefer in die Phänomene der Evolution einlesen. Ihren Gesetzen wird in allem weiteren Text zu folgen sein. Dabei werden die grundlegenden Werke von LAMARCK (1809), DARWIN (1859, 1868) und von WALLACE (1855, 1866) eine Rolle spielen. Die heutige Sicht der „Synthetischen Theorie der Evolution", welche MAYR (1942), DOBZHANSKY (1951) und SIMPSON (1952) zuerst synthetisierten, wird als notwendige Erklärung durch die „Systemtheorie der Evolution", die ich zuerst 1975 entwickelte und meine Schüler fortsetzten, zu einer zureichenden Erklärung ergänzt werden.

Dabei wird das Prinzip der Entstehung von Ordnung im Kosmos, das Negentropie-Prinzip (SCHRÖDINGER 1944) allgemein angewendet werden (RIEDL 1976), es werden Constraints und Freiheitsgrade in der Evolution zu trennen und gegen Formen des Konstruktivismus (Übersicht in S.SCHMIDT 1987) abzugrenzen sein, um die „Adaptierungsmängel der menschlichen Vernunft" (RIEDL 1994) aufzuschließen.

Um unserem Thema aber ganz nahe zu kommen, müssen wir noch einen dritten Sachverhalt erörtern. Neben der Relativität der Grenze zum Metaphysischen und der Möglichkeit, sie – wenn auch in nur kleinen Schritten – zu übersteigen, erhebt sich die Frage, im Rahmen welcher Bedingungen wir Kreaturen die Grenzen unseres Weltbildes transzendieren können.

Kehren wir zu unserem eben entlaufenen Käfer zurück. Er ist auch der Entwicklung folgender Einsicht von Nutzen: Alle Käfer, ja sämtliche Insekten, und mehr noch: sämtliche Gliederfüßer verdanken die Statik ihres Körpers einem Außenskelett, wir Primaten, zusammen mit allen Säugern und fast sämtlichen Wirbeltieren, einem Skelett im Inneren. Kofferfische und Schildkröten sind die seltenen Ausnahmen, aber auch dies nicht ganz.

Über Fixierungen und Bürden

Bedenkt man den Umstand, daß bewegliche Statik auch durch ein Muskelgeflecht erreicht werden kann, wie bei unseren Nacktschnecken, oder durch inneren Turgor (Abb. 1), wie beim Regenwurm, indem, ähnlich dem Autoreifen, das Innere einer festen Hülle aufgepumpt wird, so mag sich auch der Leser folgendes fragen: Sollte es nicht wenigstens für eine von hunderttausenden Käferarten im Lückensystem eines Kiesbodens vorteilhafter geworden sein, die flexiblere Statik des Muskelgeflechtes anzunehmen? Sehen wir nicht, wie unbeholfen diese Panzergeschöpfe unter solchen Bedingungen sind? Sollte es nicht für eine der zu Zehntausenden zählenden Wirbeltierarten, wie etwa die im zähen Schlamm grabenden Fische, vorteilhafter geworden sein, die peristaltische Statik des Turgorkörpers anzunehmen? Ist diesen die Grenze ihrer Effektivität nicht genauso anzusehen?

Man wird antworten: Das geht schon wegen der so unterschiedlichen Baupläne nicht. Das ist richtig und für unsere Überlegungen ganz entscheidend. Hält man sich die Zahl der Arten vor Augen und multipliziert diese mit Millionen und Milliarden von Individuen und dieses Produkt mit Millionen und Milliarden Generationen, so wird diese Stetigkeit gegenüber dem ständigen Bombardement mutativer Änderungen doch höchst erstaunlich. Hält man sich demgegenüber die uns nachgerade unerschöpflich erscheinende ‚Phantasie' in der Evolution der Organismen vor Augen, so muß uns diese Starrheit, diese Festlegung einiger Bauprinzipien und ihre Unübersteigbarkeit gegenüber so großer schöpferischer Freiheit zu denken geben. Aber nicht nur solch grobe, äußere Merkmale unterliegen der Festlegung. Ein Muster aus Freiheit und Fixierungen durchzieht auch das Innere jeglicher Kreatur. Bei Vögeln und Säugern beispielsweise ist von sechs und mehr Kiemenarterien der Fische über die Lurche und Reptilien nur einer, der vierte, als Aortenbogen erhalten, bei sämtlichen Vögeln davon die rechte Bogenhälfte, bei allen Säugern die linken Bogenhälfte. Die einzige Ausnahme, an die man

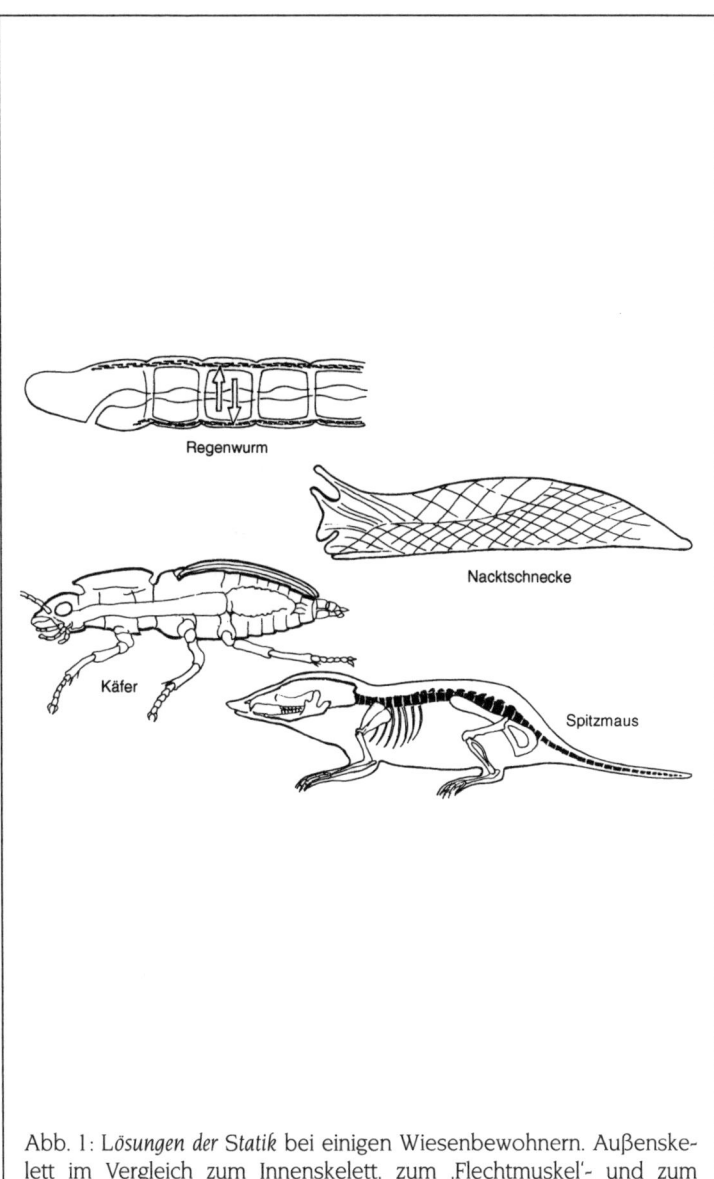

Regenwurm

Nacktschnecke

Käfer

Spitzmaus

Abb. 1: *Lösungen der Statik* bei einigen Wiesenbewohnern. Außenskelett im Vergleich zum Innenskelett, zum ‚Flechtmuskel'- und zum Turgor-Prinzip an den Beispielen von Käfer, Spitzmaus, Nacktschnecke und Regenwurm.

denken kann, ist als *Thorax inversus* bekannt, und auch sie ist in Wirklichkeit keine, weil sich bei einer solchen, wiewohl lebensfähigen Abirrung in der Entwicklung der Symmetrien das ganze System der Brustorgane als spiegelbildlich verkehrt erweist.

Aus der Funktion des Aortenbogens ist diese Fixierung nicht zu verstehen, vielmehr aus der funktionellen Bürde, die ihm die Organe auferlegen, für welche er verantwortlich ist, auch gerade schicksalhaft bei den Vögeln eben anders als bei den Säugern. Das erkennt aber wohl erst der Anatom. Aus diesem Grund will ich abschließend ein Beispiel anführen, das auch dem Laien plausibel erscheinen wird: die Halswirbelsäule der Säugetiere. Mit der Ausnahme von Dugong und Faultier, bei denen man sechs und acht Halswirbel zählen kann, kommt keine der zu Tausenden zählenden Säugetierarten um den Besitz von sieben Halswirbeln herum.

Bei den schnellschwimmenden Delphinen sind diese Wirbel verkürzt, flach wie ein Tellerstapel zusammengeschoben. Man sieht der Konstruktion an, daß bei dem hohen Staudruck gegen den Kopf das Verschwinden der Halswirbelsäule statisch vorteilhafter wäre. Aber sieben müssen es sein. Bei der Giraffe ist es umgekehrt (Abb. 2). Wer je einer Giraffe zusah, wenn sie etwas am Boden zu erreichen sucht, der wird erkannt haben, daß ihr dies mit einer größeren Halswirbelzahl ungleich müheloser gelänge. Aber wieder mußte es bei den sieben bleiben, und das, obwohl die Halswirbelzahl bei den Vorfahren der Säuger, den Reptilien, noch zwischen fünf und über siebzig variieren konnte. In der Funktion der Wirbel selbst kann, wie man sieht, die Ursache der Fixierung also wieder nicht zu suchen sein.

Die funktionelle Bürde, dieser wichtige Begriff, muß im System der Organisation hinter den Funktionen des Organes selbst liegen, ob wir nun diese dahinterliegenden Funktionen schon verläßlich anzugeben vermögen oder nicht. Allein schon die Fixierung ohne unmittelbare funktionelle Ursache verlangt, das Vorliegen einer Bürde zu postulieren. Im gegebenen Fall (Abb. 3) mag sie aus der Verflechtung des *Plexus*

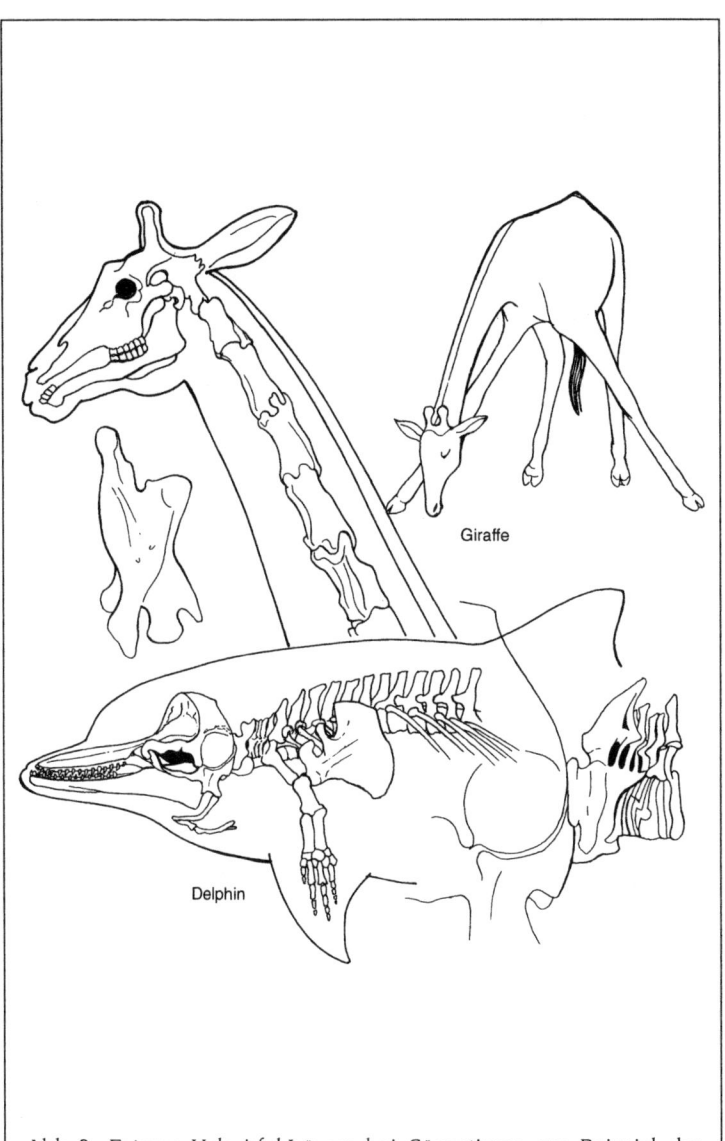

Giraffe

Delphin

Abb. 2: *Extreme Halswirbel-Längen* bei Säugetieren am Beispiel der Giraffe und eines schnellschwimmenden Delphins. Man beachte die ungeschickte Haltung der Giraffe beim Trinken sowie die extreme Verkürzung der Wirbel 3 bis 7 beim Delphin.

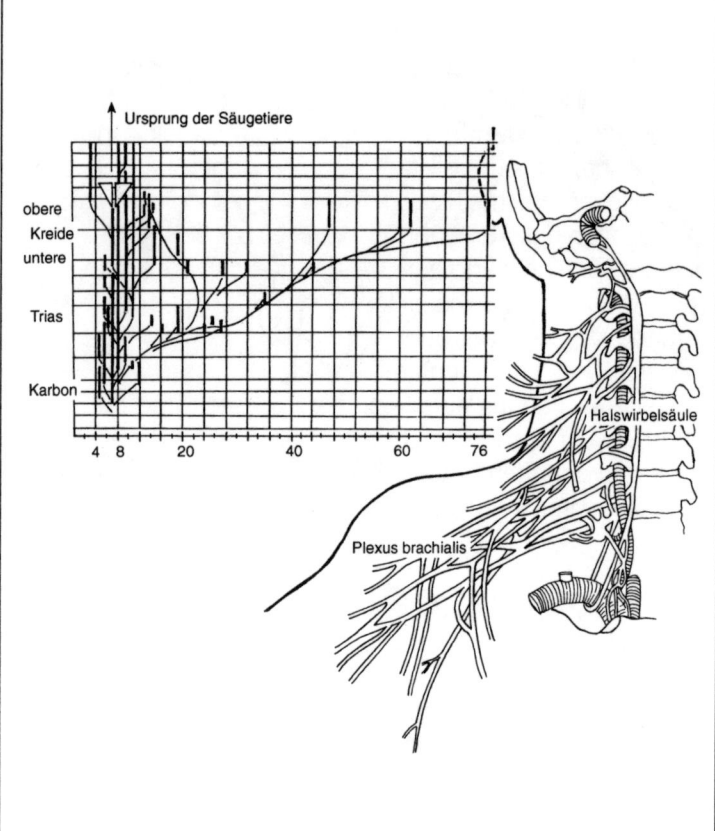

Abb. 3: Prinzip der funktionellen Bürde am Beispiel der Halswirbel mit Verflechtung des Plexus brachialis, der aus den Halswirbeln kommenden Nerven, zur Innervation des Armes und der Hand des Menschen. Man vergleiche dazu die Variationsbreite realisierter Halswirbelzahlen im Stammbaum der Saurier und die Verengung der Zahl auf sieben bei allen aus einem Sauriastamm entspringenden Säugern.

brachialis zu verstehen sein, der aus den Halswirbeln entspringt und die Vorderextremität steuert. (Seine Verflechtung nimmt, ebenso wie die Feinsteuerung der Extremität, von den Reptilien zu den Säugern gleichermaßen und beträchtlich zu.) Dies sei aber nur am Rande vermerkt. In diesem Band wird es aber darauf ankommen zu zeigen, daß dieses Prinzip der Fixierung durch funktionelle Bürden für alle komplexen und geschichtlich entstandenen Systeme gilt. Sie sind ohne ein solches Prinzip nicht vollständig zu verstehen.

Im zweiten Buchteil werden wir dieses Prinzip von den Bedingungen unserer Wahrnehmung bis zu den Bedingungen unserer Sprache verfolgen. Vielleicht kann der Leser jetzt schon voraussehen, wie beispielsweise unser Auge mit der Sehrinde des Gehirns und dem ganzen Bewegungsapparat oder wie Syntax und Semantik mit den angeborenen Formen unserer Anschauung aufs feinste verflochten und funktionell bebürdet sein werden. Im dritten und vierten Buchteil werden wir die gewonnenen Erfahrungen noch bis in die funktionellen Bürden unserer Kultur weiterverfolgen.

Über Dispositionen, Prädispositionen und Constraints

Mit der funktionellen Bürde begegnen wir drei weiteren Begriffen aus der deutschen und der englischsprachigen Entwicklungsbiologie, die uns weiterhin begleiten werden: der Prädisposition und den Constraints.

Wenn wir mit dem Begriff der Bürde die Ursache der Erfolglosigkeit mutativ versuchter Änderung im Auge hatten, und zwar aufgrund von Funktionszusammenhängen, für die eine Struktur mitverantwortlich ist, so wird mit dem Begriff Prädisposition etwa das Gegenteil beschrieben. Komplexe Strukturen sind nicht nur in ihren Entwicklungsmöglichkeiten beschränkt, sie sind umgekehrt zur Entwicklung ganz bestimmter, vielfach noch gar nicht vorhersehbarer neuer Funktionen stets schon im voraus disponiert.

Wie oft haben wir selbst einen Schraubenschlüssel als

Hammer oder Hebel verwendet, wenn diese nicht zur Hand waren – nie aber als Schraubenzieher oder als Löffel. Wie leicht hat sich der Explosionsmotor zum Düsenantrieb gewandelt, aber zum Elektromotor konnte er nie werden.

In solcher Weise ist die Schwimmblase zur Bildung der Lunge prädisponiert gewesen, ohne daß dies in der Welt unter Wasser vorherzusehen war. So wurden Antennen zur Lokomotion, Kiemen zum Nahrungserwerb erst funktionell erweitert und schließlich ganz in die neue Funktion hinüberstrukturiert.

Uns muß an der Prädisposition ihre Konsequenz interessieren, die wie eine lenkende, in bestimmte Richtungen treibende Funktion aussieht. Natürlich ist alles die passive Reaktion auf die vielfältigen Herausforderungen und ,Angebot zu neuen Ufern', welche die Begegnung mit neuen Lebensumständen mit sich bringt. Aber man wird verstehen, daß komplexe, gewissermaßen vorbedingungsvolle Strukturen auf eine Fülle solcher Angebote gar nicht reagieren können und selbst zugrunde gehen, wenn der neuen Herausforderung nicht entsprochen werden kann; daß sie aber in andere geradezu hineingesaugt werden. Man veranschaulicht derlei gern mit einer blinden Population, die in einer Bergwelt der steigenden Flut entkommen muß. Nie kann sie vorhersehen, ob sie der höchsten Bergflanke entlangstrebt (Abb. 4), von der am wahrscheinlichsten Rettung zu erwarten wäre. Dieser Sog muß also nicht immer für die weiteren Entwicklungen von Nutzen sein. Denn nie sind in der Evolution die Konsequenzen von Konsequenzen, auf die eingegangen werden mußte, vorauszusehen. Vielmehr bleibt gar nichts anderes übrig, als sich mit solchen Folgekonsequenzen so gut wie möglich zu arrangieren. Dies ist der ,evolutive Pfusch'.

Es war für unsere Käfer und für die Gliederfüßer insgesamt gewiß von Vorteil, in die Bildung eines Außenpanzers hineinzudriften. Nun aber kann solch eine Kreatur nicht mehr wachsen, oder sie hat die lebensgefährliche Situation der Häutungen hinzunehmen. Die Entwicklung des Beckengürtels war bestens disponiert, die Organe der Eiablage zu stabilisie-

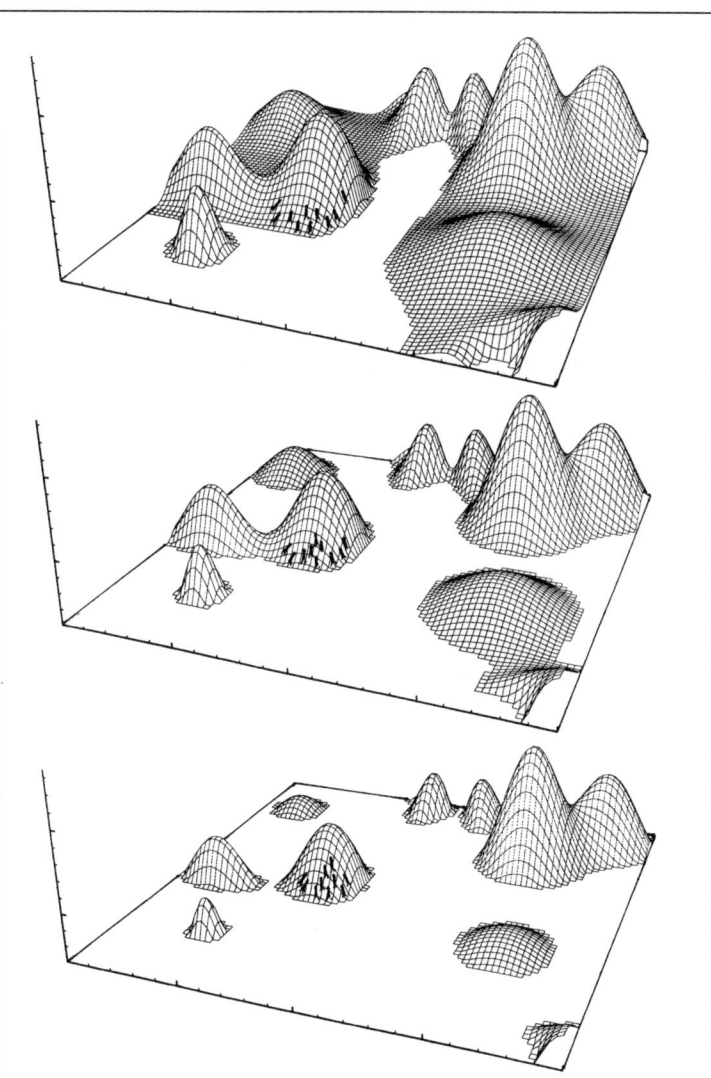

Abb. 4: *Wanderung zum Optimum.* Symbolisch dargestellt an Individuen einer blinden Population entlang einem Berghang bei steigendem Wasserspiegel. Sie hätte es schlechter, aber auch besser treffen können; denn eine mittlere Fluthöhe wird sie überleben, den höchsten Berg aber nicht erreichen.

ren, und das war unproblematisch, solange es noch viele kleine Eier waren. Die Konsequenz der Konsequenz ist es, daß nun unsere Kinder durch den einzigen, nicht erweiterbaren Knochenring des weiblichen Bauplans geboren werden müssen, mit sämtlichen ansonsten unnötigen Schwierigkeiten, die damit eingehandelt worden sind.

Und in letzter Konsequenz erweist sich das, was da eingehandelt wurde, als irreversibel. Keinerlei Aussicht besteht mehr für die Welt der Käfer, das Skelett nach innen zu verlagern, oder für unsere Frauen, durch die weite, weiche Bauchdecke gebären zu können. Und jede weitere Entwicklungs- und Überlebenschance hängt davon ab, mit dieser Ausstattung entweder zurechtzukommen oder eben nicht (Abb. 5). Diese Kanalisierungen, wie sie nun aus Bürden und Prädispositionen zustande kommen, nennt man etwas summarisch Constraints.

Im folgenden werden wir uns weniger mit den Constraints der Skelette und Geburtsvorgänge befassen als vielmehr mit jenen der Sinnessysteme, der Verrechnungsarten der Daten und den Constraints der angeborenen Anschauungsformen; das Ganze nennt LORENZ einen Weltbildapparat. Dazu kommt als weitere Konsequenz die Wirkung, die dieser Apparat auf die Art möglichen Kenntnis- und Erkenntnisgewinns haben muß; und schließlich dessen Wirkung auf die Kommunikation, auf unsere Sprache, Syntax und Logik. Die vergleichend anatomischen Beispiele waren als Einführung gedacht, weil ich sie für leichter einsichtig halte.

Ein Sinnesorgan, das nun einmal auf die Kodierung und Weiterleitung von Lichtreizen eingestellt wurde, wird nie mehr etwas riechen und kein Ohr wird jemals etwas sehen können. Das ist selbstverständlich. Daß es sich aber mit allen Einrichtungen so verhält, sofern sie unabschüttelbare Bürden tragen, und daß sie durch ihre Prädispositionen in vorbestimmte Kanäle weitergelockt werden, das wird sich als weniger trivial erweisen. Man bedenke nur, daß unsere Stammesgeschichte dazu führte, daß alles, was wir über diese Welt wissen können, nur durch ein identisches Klicken an den Nervenverbindun-

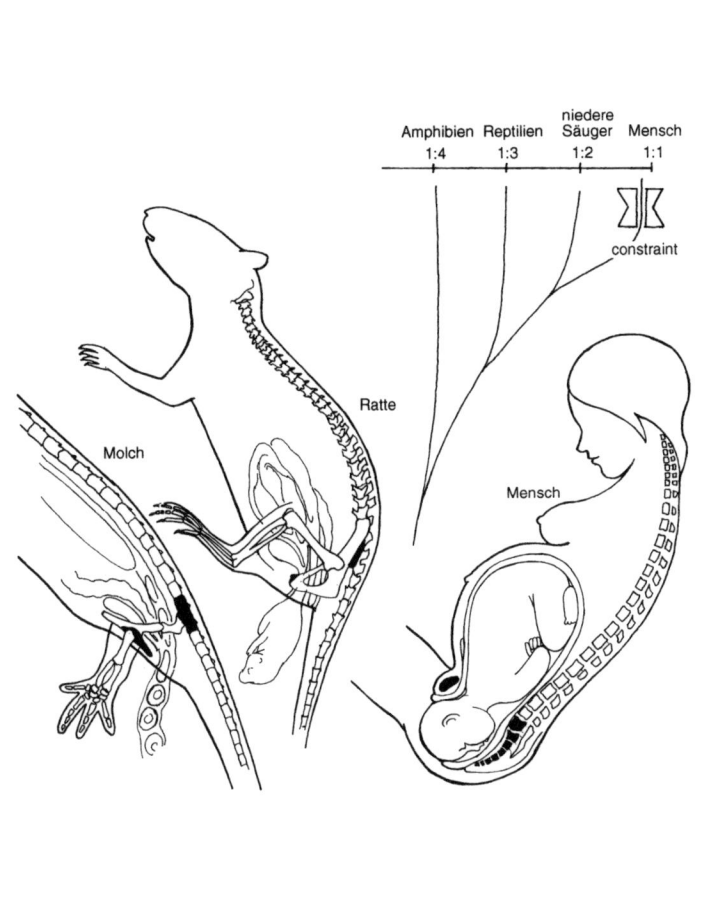

Abb. 5: *Prinzip der funktionellen Constraints* am Beispiel der Relation zwischen der Größe des Beckendurchgangs und der Nachkommen beim Vorgang des Gebärens; bei Molch, Ratte und beim Menschen. Man beachte, daß die Relation 1:1 eine endgültige Grenze darstellt; dazu im Vergleich die Weite der Bauchdecke.

gen, den Synapsen, erfahren werden kann, und im Hörnerv klickt es genauso wie im *Nervus opticus.* Jegliches Wahrnehmen ist adaptierte Rekonstruktion im empfangenden Hirnteil, und das reicht vom Erkennen der eigenen Hand bis zu unseren Träumereien.

Als Beispiele für Dispositionen in der Entwicklung unseres Wahrnehmungsapparates mag man an die seitlich gestellten Augen der Fische denken und wie diese zum Vorteil des binokulären Sehens an die Stirn wandern konnten. Es wird zu zeigen sein, wie neuronales und cerebrales Gedächtnis entsteht und wie sich diese Gedächtnisinhalte als disponiert erwiesen, schließlich absichtsvoll abgerufen werden zu können, wodurch wir nun auch denken, das heißt: in Gedanken experimentieren können. Es wird darzustellen sein, wie die Lautsprache die Buchstabenschrift und das Wort ‚ist‘, die *Copula*, und damit unsere Logik und Mathematik vorbereitet haben.

Aber nicht minder werden uns die Constraints beschäftigen. Die Feststellung mag noch trivial sein, daß unsere Retina nur auf einen sehr schmalen Ausschnitt des elektro-magnetischen Spektrums anspricht. Schon weniger trivial ist der Umstand, daß die Lautsprache die lineare, aufgefädelte Form nicht verlassen kann und uns jene *Copula* in Widersprüche lockt und noch vielerlei Grenzen für unser Sprach-Denken mit sich bringt, von welchen denen noch die Rede sein wird.

Destination und Disposition

Hat diese Evolution eine Richtung; läuft sie auf etwas zu? Hat sie ein Ziel; und wenn sie eines hat, muß ihr dieses Ziel dann vorgegeben sein? Das sind Fragen, welche die Diskussion begleiten, seit das Bild eines Stammbaumes der Organismen deutlich geworden ist. Heute müssen wir erkennen, daß die Evolution zweifellos Richtungshaftigkeit besitzt, aber kein Ziel. Oder genauer: Wenn man auch angeben kann, was im Zielfeld einer Entwicklungsrichtung liegen mag, so ist dieses Ziel doch zufällig. Es war nicht vorgegeben. Es ist umgekehrt die notwendige Folge einer zufällig entstandenen Richtung. Tatsächlich klingt es geradezu paradox, wenn wir feststellen müssen, daß die Zufälle für die Evolution so notwendig wie die entstehenden Notwendigkeiten zufällig entstanden sind. Daß unser Käfer entstehen konnte, setzt notwendig eine lange Kette zufälliger Änderungen des Erbgutes voraus. Aber die aus diesen Zufällen selegierte Struktur ist für seine Existenz wieder notwendig.

Wenn es etwas in der Evolution gibt, das unserer Vorstellung von Prädestination, von Vorherbestimmtheit entsprechen kann, so ist es SCHRÖDINGERs Negentropie-Prinzip, das in diesem Kosmos, entgegen dem Entropieprinzip, welches uns die fortgesetzte Auflösung aller Strukturen, Ordnung, Konzentration von Bestandteilen und Temperaturen zeigt, auch dessen Gegenteil vorführt: eben das Werden von Differenzierung, Organisation und Komplexität, wo derlei vordem nicht existierte, wenn auch dieses Werden von Ordnung nur über die Abfuhr einer noch größeren Menge zu Unordnung möglich ist. Nur in diesem Sinne ist in unserer Welt eine Prädestination zu erkennen. Die Ausgangs- oder die Alphabedingungen dieses Kosmos tragen die Möglichkeit, ja fast die Notwendigkeit einer Evolution in sich. Zu den Formen aber, die entstanden, war die Evolution nicht prädestiniert, sondern nur disponiert.

Jeder durch den Zufall entstandene Constraint, wie wir solche schon kennenlernten, schließt bestimmte Entwicklungsmöglichkeiten aus, in Wirklichkeit eine Überfülle davon. Ein vielzelliges Tier kann nicht mehr zur Pflanze, ein Wirbeltier kein Wirbelloses mehr werden, kein Säuger mehr ein Reptil und kein Mensch mehr ein Affe. Was ich hier erwähne, ist auf ganze Serien von Bürden und Constraints zurückzuführen, und das nennen wir Geschichtlichkeit. Was entsteht, sind Einmaligkeiten, denn in allen Fällen hätte alles ganz anders werden können.

An diesem Zusammenhang sind zwei Einzelheiten von Interesse. Der Bürde-Constraint-Komplex entsteht in dem

Sinne stets zufällig, weil die Begegnung einer neuen Funktions- mit einer künftigen Milieubedingung nicht vorherzusagen ist. Außerdem ist die Wiederholung eines solchen Zusammentreffens ganz unwahrscheinlich. Dies ist die historisch einmalige Entscheidung. Darüber hinaus aber gibt jeder Bürde-Constraint-Komplex Anlaß zu neuen Prädispositionen, die wieder von ganz anderer Art sein können, weil die Begegnung mit nochmals neuen Milieubedingungen wieder nicht vorherzusagen wären. Die unentrinnbare Konsequenz daraus erleben wir als den historisch einmaligen Weg.

Will man genauer sein, als wir das bisher waren, so kann man Dispositionen von Prädispositionen unterscheiden, im Sinne einer Nah- und Ferndiagnose. Disposition wäre in diesem Sinn eine wahrnehmbare, neue Funktion, deren Erfolg vorhersehbar war oder bestätigt wurde, Prädisposition eine Funktion, die mit Sicherheit nicht vorhersehbar war. Daß sich etwa die Fischflosse zum Paddeln und Watscheln eines Molches werde umbauen lassen, hätte ein Weltgeist im Zeitalter der Fische wohl erraten können, aber nicht, daß man damit auch werde Klavier spielen und spinnen können. Daß die Molchpfote zum Greifen disponiert sein könne (Abb. 6), hätte er erraten; nicht aber, daß in ihr keine Prädisposition zum Nageln oder Fädenziehen gegeben sein werde. Denn er hätte nicht erraten können, daß der Huf, der nageln, und die Kralle, die Fäden ziehen könnte, weder zum Nageln noch zum Auftrennen von Nähten gelangen werde.

Unser Weltgeist hätte wohl erkannt, daß sich unsere Schriftzeichen zu einem Rechenwesen und unsere Hände zum Musizieren als disponiert erweisen würden. Die Prädispositionen aber, daß sich diese Mathematik als nicht widerspruchsfrei erweisen werde, und daß Roßhaar und Hühnerdarm sich einmal zu den schönsten Klängen reiben würden, hätte er nicht vorhersehen können. Die Zahl der Optionen war zu groß.

Aber nicht die Kompetenzen des Weltgeistes werden für uns von Belang sein, sondern die immer wieder neuen Dispositionen aus den feststellbaren Constraints. Daß es nach

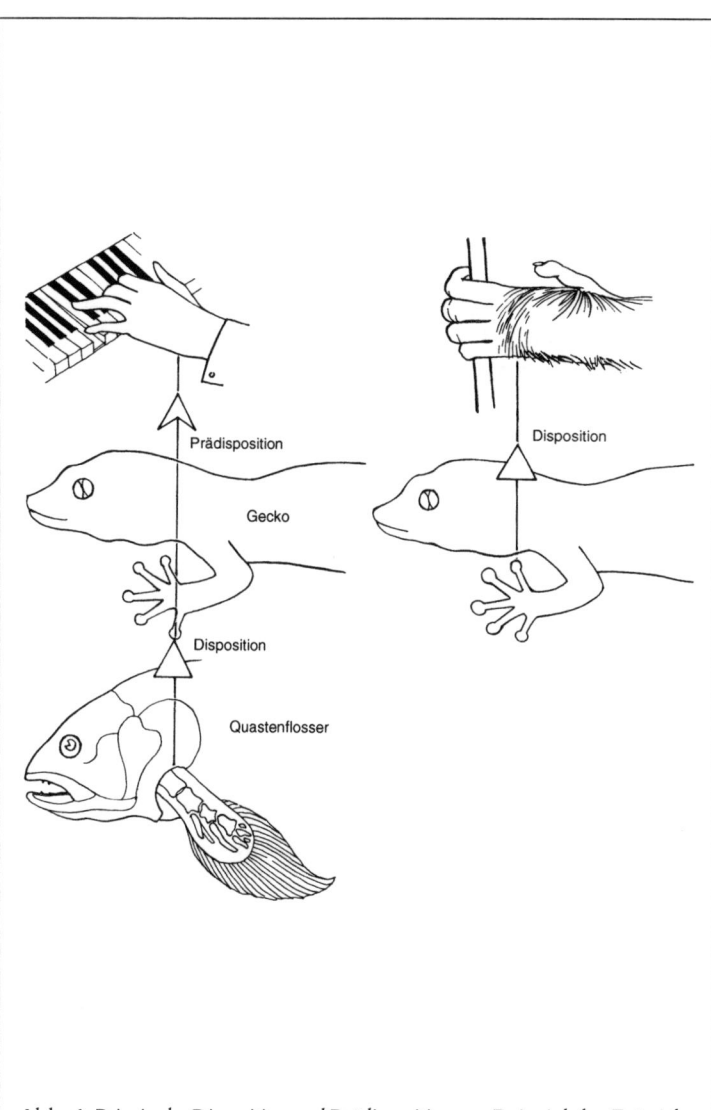

Abb. 6: *Prinzip der Disposition und Prädisposition* am Beispiel der Entwicklung der Wirbeltier-Vorderextremität vom Quastenflosser über ein Reptil zur Hand des Menschen; wobei wir annehmen, daß Dispositionen im jeweiligen Zeitpunkt vorauszusehen gewesen wären, Prädispositionen aber nicht.

unserem Beispiel in allen Nerven nur identisch klicken kann, war eine solche Einengung, allerdings mit der Disposition zur nun notwendigen Rekonstruktion der Bedeutung jener Klicke im geeigneten Hirnteil, und das bedeutet eine weitere Bürde und muß zu weiteren Constraints führen, und so fort.

Damit befinden wir uns nun schon mitten in unserem Thema, und wir wollen nicht vorgreifen. Es kommt hier nur darauf an, noch in ein Begriffspaar weiterzuführen, das derzeit noch zwei Denkrichtungen voneinander trennt: Adaptionismus und Konstruktivismus. Auch von einer Synthese dieser beiden soll die Rede sein.

Über Konstruktion und Adaptation

Der Evolutionismus verdankt seinen Erfolg der Entwicklung des Begriffes Adaptierung, auch unabhängig davon, ob dieser Vorgang aktiv zu denken wäre, wie im Sinne LAMARCKs, oder passiv, wie wir dies seit ALFRED WALLACE und dem Darwinismus verstehen. Wir erwarten, daß Strukturen von Organismen aus einer Angleichung an die Anforderungen ihres Milieus zu erklären sind. Im Prinzip ist nicht daran zu zweifeln, daß dies eine bedeutende Rolle spielt. Aus diesem Grund hat KONRAD LORENZ das Prinzip auch auf die Erklärung unserer angeborenen Anschauungsformen angewendet. Zu Recht stellte er schon 1941 fest, daß diese aus demselben Grund in die Welt passen werden, aus welchem auch die Flosse des Fisches ins Wasser paßt, noch bevor er aus dem Ei schlüpft.

In vielen Fällen ähneln auch organische Strukturen gerade solchen Techniken, die wir aus der Kenntnis physikalischer Gesetze an eine entsprechende Funktion heranführten. Der Delphin gleicht in seiner Stromlinienform dem Unterseeboot ebenso wie Iris und Linse des Wirbeltierauges unseren Kameras. Das Funktionelle einer solchen Anpassung ist auch leicht zu verstehen. Was ständig schnell und energiesparend durchs dichte Medium muß, wird mit Vorteil den Gesetzen der Grenz-Schicht-Theorie nahekommen. Was stets scharfe Abbildungen braucht, wird mit Vorteil den Gesetzen der Lichtbrechung angenähert.

Dennoch: Die Organisation der Organismen sieht in der Regel keineswegs so aus wie ihr Milieu. Wie sollte das auch geschehen? Weder unser Käfer noch seine ökologischen Nachbarn, die Schnecke, die Blindschleiche sowie die Maus in meiner Wiese, könnten einer Wiese ähnlich sein. Also ist beim Begriff Anpassung Umsicht am Platze. Und was für die Strukturen des Körperbaues gilt, darf für die Strukturen der Weltbildapparate nicht ungeprüft bleiben.

Darüber hinaus erinnert man sich der Constraints aus funktionellen Bürden. Und unverkennbar genug kann, wie auf unserer Wiese, auch in den Fesseln der Constraints aus den verschiedensten Bauplänen den Lebensbedingungen einer Wiese entsprochen werden: also auch mit so verschiedenen Weltbildapparaten wie der Schnecken, Käfer, Schlangen und Säuger. Dies zwingt zu der Überlegung, in welchem Maße nun unser eigener Weltbildapparat adaptiv oder konstruktiv aus den Vorbedingungen seiner Geschichte und deren Konsequenzen zu verstehen sein wird.

Nun, in einem weiten Sinne ist zunächst alles in Entwicklungsprozessen Konstruktion, wenn man darunter den Vorgang verstehen will, die Fügung von Bauteilen nach vorgegebenen Bedingungen versuchsweise abzuändern oder zu erweitern. In jeder Entwicklung, sei es in mutativen Versuchen mit genetisch gespeicherten Bauanleitungen, mit assoziativen oder gedanklichen Speichereinheiten, ist der erste Schritt Umkonstruktion und von einer erfinderischen Art. Eine ganz andere Frage ist es, ob das Neugeschaffene Bestand haben wird oder sich sogar als vorteilhaft erweisen kann. Die größte Zahl der Mutanten ist letal oder doch subvital und wird aus dem Evolutionsprozeß ausgeschieden. Jede Innovation ist riskant und stets das Risiko einer Kreatur. Dasselbe gilt für das Löschen ungeeigneter Konditionierung, irriger Assoziationen ebenso wie für die Elimination widerlegter Hypothesen.

So mögen selbst die Regeln und Gesetze unserer Mathematik zunächst wohl als Erfindungen entstanden sein, um sich oft mit ihrer Bewährung an der außersubjektiven Wirklichkeit zu Entdeckungen zu wandeln. Nicht anders, wie zu zeigen sein wird, haben sich unsere Vorstellungen und Begriffe als Erfindungen – im Sinne von Versuchen – entwickelt, von denen sich viele zu Entdeckungen optimierten.

Will man es allgemein formulieren, so spricht man am besten von den Erhaltungsbedingungen komplexer und offener Systeme in einem sich ändernden Milieu. Darauf ist im Zusammenhang mit dem Entropiebegriff noch zurückzukommen. Hier ist vorerst nur zu prüfen, in welcher Art Selektionsoder Auswahlbedingungen zu unterscheiden sein werden.

Über Kohärenz und Korrespondenz

Selektionsbedingungen treten zunächst schon nach der Art des Ursachen-Zusammenhangs, nach der Herkunft der Ursachen und dem Konnex mit dem geprüften System in zweierlei Formen auf.

Einmal geht es um zureichende Abstimmung und Widerspruchsfreiheit innerhalb des·Systems. Das erfolgreiche Ergebnis nennt man Organisation. Der Ursachen-Zusammenhang dieser Selektion ist kohärent, ein Wechselbezug, und bestimmt durch die Bürde der funktionell miteinander verflochtenen Bauteile, insofern das Herz nie auf Kosten der Niere die Erhaltungsbedingungen fördern kann oder umgekehrt. Die Maße für den Erfolg bleiben im System und können als funktionelle Ordnungsstrukturen beschrieben werden. Sie haften am System, werden wie ein Satz von Plänen weitergegeben und bleiben ihm, über die Entwicklung seiner Geschichte angehäuft, wie ein Schicksal erhalten.

Dieses Kohärenzprinzip tritt in zwei Gruppen von Phänomenen auf, welche man nach ihrer Lage als ein ‚inneres‘, gegenüber einem ‚äußeren Binnensystem‘ unterscheiden kann. Das innere Binnensystem ist das der physisch und psychisch isoliert betrachteten Einzelkreatur. Das erfolgreiche Ergebnis nennen wir den Bauplan, dem eine Art, unser Käfer sowie unsere eigene, folgt; der Zusammenhang dieser Baupläne bildet die Natur des ‚Natürlichen Systems‘ der Organismen.

Das äußere Binnensysten ist das der interindividuellen Funktion der Kommunikation. Es reicht vom wechselseitig richtigen Rezipieren der artgleichen Gameten (der Eier und Spermien) und Individuen bis zum individuellen Erkennen und über die Körper- und Lautsprachen bis zu den Verhaltensnormen und Sprachen des Menschen und deren Konsequenzen, also in die Abstimmung von Semantik und Syntax und weiter in deren formal gereinigte Formen, in die Gesetze der Logik und Mathematik.

Und so sehr sich diese Serie äußerer Binnensysteme auch von den inneren phänomenologisch unterscheidet, es kommt in allem Folgenden zunächst darauf an, zu erkennen, daß im Prinzip dieselben Selektionsweisen gegeben sind. Es geht weiterhin um Kohärenz, Abstimmung und Widerspruchsfreiheit der Organisation, um Wechselbezüge der durch Bürde verflochtenen Funktionen, insofern die Syntax nie auf Kosten der Semantik die Verständigung über das Außensystem fördern kann oder umgekehrt. Die Maße für den Erfolg bleiben im System und werden als Ordnungskanon beschrieben. Die Kommunikationsmittel sind die den inneren Binnensystemen möglichen Zeichen, Kennzeichen oder Symbole, bleiben diesen verhaftet und werden im Verlauf ihrer Geschichte ebenfalls wie ein Schicksal mitgeführt.

Ein andermal aber geht es um eine zureichende Entsprechung gegenüber den relevanten Funktionsbedingungen, die das Außensystem vorschreibt, eine Funktionsentsprechung mit dem Milieu. Das erfolgreiche Ergebnis nennt man Anpassung. Der Ursachenzusammenhang dieser Selektion – welche im Sinne der Darwinisten bislang für das Verständnis der Phänomene der Evolution als zureichend erachtet wurde – ist nun korrespondent und verläuft im Prinzip einseitig, vom Milieu in Richtung auf das System, insofern zwar das dichtere Medium einen Landsäuger zum Delphin veränderte, nicht aber der Delphin das Wasser, – jedenfalls im Zeitmaß einer

Generation, in der die Evolution über einen Reproduktionserfolg eines Individuums entscheidet. Daß auf lange Zeit
Organismen die Welt verändern, wie beispielsweise die Pflanzen die Biosphäre, ist hier nicht unser Thema. Die Maße für
den Erfolg wechseln mit den Außenbedingungen und können
als Reaktions- und Handlungserfolg, als Kenntnis oder Erkenntnis über das Außensystem beschrieben werden. Sie
haften nur im Ausmaß der unterlegten Kohärenzbedingungen
am System, wechseln hingegen mit der eher zufälligen Begegnung mit neuen oder erweiterten Milieubedingungen von
stochastischen Störungen bis zu großen Herausforderungen,
sodaß die reinen Korrespondenzen aufgegeben, abgewan-
delt, verworfen oder neu entworfen werden müssen.

Entsprechend den beiden Bereichen innerer und äußerer
Binnensysteme und den Formen ihrer Kohärenzen wird man
nach Art der Phänomene auch die Korrespondenzformen in
diesen unterscheiden. Nach unserem Sprachgebrauch verwenden wir die Begriffe Anpassung und Kenntniserwerb in
einem die beiden Systeme übergreifenden Sinne, wünschen
aber den Begriff des Erwerbs von Erkenntnis den bewußten
Operationen des Menschen vorzubehalten. In allem geht es
aber um Adaptierung und Verbesserung der Reaktionen und
Voraussichten bis hin zur erfolgbringenden Formulierung eines
Naturgesetzes. Erkenntnistheoretisch kann man die erreichte
Widerspruchsfreiheit in den Kohärenzen als wahr, die Progno-
seerfolge aus den Korrespondenzen als richtig bezeichnen und
philosophisch, wie zu zeigen sein wird, von kohärenter oder
logischer Wahrheit gegenüber korrespondenter oder empirischer Wahrheit sprechen. Später pflegte man auch von wahren
und falschen Sätzen zu sprechen, so daß es eindeutiger wird,
logische und empirische Wahrheit zu unterscheiden.

Schon in der Plauderei über den gefangenen Käfer, mit der
ich begann, waren Kenntnisse wie Verständigung vorausgesetzt. Ihren Zusammenhang und ihre Grenzen wollen wir
später weiterverfolgen. Nur auf eine, und zwar entscheidende
Differenz der Selektionsvorgänge in den inneren und äußeren
Binnensystemen sei vorweg hingewiesen. Es wird sich zeigen,

daß in den inneren Binnensystemen der Selektionsdruck, also der Antrieb zu vorteilhafter Veränderung, primär von den zu erreichenden Korrespondenzen mit dem Milieu kommt; in den äußeren Binnensystemen dagegen kommt er primär von den Kohärenzen, mit dem Nachdruck auf eine möglichst widerspruchsfreie Verständigung.

Freilich holt die jeweils andere Selektionsbedingung in beiden Fällen nach, sofern im inneren Binnensystem die Möglichkeiten, die Korrespondenz mit dem Milieu zu verbessern, von den Kohärenzen im inneren Binnensystem bestimmt werden. Schwalbe ebenso wie Libelle haben das Flugproblem gelöst, sind den Bedingungen der Aerodynamik korrespondent geworden, aber aufgrund der verschieden kohärenten Vorgaben in sehr verschiedener Weise. – Im äußeren Binnensystem dagegen holen nun auch die Korrespondenzbedingungen nach. Wenn der Selektionsdruck auch zunächst nur auf Kohärenz drängt, wenn es also vor allem um Verständigung geht, werden über die Mitteilungen seines Hierseins und dann seiner Befindlichkeit, doch später auch Nachrichten über das Außensystem, ‚das ist Futter' oder ‚das ist ein Feind', gegeben; so entsteht Korrespondenz mit dem Milieu, mitgeteilt aber wieder nach den kohärenten Vorgaben der inneren Binnensysteme durch Trommeln, Pfeifen oder Fauchen, in verschiedenster Weise.

Es wird zu den zentralen Einsichten dieser Darstellung zählen, daß die Evolution von Weltbildapparat und Kommunikation aus diesem Grunde, nämlich ungleicher Ansätze der beiden Selektionsbedingungen, zu ungleichen Entwicklungen führt. Davon also später mehr.

Über Selektion und Elimination

Gegenüber den Arten der Selektion oder deren Herkunft, wie wir sie eben erörterten, bleibt noch etwas zu untersuchen, was man vorerst als die Stärke der Selektion und Elimination bezeichnen kann.

Mehr Aufschluß ist noch zu gewinnen, wenn man fragt, was in diesen Selektionsprozessen eliminiert wird, von unserem anthropozentrischen Gesichtspunkt aus mit Hilfe der Frage, worum es bei solcher Selektion geht. Und da stellt es sich heraus, daß uns die Elimination einer Kreatur größeren Eindruck macht als die einer seiner Inhalte, namentlich wenn es sich um menschliche Kreaturen handelt.

Im Reiche der niederen Organismen wirken Selektionsprozesse entweder über die Behinderung der Reproduktion oder sofort über die Elimination von Individuen und Arten. Mit der Entwicklung, von der Konditionierbarkeit bis zu den bewußtseinsverwandten Zuständen, entsteht auch sanfte Eliminierung, nämlich falscher Assoziationen und erfolgloser Erwartungen.

Diese sanfte Elimination kann beim Menschen zunehmen. Nun kann in verstärktem Maße, wie KARL POPPER so treffend sagt, die Hypothese stellvertretend für den Besitzer sterben. Gewiß starb das ptolemäische Weltbild zugunsten des kopernikanischen und die Theorie vom Phlogiston (vom Feuerstoff) zugunsten der von den Oxydationsprozessen.

Aber nicht nur Naturgesetze, auch die sogenannten sozialen Gesetze wirken eliminierend. Und manches Lebensschicksal zeigt, wie bei GIORDANO BRUNO oder SAVONAROLA, daß mit der angestrebten Elimination jener Teilsysteme einer Kreatur, die wir dessen Theorie oder Überzeugung nennen, auch gleich das ganze Individuum der Elimination anheimfallen kann.

In der Regel aber, und nicht nur seit man den Pluralismus schätzt, können wir uns nachgerade Beliebiges konstruieren und zusammenreimen, ohne eliminiert zu werden. Sogar das Gereimte kann sich der Prüfung entziehen, wenn keine Gefährdung durch die Gesetze der Natur oder des Staates droht, vor allem wenn die eigene Überzeugung, aus welchen Gründen auch immer, der Kritik der sozialen Umgebung standhält oder sich dieser entzieht.

Aus dieser unbestreitbaren Welt des Konstruierten gewinnen die Konstruktivisten vorzügliche Materialien, und sie verallgemeinern dies als ein unumgängliches Prinzip, das uns die Sicht auf die außersubjektive Wirklichkeit in beliebiger Weise verzerrte. Dabei beziehen sie sich auf den Umstand, daß, wie wir bereits feststellten, jeder innovative Schritt als eine Konstruktion beginnen muß.

Über Konstruktivismus und Evolutionismus

Interessanter wird aber erst die Frage, in welcher Weise welche unserer Ansichten über die Teile unserer Außensysteme zutreffen oder beliebige Erfindungen sind. Das erhellt die Diskussion der Konstruktivisten mit den Evolutionisten.

Alles, was du zu wissen meinst, sagen die radikalen Konstruktivisten, ist deine Erfindung und muß nichts mit der realen Welt zu tun haben. Daß wir aber hier sind und über Konstruktionen reden können, entgegnen die Evolutionisten, ist nur so zu verstehen, daß alle unsere Vorfahren, zurück bis zur Amöbe, Erfolg gehabt haben, also ihrer Welt, wie auch immer, entsprochen haben müssen; sonst wären wir eben nicht hier und könnten auch nicht über Konstruktivismus diskutieren. Ist aber nicht auch dies, antwortet der Konstruktivist, Teil deiner Konstruktion?

Vielleicht können wir mit folgendem Beispiel die Welten dieser Standpunkte sortieren. Nehmen wir an, es durchwandern drei Personen denselben Wald: ein Wilderer, ein Erforscher der Moose und ein verliebter Dichter. Wir zweifeln nicht, daß sie in dem Waldstück ganz Unterschiedliches wahrgenommen und sich zurechtgedeutet haben. Daß sie aber alle wieder aus dem Wald herausfanden, sich an keinem Stamm stießen und an keinem Ast verletzten, läßt andererseits auf ganz übereinstimmende Wahrnehmungen und Deutungen schließen.

Unterscheiden wir darum eine Welt A, in der man immerhin dafür sorgen muß, seine Existenz nicht zu gefährden. Für diesen Wahrnehmungsbereich sind wir offenbar identisch ausgestattet, und zwar in einer Weise korrespondent an der außersubjektiven Wirklichkeit adaptiert, daß unser Trachten nach Existenzerhaltung in den meisten Fällen Erfolg haben kann. In der Welt B dagegen geht es um ganz andere Dinge, um die selektive Bevorzugung von Interessen, Kenntnissen, Wünschen, Fiktionen und Phantasien; sich ‚seine Welt' bunt und anregsam zu konstruieren und sie sich gleichzeitig rund, das heißt kohärent zurechtzudeuten.

Die Evolution erklärt sich vorwiegend aus der Selektion vom Typus A, alles Weitere, die ‚Kulturation', von der Phantasie und Eigenwilligkeit bis zu den psychischen Krankheiten, vorwiegend aus Typus B, menschliches Sein und Verhalten wohl aus beidem.

Nun ist aber nicht zu verkennen, daß die beiden Selektionsweisen auch aufeinander wirken. Was durch den Typ A eliminiert wird, verschwindet aus der Welt oder bleibt nur als Fossil erhalten. Das ist trivial. Was aber durch den Typ B eliminiert wird, das fehlt nur als Teilsystem der Kreatur; und was aufgrund von funktionellen Bürden, innerhalb deren Constraints und im Sog von Dispositionen in das Denken und Deuten hineingeschleppt wird, wird wieder schicksalhaft an der Kreatur und seiner Kultur haften, – bestenfalls als ein Gegenstand zur Elimination durch den Selektionstyp A.

Was aber kann von all diesen Selektionsprodukten, und wenn, in welcher Weise der realen Welt entsprechen, also dem, das wir die außersubjektive Wirklichkeit nennen? Damit sind wir nun mitten in unserem Thema.

Ein evolutiver Ansatz

Nimmt man das bislang Dargestellte als das, was wir im Kern über die Grundlagen von Evolutionsbedingungen wissen, dann sollte es möglich werden, den Weg zu rekonstruieren, der unser Denken und unsere Ansichten über uns und die Welt geformt hat, dies aber freilich mit der Einsicht, daß die Rede über Denken und Ansichten von einem Standort ausgehen muß, der eben durch dieses Denken und ebendiese

Ansichten angeführt wird. Ein Schlupfloch allerdings haben wir, damit wir der Zirkularität entkommen können.

Sollte nämlich das, was wir über Erhaltungsbedingungen von Systemen, von Kohärenz- und Korrespondenzbedingungen, von Bürden, Prädispositionen und Constraints wie der Selektionsformen erfahren, etwas mit der Wirklichkeit zu tun haben, dann läßt sich wenigstens zwischen allen möglichen und rekonstruierbaren Alternativen der Entwicklung die Eigentümlichkeit unseres Seins und Denkens relativieren und als ein spezieller Fall des Möglichen erkennen.

Unsere Position läßt sich dann wenigstens um ein Geringes mehr von außen sehen, wie ein Hinübersteigen oder als ein Blick über einen Zaun, wie viele Zäune da auch immer noch warten mögen.

Und die Prüfung dieses Abenteuers muß und kann wieder nur in einer verbesserten Prognostik liegen, in der Möglichkeit, daß uns diese ‚Morphologie der Erkenntnis‘ in die Lage bringt, Ungereimtes und Widerspruchsvolles aufzulösen, Deutungen und Ansichten besser vorhersehen zu können, unsere Prognosen in einem ebenso erweiterten wie dichter geflochtenen Netz der Theorien verläßlicher durch die Erfahrung bestätigt zu erhalten. Nichts anderes, so müssen wir anerkennen, kann uns über diese Welt verläßlicher informieren als die Wahrnehmungen und die Elimination unserer Irrungen.

Säßen wir, wie unser Käfer, in einem Glase, wie ließe sich eine solche Gefangenschaft, wie wir ihn vergleichsweise fanden, begreifen und sogar überwinden? Wenn unser Käfer wüßte, wie die Käfer entstehen konnten, welche Bedingungen für ihre angeborenen Gaben die Ursache waren und auch für deren Grenzen – wenn er wüßte, daß ihm die Falle eines Glases deshalb unüberwindlich ist, weil Gläser in der Evolution der Käfer nicht vorkamen –, dann könnte er sich wohl eher befreien.

2

Über das Eigentümliche der Evolution

Die Phänomene der Evolution schließen heute einen weiten Bereich von Wissenschaften ein. Schon als ich 1975 über die „Systembedingungen der Evolution" publizierte, wurde mir deutlich, daß ihre Gesetze über den Rahmen der Geschichte der Organismen hinausgehen. In der „Strategie der Genesis" (1976) habe ich dann das Thema in die chemische und kosmische Evolution sowie in die der Sozietäten und Kulturen erweitert, in den Bänden zur Evolutionären Erkenntnistheorie (von 1980, '85, '87 und '92) den kognitiven Aspekt dargelegt. Nimmt man die Sammlungen meiner populären Schriften (von 1982 und 1987) hinzu, dann findet man dort auch die einschlägige Literatur.

Einschätzungen dieser Welt sind freilich so alt wie die Philosophie und in unserer Kultur zu den extremen Positionen von LEIBNIZ' „Théodicée" (1710) und VOLTAIRES „Candide" (1759) gelangt, in der Biologie zu einer Welt ohne Sinn (MONOD 1971) oder dagegen einer Welt mit vorgegebenem Ziel (TEILHARD DE CHARDIN 1959). Heute fragen wir genauer nach den Möglichkeiten, diese Welt zu erkennen (vgl. LORENZ 1973, C. F. v. WEIZSÄCKER 1977 und S. SCHMIDT 1987), meinen aber, den Solipsismus, die Welt bestünde nur in unserer Vorstellung (STIRNER 1845), überwunden zu haben.

Mancher Leser wird, wie ich annehme, mit mir der Ansicht sein, daß der Käfer, von dem wir ausgingen, die Widersprüche des Glases begreifen würde, wenn er den Vorgang, der die Käfer entstehen ließ, wüßte. Griff für Griff könnte er die Wand z. B. klebrig machen und sie damit fassen und übersteigen.

Was wäre aber, wenn wir selbst vor Widersprüchen stünden, vor einer unsichtbaren Wand, die uns dennoch undurchdringlich ist? Könnten wir auch sie sichtbar machen und übersteigen, wenn wir um die eigentümlichen Bedingungen unserer eigenen Entstehung wüßten? Könnten wir uns selbst übersteigen, selbst-transzendieren? Eine Münchhauseniade? Nun, wir können jedenfalls die Eigentümlichkeiten des Zustandekommens unserer Ausstattung aufspüren, mit dem Ziel, deren Grenzen kennenzulernen. Denn jedesmal wenn wir bemerken, daß wir aufgrund der Anleitung aus dieser Ausstattung, der erblichen wie der sprachlich festgelegten, regelmäßig an der Erfahrung scheitern oder in Widersprüche geraten, sind wir im Begriff, diese Grenzen zu erkennen, mit der Möglichkeit, sie auch zu überwinden.

Beginnen wir nach der allgemeinen Übersicht nun mit dem Schwierigsten, mit der Frage: Mußte diese Welt so werden, wie sie ist? Nicht als eine der besten oder der schlechtesten, wie uns das LEIBNIZ oder VOLTAIRE suggerierten, sondern: Hätte sie einfach ganz anders werden können? Oder müßte diese Frage von vornherein anders gestellt werden, da wir von dieser Welt nur in dem Sinne reden können, wie wir sie uns begrifflich zurechtgelegt haben?.

Ist zuerst der Spiegel zu betrachten, der uns diese Welt spiegelt, wie das LORENZ tat, oder vielmehr der Spiegel, mit welchem wir diesen Spiegel besehen, wie WEIZSÄCKER fortfährt? Dies würde in einen unendlichen Regreß der Spiegel leiten, der schon, weil unendlich, nicht gelöst werden kann. Was wäre aber, wenn es das Unendliche in dieser Welt gar nicht gäbe, wenn es sich nur um eine Konstruktion unseres Denkens handelte aufgrund von Bürden und Prädispositionen aus seiner eigenen Geschichte? Denn vieles spricht, wie wir feststellen werden, für diese Vermutung.

Oder, um es noch kürzer zu formulieren: Muß man schwimmen lernen, bevor man sich ins Wasser wagt? Versuchen wir es also, wenn nicht mit einem Trockenkurs, so doch an der Leine des Bademeisters, an dem ihm zuzutrauenden Wissen über das Schwimmen; vertrauen wir der Leine unserer wahrscheinlich von der Welt bislang bestätigten Vermutungen. Denn ganz offensichtlich schwimmen wir ja, sind den einfacheren Umständen dieser Welt vertraulich zugetan und uns sogar des morgigen Sonnenaufganges zureichend gewiß, wenn auch eine solche Gewißheit logisch nicht zu begründen ist. Darüber sollen Philosophen verzweifelt sein.

Kurz: Mit Philosophie und Logik allein ist der Sache nicht beizukommen. Das ist lange bekannt. Wenn man glaubt, diese Welt nur aus dem eigenen Denken begründen zu können, aus dem, was wir unsere Vernunft nennen, wonach die idealistischen Philosophen trachten, so führt das nur zu einer Bespiegelung unser selbst. Der extreme Idealist oder Solipsist ebenso wie der radikale Konstruktivist findet sich in einer selbstgemachten, innenbespiegelten Schachtel und kann nur sich selber sehen. Er muß wenigstens einem der Spiegel ein Loch kratzen, um festzustellen, ob es draußen noch etwas gibt. Er entkommt dem Spiegelkabinett nur dann, wenn er irgend etwas vom Außen weiß.

Und es wäre absurd anzunehmen, wir wüßten von da draußen nichts. Offensichtlich kann man ein Urteil über das Denken so wenig vor dem Wissen begründen wie ein Urteil über das Wissen vor dem Denken, sondern beide nur aus dem Prozeß der beiden selbst. Dies aber vermutete auch schon CARL FRIEDRICH VON WEIZSÄCKER. Wenden wir uns also den Prozessen zu.

Die Eigentümlichkeit des Kosmos
(oder: Muß die Welt so sein, wie sie ist?)

Die grundlegende Frage im Evolutionsproblem ist die nach der Ursache entstehender Ordnung. Nach dem unwiderlegten 2. Hauptsatz der Physik muß die Welt im Chaos enden in maximaler Entropie. Aber von CLAUSIUS über BOLTZMANN zu SCHRÖDINGERs „What is live" (1944), und durch diesen in die Moderne, erkennt man, wenn auch zögernd, wie er umgangen werden und Negentropie entstehen kann.

Ich habe mich in der „Strategie der Genesis" (1976) und in einer Reihe weiterer Schriften (von 1975, 1982, 1980 a, 1980 b, 1983) aus der Sicht des Biologen mit dem Thema befaßt und versucht, die Formen der Ordnung zu bestimmen.

Den naiven Realismus, wenn es einen solchen unter uns noch gibt, kann uns zum mindesten die Quantenphysik endgültig austreiben. Wenn man den Messungen vertraut, die belegen, daß die Teilchen der Materie so weit auseinander liegen, daß manche auch durch Festkörper hindurchfliegen wie Meteore durch die Leere eines Sonnensystems, dann ist Festigkeit und Härte nur eine Wahrnehmung in der Dimension unserer eigenen Abmessungen. Wir trösten uns auch leichter ob der einmal kindlich erlebten Enttäuschung, daß Farben und Geräusche ebenso wie Heil und Unheil erst mit uns als Symbole und Werte in diese Welt gekommen sind.

Aber wir brauchen auch die metaphysische Frage gar nicht allein in dem Rätselspiel zwischen Vernunft und Erfahrung zu suchen. Allein die Erfahrungswelt grenzt rundum ans Metaphysische. Schon die Frage, wie, oder noch schlimmer: wozu es wohl zur Entstehung dieser Welt kam, was wohl den Urknall veranlaßte, versetzt uns sogleich an die Grenzen des Faßbaren. Und, wie oben erwähnt, einen Zustand vor der Zeit oder hinter dem Raum zu denken ist uns bereits nicht möglich.

49

Und wie im Megakosmos verläßt uns die Vorstellung, wo es keinen Sinn mehr hat, zwischen Welle und Teilchen zu unterscheiden oder auf unseren mesokosmischen Vorstellungen über Kausalität zu bestehen. Und dennoch träumen wir uns dort hinein, wünschten auch dies einmal zu verstehen, zu transzendieren. Ich sagte das schon: Metaphysik bleibt ein notwendiger Antrieb.

Also zur Frage: Mußte diese Welt so werden, wie sie wurde? Offenbar! Aber nur unter den gegebenen Bedingungen. Was wäre aber, wenn dem Urknall ein Raum schon vorgegeben, oder wenn dieser sogar begrenzt gewesen wäre? Dann, so folgern wir aus den Gesetzen der Quanten, hätte es beim Hadronenzeitalter, einem Durcheinanderrasen der schwersten Quanten, und bei den höchsten Temperaturen bleiben müssen. Keine leichten Quanten hätten Bestand gehabt, und es gäbe keine Materie. Aber selbst wenn die Gravitationskräfte nicht das Auseinanderfliehen der entstandenen Materie örtlich eingeholt hätten, wäre es bei einer sich verdünnenden Welt aus Wasserstoffgas geblieben, ohne Galaxien, ohne Sterne und ohne Licht.

Derlei zu fragen kann müßig erscheinen, genauso wie die Frage, was geschehen wäre, wenn CAESAR nicht ermordet, NAPOLEON nicht geboren worden oder HITLER als Kind gestorben wäre. Sobald aber eine solche Frage die Möglichkeiten unseres Erkennens berührt, werden wir sie nicht mehr für müßig halten.

Über Entropie und Negentropie

Das gilt aus der Kosmologie schon für den sogenannten zweiten Hauptsatz der Physik. Er wirkt dimensionslos und gilt daher für alle Größen im Kosmos, also auch für jegliche Kreatur. Dieser Entropiesatz besagt, daß es in allen geschlossenen Systemen zu einem Ausgleich aller Temperaturgefälle und aller Materie, zu einer gleichmäßigen Mischung aller Teilchen ins Chaos führen müsse, so wie man die Moleküle

heißen und kalten Wassers, wenn sie einmal zusammenge-
schüttet sind, nicht mehr trennen oder die Moleküle eines
Parfüms, wenn sie sich einmal verbreitet haben, nicht mehr in
die Flasche tun kann.

In der Praxis der Physik verwendet man das Entropiemaß
vorwiegend zur Bestimmung der in einem System noch verfügbaren Energie, beispielsweise zum Antrieb einer Maschine.
Das ist sehr nützlich und auch auf alle Entwicklungsprozesse
anwendbar. Bedeutungsvoller aber ist für die Betrachtung der
Evolution, von der des Kosmos bis zu jener der Kulturen,
seine Umkehrung: Entropie mit negativen Vorzeichen, Negentropie, wie SCHRÖDINGER dies entwarf, ein Maß für die
Abnahme von Chaos und das Werden von Ordnung. Leider
sind die Physiker dieser These nicht gefolgt.

Das Entstehen von Ordnung beobachten wir aber überall.
Von der Kondensation der Galaxien, der Protosonnen und
Planetensysteme, in der Biosphäre in jeglicher Kreatur, Sozietät und Kultur. Dabei wird das Entropiegesetz nicht übertre-
ten, vielmehr umgeht es das Ordnungswerden dadurch, daß
aus dem System mehr Unordnung abgeführt wird, als in ihm
entstehen kann, abgeführt zuletzt als Wärme, aus der Biosphäre, durch nächtliche Abstrahlung in die Kälte des Welt-
raumes. Man spricht von offenen, dissipativen Systemen.

Da liegt nun eine der fundamentalen Bedingungen dieser
Welt vor: das Werden von Gesetzlichkeiten aus Zufallsbedin-
gungen und deren jeweils tausend-, ja milliardenfache fast
identische Anwendung oder Wiederholung, eben das, was wir
aufgrund von Redundanz Ordnung und das Vorhersehbare
nennen, jene einzige Grundlage, aus welcher etwas gelernt
und prognostiziert werden kann, die Voraussetzung für alle
Organisation, wie für jede Adaptierung. Wäre in diesem Kosmos die Abfuhr von Unordnung nicht möglich geworden
oder nur ein Kerngebiet werdender Ordnung entstanden,
dann gäbe es weder Galaxien noch Sonnen oder Planeten;
und wenn wir existierten, dann könnten wir eine Ordnung von
solcher Art nicht erkennen.

Ordnung, Redundanz und Erkenntnis

Für unser Erkenntnisvermögen kann ich auch für den Fall des Vorliegens quantitativ jeweils vollständiger Ordnung einen Zusammenhang zwischen Redundanz, erlebter Ordnungsqualität und Wahrnehmbarkeit nachweisen; nehmen wir als Beispiel die Ordenbarkeit von zehn Millionen Ziegeln. Für ein Ziegellager genügt die Anweisung, diese Ziegel im Block hundert mal hundert mal tausend in der Länge, alle Nord-Süd, zu schlichten, um mit der Kenntnis der Lage eines Ziegels die der anderen vorherzusehen. Der Gesetzesgehalt ist gering, die Redundanz hoch, die Ordnungsqualität niedrig. Dieselben Ziegel zu einem Backsteindom zu ordnen verlangt schon Anweisungen, die eine Bauhütte füllen. Dennoch herrscht noch Redundanz. Kennt man die linke Hälfte des Domes, dann ist die rechte prognostizierbar; mit einem Fenster kennt man elf andere, usf. Der Gesetzesgehalt ist gestiegen, die Redundanz reduziert, die Ordnungsqualität dadurch wesentlich erhöht.

Hätte nun redundanzlose Ordnung höchste Qualität? Eine solche wäre erreichbar, wenn jedem Ziegel eigene Raum- und Richtungskoordinaten appliziert würden, sodaß von keinem auf die Lage eines anderen geschlossen werden könnte. Eine Großbibliothek von Daten wäre erforderlich. Der Gesetzesgehalt wäre enorm, die Redundanz Null, der Zustand aber wäre für unser Erkenntnisvermögen vom Chaos überhaupt nicht mehr unterscheidbar. Höchste Ordnung, sollte es eine solche geben, bliebe uns notwendigerweise unerkennbar, ihr Gesetzes-Kanon unbegreiflich, und zwischen Monotonie und Chaos, Lärm oder Verwirrung liegt merkwürdigerweise auch unsere ästhetische Befriedigung. Dies ist der Punkt, auf welchen mein kosmographischer Bericht zuläuft. Die Redundanz, die fast beliebigen Anwendungsfälle von Gesetzlichkeit, werden nicht nur zur Grundlage der Entstehung der Planeten, Verbindungen, Kreaturen und Kulturen, sondern auch zur Grundbedingung jeglichen Kenntnis- und Erkenntnisgewinns. Nicht nur ein gesetzlich geordneter Kosmos ist die Vorbedingung aller Adaptierung, jeglicher Organisation und sämtlichen Kenntniserwerbs, von den Reaktionen und der Organisation der Amöbe bis zur Erkenntnis der Naturgesetze und der Entwicklung der Gesetze der Logik; eine Ordnung von hoher Redundanz ist die Bedingung.

Die Hierarchie der Ordnung

Bevor ich zu den Eigentümlichkeiten des Organischen weitergehen darf, ist noch eine weitere nicht zu übersehen, die alle Dimensionen übergreift. Dies ist die hierarchische Anordnung aller Gesetzlichkeit und der entsprechenden Ordnungssysteme, hierarchisch insofern, als sich ein System stets aus Subsystemen zusammensetzt und selbst wieder Bauteil eines Obersystems ist, und an den hierarchischen Systemgrenzen liegen Phasenübergänge vor, die durch das Erscheinen neuer Eigenschaften oder Systemqualitäten gekennzeichnet sind.

Zunächst ist die Erfahrung leicht mitzuvollziehen, daß Quanten Atome zusammensetzen, diese Moleküle und in Richtung auf das Lebendige schichtweise Biomoleküle, Ultrastrukturen, Organellen, Zellen, Gewebe, Organe, Organismen, Sozietäten und Kulturen. Auch erkennt man leicht, daß alle tieferen Schichtgesetze dieser Pyramide durch alle jeweils höheren hindurchreichen und damit notwendig für deren Erklärung sind. Weniger leicht ist der Umstand zu erkennen, daß mit ihnen eine zureichende Erklärung nicht erreichbar ist. Die neuen Systemqualitäten lassen sich nämlich nicht einfach auf die Subsysteme zurückführen, weil sie auch in Spuren in diesen nicht enthalten sind und der Erfolg der einen ihrer zahllosen Kombinationsmöglichkeiten im voraus nicht zu erraten ist. Eine zureichende Erklärung setzt daher die Einsicht voraus, daß jedem System, das sich aus Untersystemen neu zusammensetzt, bereits eine Rand- oder Rahmenbedingung, ein Milieu oder Ambiente als Obersystem vorgegeben ist, innerhalb dessen Konditionen es entsteht und auf seine Erhaltungschancen geprüft wird. Alle Differenzierung im weiten Sinne des Ordnungswerdens im Kosmos, jede neue Systemschichte, wie wir erkennen müssen, entsteht also als ein Einschub zwischen den Disponibilitäten von Bauteilen und den Auswahlbedingungen durch ein übergeordnetes Milieu.

So bilden die Erhaltungsbedingungen eines Organismus das selektive Milieu für seine Organe, diese für deren Gewebe, Zellen, Zellorganellen und molekularen Bausteine. Aber ebenso ist die Biosphäre die Voraussetzung für die Entstehung von deren Bewohner genauso, wie die Gravitationsfelder des Kosmos die Rahmenbedingungen für die Entstehung der Galaxien, diese der Sonnensysteme, der Planeten sind und die Größe und Lage der Erde die Rahmenbedingung für die Biosphäre enthält. Die Begegnung der Ober- und Untersysteme ist in der Regel ein nicht wiederholbares Ereignis und damit Ursache der Geschichtlichkeit der Systeme in dieser Welt.

Insgesamt liegt damit etwas wie eine Doppelpyramide vor, die im umfassendsten bei den Gravitationskräften, im kleinsten mit den Kernkräften beginnt (Abb. 7), gefolgt von den elektromagnetischen und den schwachen Wechselwirkungen. Zwischen ihnen schieben sich die Differenzierungen des zunächst auseinanderstrebenden Kosmos, dann des Lebens und schließlich der Kulturen ein.

Diese Einsicht wird durch die Erkenntnis gestützt, daß im frühesten expandierenden Kosmos die weiterreichenden elektromagnetischen und die kürzeren schwachen Wechselwirkungen auseinander hervorgegangen sein müßten, außerdem durch die Erwartung, wie dies die ‚grand unification theory' anzielt, daß möglicherweise davor noch die Wechselwirkungen mit den größten Unterschieden der Reichweite, Gravitations- und Kernkräfte auch auseinander hervorgegangen sind.

Der Fächer dieser raum- und zeitumgreifenden Differenzierung müßten, wie das noch die Abb. 7 andeutet, im Prinzip an seinen Rändern wieder berührend, eingerollt, gedacht werden, wenn man die Grundlagen, die vier physikalischen Wech-

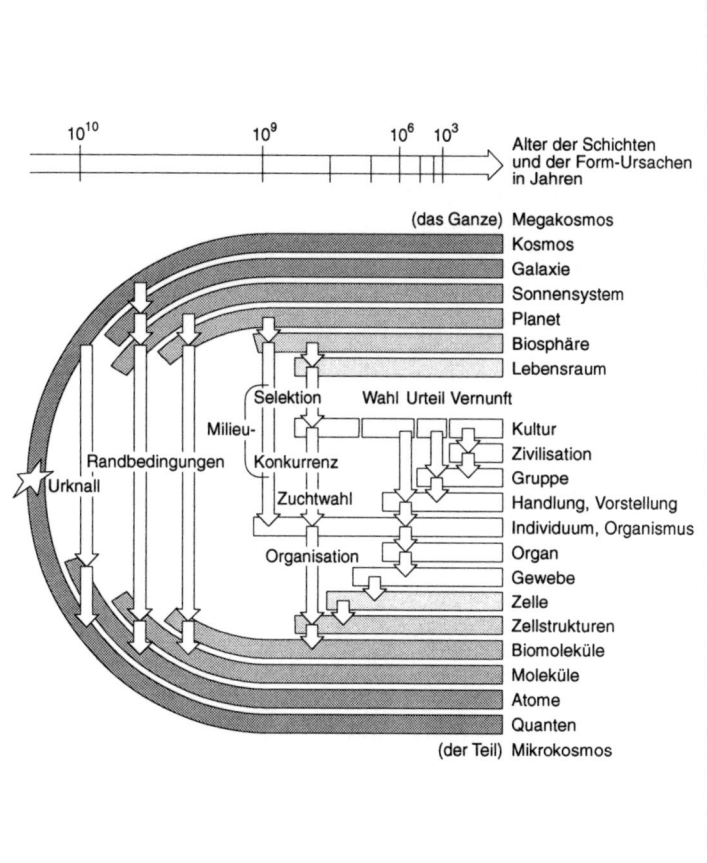

Abb. 7: *Prinzip der Entstehung neuer Systeme* als Einschübe zwischen Unter- und Obersystemen; zwischen der Disponibilität von Materialien präselektiv und der Entscheidung über Erhaltungsbedingungen durch das Milieu (die weißen Pfeile) postselektiv. Die Raumdimension symbolisiert das Werden der Komplexität der Systeme, die Zeitdimension ist metrisch angegeben (nach RIEDL 1985 ergänzt).

selwirkungen einander räumlich nahe wissen will. Aber ‚Raum'
und ‚Nähe' sind da nur mehr Metapher an den Grenzen
unseres Vorstellungsvermögens.

Leichter verfolgbar sind dagegen noch die Weisen einor-
denbar, in welchen uns Ursachen als verschiedene Qualitäten
erscheinen; und dies verdient wieder unser Interesse. Was
uns nämlich als Bedingungen der Antriebe (power), Materialien, als Selektion und Zwecke verschieden erscheint, findet
sich in dem Hierarchieschema der Ordnungsformen in einer
zweifachen Symmetrie wieder.

Als Antriebe erleben wir jeglichen Energietransfer in ein-
heitlicher Weise, von den Quanten- und chemischen Bin-
dungskräften aufsteigend bis in die physischen Kräfte, in
Macht und Kapital. Ebenso einheitlich erleben wir absteigend
alle jene Bedingungen als zweckvoll, überall wo Subsysteme
zu den Erhaltungsbedingungen eines Obersystems erfolgreich beitragen, allerdings eingeschränkt auf Systeme, mit
welchen wir uns eben noch in Beziehung fühlen –, eine
Einschränkung, die wieder beträchtliche Folgen zeitigen wird.

Materialbedingungen sind wieder von aufsteigender Art,
erscheinen uns bekanntlich aber nach jedem Phasenübergang verschieden. Absteigend gestuft verlaufen für unser
Verständnis die Auswahlbedingungen, auch in verschiedener
Weise, wie wir dies Entscheidung, Urteil, Wahl oder Selektion
nennen. Im Prinzip unterschied diese Formen schon ARISTO-
TELES. Sie werden von ihm *causa efficiens* und *finalis*, *causa
materialis* und *formalis* genannt und haben die philosophische
Diskussion lange beschäftigt. Auch uns wird diese Gliederung
noch befassen, allerdings im Sinne einer Folge der Grenzen
unserer Ausstattung und als eine der Hürden, die für ein
zureichendes Verständnis dieser Welt zu überwinden bleiben.
Ein zweiseitiger Ursachen-Zusammenhang wird ein zweiseiti-
ges Erklärungsprinzip vorschreiben, eine zweiseitige Hierarchie von Theorien im Rahmen des auffallenden Umstands,
daß unsere Erklärungswege die Entstehungswege der Dinge
nachzuzeichnen scheinen.

Das Eigentümliche von Organisation und Adaptation
(oder: Muß Leben so sein, wie es ist?)

Die Thematik hat erkenntnistheoretisch wie evolutionsbiologisch zwei Seiten. Zunächst ist der Erkenntnis- vom Erklärungsvorgang der Evolution zu unterscheiden. Das tat schon LAMARCK (1809), und GOETHE (1795) hat sich dafür interessiert. Aber erst in jüngerer Zeit wurde das Thema wieder aktuell (REMANE 1951, RIEDL 1975 und Einzelschriften 1980 a, 1980 b, 1994 a). Ferner ist die Frage entscheidend, ob Evolution allein aus Adaptierung an das Milieu zu erklären ist oder ob zusätzlich ‚innere Mechanismen‘ zu erkennen sind. Auch dieses Thema, das schon LAMARCK und DARWIN (1868) behandelten, ist erst jüngst, wenn auch nicht lamarckistisch, sondern systemtheoretisch (RIEDL 1975, 1977, 1982 a, WAGNER 1983 und 1983 a) wieder aktualisiert worden.

Den Konsequenzen einer hochredundanten Welt für die Möglichkeiten und Grenzen unserer Erkenntnis ist erst später nachzugehen. Hier wollen wir zunächst die Entwicklung des physischen Lebens selbst verfolgen. Als lebend beschreiben wir heute große Systeme von Molekülen, die in der Lage sind, ihren Stoff- und Energiewechsel über ihr Milieu abzuwickeln, und die ihrem Milieu so weit adaptiert wurden, daß sie trotz dieses Wechsels in einem fließenden Gleichgewicht bleiben, wie das schon VON BERTALANFFY erkannte, und die die Fähigkeit besitzen, sich zu reproduzieren. Noch allgemeiner: Organismen sind replizierende Ordnungssysteme, die ihre Ordnung auf Kosten ihrer Umgebung etablieren.

Die Grund-Eigentümlichkeit steckt also in einer Perpetuierung, man könnte sogar sagen: in einer Extremierung des Negentropie-Prinzips. Fragt man etwa, warum Leben überhaupt entstanden ist (ob der Kosmos dies nötig hatte), dann läßt sich das nur im Rahmen dessen begreifen, was wir Erhaltungsbedingungen nannten. Wenn Ordnungssysteme entstehen, denen es gegeben ist, ihrer Umgebung Ordnung und Energie zu extrahieren, und dies zu einer Erhöhung ihrer Erhaltungs-Chancen führt, dann werden sie eben erhalten bleiben und vorerst weiter existieren. Man nennt derlei auch Selbstschaffung oder Autopoiese.

Zweifache Redundanz und Differenzierung

Man mag dies noch ein kosmisches Prinzip nennen, dessen Eigentümlichkeit darin besteht, an wenigen Stellen Gesetzlichkeiten zu schaffen und Ordnung zu kumulieren, auf Kosten und überhöhte Kosten von deren Umgebung. Die erste Eigentümlichkeit des Lebendigen selbst beobachten wir darin, daß es seine Erhaltungsbedingungen wieder über ein Redundanzprinzip erreicht, das wir Reproduktion nennen. Repräsentanten von nahezu identischer Ordnung werden in Massen produziert, – ein Constraint, um das kein lebendiges System herumgekommen ist. Und man kann fragen, warum es so viele – Milliarden bis Quadrillionen – identische Exemplare gibt.

Wir kommen Science-fiction-Themen nahe, wenn wir fragen, ob nicht noch andere Möglichkeiten der Erhaltung gegeben gewesen wären, und ich will uns damit auch nicht länger aufhalten. Aber es ist legitim festzustellen, daß das Negentropie-Prinzip, wenn es allein gälte, Reproduktion nicht notwendig bedingen würde. Ihm würde, sagen wir, pro geeignetem Planet auch ein einziger Organismus, ein einziges Supersystem genügen, sofern es seine Erhaltung durch Energie- und Ordnungsentzug aus seiner Umgebung sichert.

Der Constraint, diese Einengung der Möglichkeiten auf identische Individuen, auf eine Individuen-Redundanz alles Lebendigen, ist wohl schon aus der Redundanz der verfügbaren Moleküle disponiert und durch eine Prädisposition für sichere und energetisch billige Vermehrung, die bereits auch das Anorganische mit sich bringt, etwa die stereospezifische Autokatalyse. Vom Original einer Molekülgruppe entsteht dabei so etwas wie ein Oberflächen-Negativ, und an solchen Negativen bilden sich in geeigneter Umgebung pausenlos neue Originale.

Im Lebendigen entsteht über diesen Zugang eine funktionelle Bürde (Abb. 8), die aus dem Mißverhältnis kostspieliger und unverläßlicher Innovation gegenüber billiger und verläßlicher, identischer Reproduktion zwangsläufig zur Massenindividualität führen muß.

Aber noch etwas anderes wird diesen Constraint durchgesetzt haben: die stochastische Störung. Was einem Organismus zustoßen wird, ist aufgrund der immer noch zureichend chaotischen Umgebung nie ganz vorherzusehen. Schon ein schweres Quant vermag im Durchfliegen einen Organisationsteil zu zerschlagen, der für die Erhaltung des Systems entscheidend ist. Die große Masse sichert wie bei einer Postwurfsendung die Chancen des Erfolgs.

Eine zweite Redundanz ist in der Organisation der Individuen selbst enthalten. Von der Gleichheit des Baues unserer Finger, Fingernägel und Haare reichen die Bauteile gleicher Strukturen mit immer größerer Anzahl durch die hierarchischen Schichten, von den Fasern und Knochenbalken über die Zellen und Zellorgane bis zu den Biomolekülen.

Bei den niederen Organismen ist diese Redundanz der Bauteile besonders hoch. Deren allmählichen Abbau in der Evolution der Organismengruppen beschreiben wir als Differenzierung. Aber auch beim Menschen ist sie noch beträchtlich. Man kann dies an der Anzahl der kleinen grauen Zellen unseres Gehirns abschätzen, die bei 2×10^{11} liegt (zweihundert Milliarden); oder umfassender im Vergleich des Informationsgehalts eines Menschen mit einem Spermium, das ja den halben Informationsgehalt des entstehenden Embryos enthalten muß. Hier stehen 10^{28} gegen 10^{11} Bit zu Buche. Die Differenz von 10^{17} (eine Zahl vor 17 Nullen) muß dem Redundanzgehalt, der Anzahl identischer Bauteile in unserem Körper, entsprechen.

Beide Redundanzformen des Lebendigen, Populationsmassen und Bauteilmassen, sind, wie wir feststellten, die

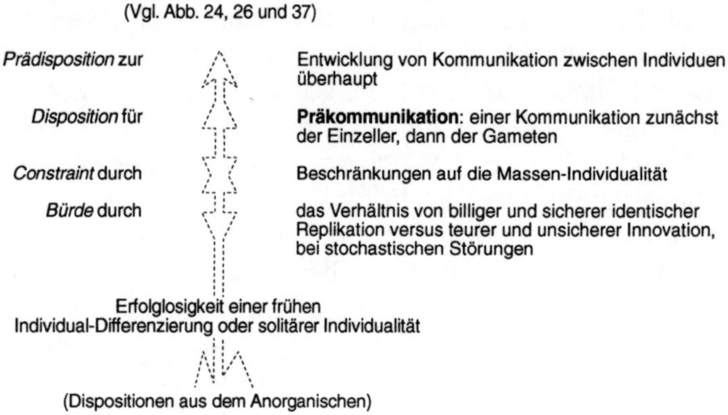

(Vgl. Abb. 24, 26 und 37)

Prädisposition zur   Entwicklung von Kommunikation zwischen Individuen überhaupt

Disposition für   **Präkommunikation**: einer Kommunikation zunächst der Einzeller, dann der Gameten

Constraint durch   Beschränkungen auf die Massen-Individualität

Bürde durch   das Verhältnis von billiger und sicherer identischer Replikation versus teurer und unsicherer Innovation, bei stochastischen Störungen

Erfolglosigkeit einer frühen
Individual-Differenzierung oder solitärer Individualität

(Dispositionen aus dem Anorganischen)

Abb. 8: *Die Serie aus Bürde, Constraint und Disposition zur Präkommunikation*, schematisch und vereinfacht; aus der Erfolglosigkeit früher Individual-Differenzierung, der funktionellen Bürde aus dem Reproduktions-Innovations-Verhältnis, zur Einengung, zum Constraint der Massen-Individualität, mit Disposition und Prädisposition zu den Stufen der Kommunikation (die Symbole vergleiche man in den Abb. 3, 5 und 6).

Konsequenz eines billigen und verläßlichen Reproduktions-
mechanismus gegenüber der Unsicherheit und dem Risiko
jeder möglichen Veränderung durch Mutation des Erbmate-
rials. Und beide Redundanzformen haben funktionelle Bürden zur Folge, die Notwendigkeit, aber durch gleiche Teilneh-
mer auch die Disposition zur Kommunikation (Abb. 8) sowie
eine Prädisposition für ein starres Sensorium (Abb. 13, S. 72).
Auf beides kommen wir zurück.

Schon eher begreiflich ist dann die stete Zunahme der
Komplexität der Organisation; sie wird so eindringlich als
Höherentwicklung empfunden. Diese Konsequenz steckt
noch im Negentropieprinzip, das wir eben ein kosmisches
genannt haben: Höhere Ordnung erhält sich aus der niedrige-
ren. Aus Pilzen und Bakterien erhalten sich die Regenwürmer,
aus solchen die Fasane und aus diesen wiederum die Jäger,
pro Stufe jeweils mit ungeheurem Verschleiß, mit der Dissipa-
tion von rund 90 Prozent an Ordnung und Energie. Das ist
wieder ein Constraint, immer noch aus den Eigentümlichkeiten jener kosmischen Ordnung, dem nicht mehr zu entkommen ist.

Innovation durch den Zufall

Eine zweite Eigentümlichkeit des Lebendigen steckt im Umstand, daß die Weitergabe der Bauanleitung bei der Reproduktion einem hinfälligen molekularen Faden anvertraut wird.
Würde nicht, so kann man fragen, das Anwachsen der Plas-
mamenge mit nachfolgender Teilung genügen? Zeigt uns nicht
das Prinzip der ungeschlechtlichen Vermehrung, Querteilung
oder Knospung, eine solche Möglichkeit? Im Prinzip tatsächlich nicht, denn schon die Anleitung zum Plasmawachstum
steckt im molekularen Code.

Die Anleitung hätte im Gesamtensemble enthalten sein
müssen. Aber dort steckt sie nicht. Die Ursache für diese
Speziallösung einer molekularen ‚Blaupause‘ ist wohl darin zu
suchen, daß schon die ‚Proto-Arten‘, jene ordnungsbildenden

Reaktionen, die noch nackt, man sagt: verschmiert, in den Küstensedimenten der Urmeere, ihre Information nur am molekularen Faden erfolgreich weitergeben konnten und daß auch die gekapselten Individuen der ersten echten Arten so winzig waren, daß dieses einmolekulare Set die einzig mögliche Prädisposition blieb.

Die Konsequenz daraus sind die bekannten DNA-Ketten, als die nicht mehr substituierbare Methode der Informationsreplikation von den Bakterien bis zum Menschen. Die übrige, sogenannte plasmatische Vererbung bleibt für die Evolution in einer ganz untergeordneten Rolle. Eine Fülle weiterer Kombinationsmöglichkeiten ist damit vergeben.

Doch sehen wir gleich, worauf es ankam. Man muß nur fragen, ob die Empfindlichkeit der molekularen DNA-Kette nicht hätte besser abgesichert werden können. Wäre nicht die Weitergabe von 100 solcher Ketten einzurichten gewesen, so daß der Fehler in einer durch die Überzahl der anderen stets richtiggestellt werden könnte? Tatsächlich kennt man in den sogenannten Riesenchromosomen Bündel von 200 bis 300 solcher Ketten. Aber es zeigt sich, daß sie nicht zur Sicherung, sondern vielmehr in Drüsenzellen und zur Beschleunigung der Proteinsynthesen entwickelt worden sind (hunderte Schreibmaschinenmädchen statt einem). Es kommt eben in den Einzelsträngen auf die Abweichungen, die Mutationen an, denn es wird um Innovation, um Erfindungsreichtum konkurriert. Das riskante, ja lebensgefährliche Spiel mit dem Zufall bleibt etabliert. Wer nicht mitspielen konnte, den gibt es nicht mehr.

Ein Ausweg aus dieser Art von ‚Russischem Roulette‘ (wobei nicht nur $1/6$, sondern über $9/10$ der Versuche tödlich sind) wäre geblieben, wenn sich ein lenkender Einfluß der Lebensweise der Kreatur auf ihr Genmaterial durchgesetzt hätte, wie LAMARCK das erwartete und wofür auch DARWIN in seiner ‚Pangenesis-Theorie‘ noch eine Lösung suchte. Wie wertvoll, ja wie moralisch hätte ein Evolutionsprozeß werden können, wenn körperliche und geistige Ertüchtigung der Eltern, wenn auch nur in Spuren, hätte auf die Nachkommen vererbt werden können.

DARWINs Lösung wäre, wie wir heute molekulargenetisch erkennen, über den Weg der nun bekannten Induktionsprozesse gar nicht so unmöglich gewesen. Aber sie wurde von der Evolution nicht gefunden. Zwar sind uns Reparatur-Mechanismen an mutierten DNA-Ketten bekannt geworden, aber sie dienen nur dazu, die Anzahl der Zufallsabweichungen zu reduzieren. Am Beginn der Evolution der Organismen mußte es weniger auf Ertüchtigung als auf den Zufallserfolg und dessen sklavische Weitergabe ankommen. Das System wurde abgesichert und rigide, und wo es heute nottäte, ist die Vererbung individuell erworbener Eigenschaften nicht mehr durchzusetzen.

Verbesserung durch individuelles Bemühen hat keine Chance, vererbt zu werden. Es bleibt, was die Innovation betrifft, beim blinden Spiel des Zufalls.

Ein starres Sensorium

Eine dritte, grundlegende Eigentümlichkeit wirkt den Erfolgschancen der Zufallsinnovation entgegen. Aber auch sie bringt keinen praktischen Zweck ins Spiel, sondern Rigidität durch funktionelle Bürden und die Drift in die Richtung althergebrachter Lösungen durch Prädispositionen. Es handelt sich um die Folgen der Entstehung komplexer, funktionell verzahnter Strukturen.

Die Konsequenzen daraus sind ganze Schichtsysteme von organismischen Bauplänen. Von der Unsubstituierbarkeit der molekularen Codices, Ablese- und Übersetzungs-Mechanismen für alle Organismen reicht der Schichtenbau von Festlegungen über die Zellgliederung sämtlicher Vielzeller bis in alle jene Merkmale, nach welchen wir jeweils sämtliche Organismen ganz eindeutig einem Stamm, einer Klasse, einer Ordnung des Natürlichen Systems zuordnen können.

Von den zahlreichen Eigentümlichkeiten des Wirbeltierstammes sei hier nur auf einige des Nervensystems und der Sinne aufmerksam gemacht. Beispielsweise entsteht unser

Rückenmark als eine Rinne in der Haut des Rückens, was wahrscheinlich auf eine Nahrungs-Rinne noch weiter zurückliegender, halb seßhafter Meerestiere zurückgeht (Abb. 9). Später wurde die Rinne zu einem Rohr eingerollt, so daß die frühere Außenseite nach innen gewendet, eingesenkt und zuletzt in den Schutz der Wirbelsäule genommen wurde.

Bei den meisten Vielzellern entsteht sie dagegen in der Basis der ganzen Haut und sinkt als Faserwerk ohne Umwendung der Seiten in die Tiefe des Körpers.

Der Vorteil für das Wirbeltier-Nervensystem scheint darin zu bestehen, daß ein Hohlorgan, wie es im Prinzip bis in den Bau unseres Gehirns reicht, für die Organisation der Leitungsbahnen besser disponiert ist. Zu den Konsequenzen gehört auch der Nachteil, daß in unserem Augenhintergrund, da dieser auf eine Ausstülpung der Hirnblase zurückgeht, der ‚Film' seitenverkehrt eingelegt ist (Abb. 10). Das Licht muß nicht nur durch Linse und Glaskörper, sondern auch noch durch die Schichte der ernährenden Blutgefäße, die Schichte der ableitenden und verschaltenden Nervenzellen und erreicht erst dort die Stäbchen- und Zapfen-Zellen der Retina, die zudem noch verkehrt stehen. Man nennt dies ein ‚inverses Auge'. Eine ‚everse' Konstruktion könnte um eine Größenordnung schärfer sehen.

Jedem mutativen Versuch, dies umzukehren, müssen so viele funktionelle Bürden im Wege gestanden haben, daß jeder scheitern mußte. Vielmehr hat die Disposition dieses Bautyps die Entwicklung in Richtung auf ein kugeliges Linsenauge hingeschleppt, das einen Erfolg der Umkehr nicht mehr zuließ. Und das, obwohl alle Würmer, Mollusken und Gliedertiere everse Augen besitzen und bei den Tintenfischen den Typ des kugeligen Linsenauges durchaus erreichten.

Wunderlich ist zuletzt auch der Umstand, daß bei den Wirbeltieren die Nerven die Körperseiten wechseln. Die Nervenbahnen aus dem linksseitigen Rückenmark strahlen in die rechte Körperhälfte und umgekehrt. Dieses Prinzip findet sich auch noch in der Kreuzung der Augennerven aller Wirbeltiere (Abb. 11), und zwar so, daß zunächst das linke Auge ins

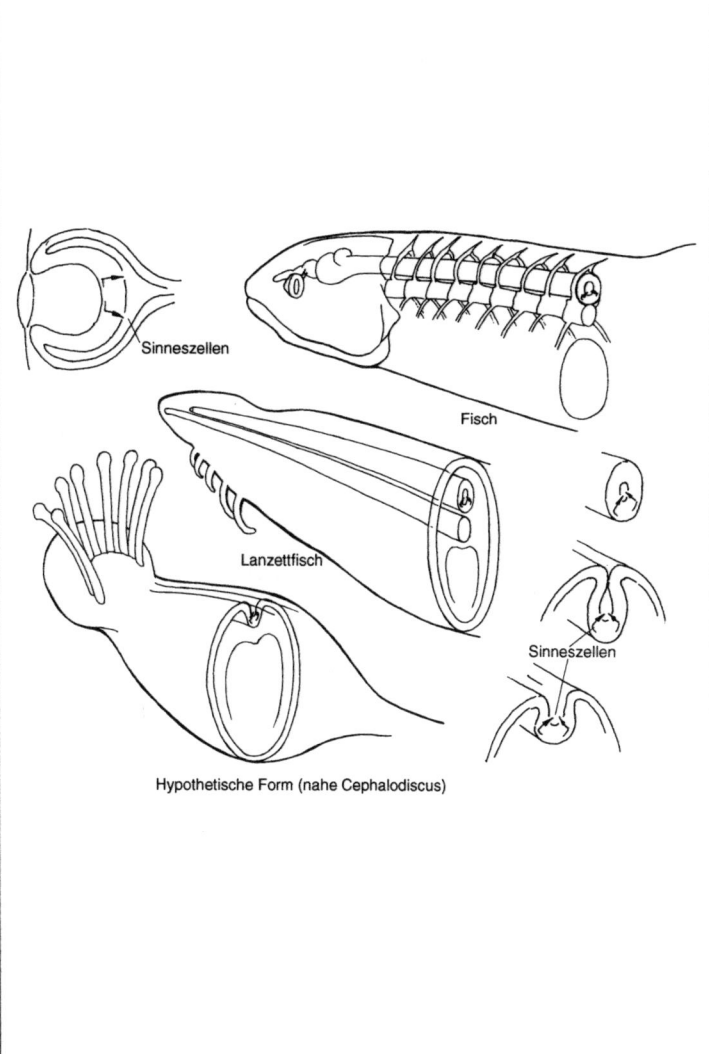

Abb. 9: *Schema der Einrollung des Nervensystems* von marinen, seßhaften Filtrierern über das Stadium des Lanzettfisches zu den Wirbeltieren. Man beachte, daß bei der Entwicklung des Rückenmarks und dem an seinem Vorderende entstehenden Gehirn die zunächst nach außen gewendeten Sehzellen später nach innen sehen (vgl. dazu Abb. 10).

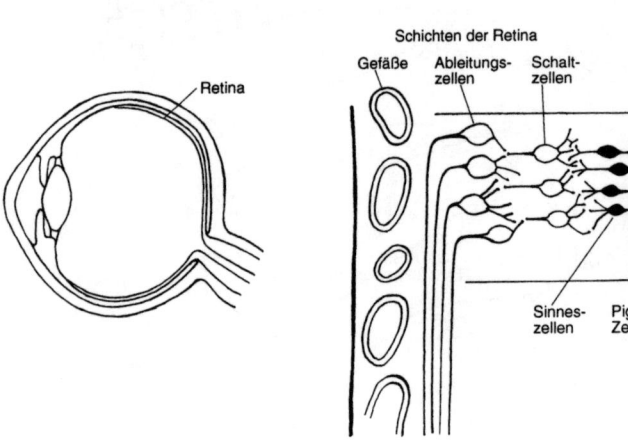

Schichten der Retina

Retina

Gefäße

Ableitungs-zellen

Schalt-zellen

Sinnes-zellen

Pigment-Zellen

Abb. 10: *Constraint des inversen Linsenauges* der Wirbeltiere. Man beachte, daß durch die Einrollung des Rückenmarks (vgl. Abb. 9) die Hirnanlage entsteht, aus deren Ausstülpung der Augenstiel. Die Wieder-Einstülpung des Augenstiels führt zum Augenbecher, wodurch die Sehzellen weiterhin nach innen gewendet bleiben.

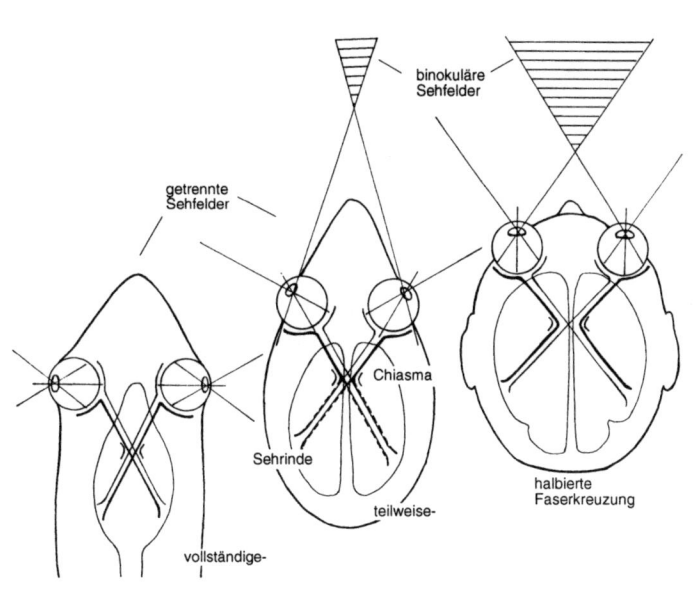

binokuläre
Sehfelder

getrennte
Sehfelder

Chiasma

Sehrinde

teilweise-

halbierte
Faserkreuzung

vollständige-

Abb. 11: *Constraint der Kreuzung der Sehbahnen*. Getrennte Sehfelder und vollständige Kreuzung im *Chiasma opticum* bei vielen Fischen, Lurchen und Vögeln, Zwischenformen meist bei manchen Vögeln und vielen niederen Säugern, binokuläres Sehen und zur Hälfte aufgelöste Kreuzung bei höheren Säugern und vor allem bei Primaten.

Sehzentrum der rechten Hirnhemisphäre meldet und vice versa. Erst nachdem die Augen so weit nach vorne gewandert waren und das binokuläre Sehen möglich wurde, setzt in diesem *Chiasma opticum* eine Umflechtung ein, indem die nasenseitigen Hälften der Retina zwar noch immer mit der gegenseitigen Hirnhälfte verdrahtet bleiben, die schläfenseitigen aber schrittweise auf die gleiche Seite hinübergelenkt werden. Dies wird durch den Vorteil durchgesetzt worden sein, den das stereoskopische Sehen mit sich bringt, indem nun wenigstens jeweils die Meldungen der linken oder rechten Hälfte der Retina beider Augen in derselben Sehrinde verrechnet werden können, allerdings mit dem Nachteil im Gefolge, daß nun der Vergleich der nasen- und schläfenseitigen Bildhälften jedes Auges über einen beträchtlichen Umweg, über das *Corpus callosum*, die Brücke zwischen den Hemisphären, bewerkstelligt werden muß. Im Prinzip kennen wir derlei schon als den ‚evolutiven Pfusch‘, und dieser Ausflug in die vergleichende Anatomie soll nur daran erinnern, daß solche Constraints auch die Entwicklung aller unserer Sinne begleiten, also weiter auf die Constraints unserer Wahrnehmung wirken werden.

Die Eigentümlichkeiten der Wahrnehmung
(oder: Ist die Welt so, wie sie erscheint?)

Dieser Bereich wird heute von Erkenntnissen in der Neuro- und Sinnesphysiologie bestimmt, die schon in Lehrbüchern zusammengefaßt sind. Die zugehörige Literatur findet man in RIEDL (1980, 1987 und 1992) zusammengestellt. Das Thema hat sich aber zudem in den Bereich der Erkenntnisfragen erweitert. Schriften von LORENZ (1941 und 1973), von POPPER (1970) und von mir, mit den zu behandelnden angeborenen Hypothesen vom ‚Anscheinend Wahren‘ (1980 und 1992) vom ‚Ver-Gleichbaren‘ (1980 und 1987) und vom ‚Für Wahr-Halten‘ (1980 und 1992) haben Bezüge zu den KANTschen A priori (KANT 1781) diskutieren lassen (vgl. RIEDL u. WUKETITS 1987, LÜTTERFELDS 1987, ENGELS 1989 und IRRGANG 1993).

Zudem wird das Induktionsproblem in diesen Schriften behandelt; die Frage, wie aus Fällen Regel, Theorie und Gesetz zu bilden seien. Zu der Spannweite des Themas vergleiche man außerdem LÉVI-STRAUSS (1968), LORENZ (1974) und STEGMÜLLER (1971).

Von den anatomischen zu den sensorischen Eigenarten unserer Ausstattung mag uns das Phänomen der ‚billigen Ordnung‘ hinüberleiten. Wir finden ja auch noch in der Organisation der höchsten Organismen eine hohe Redundanz: Viele Bauteile entstehen jeweils aus einer Anwendung derselben Gesetzlichkeit. Man denke an die zahllosen gleich gebauten Haut- oder Leberzellen, Muskelfasern oder Haare, weiterhin bis zu den im Prinzip gleichgebauten Fingern einer Hand, der Knochen der Arm- und Bein-Struktur, bis, wie zu den fast gleichgebauten Körperhälften. In noch größerem Maße trifft das zu für die Bauteile der Organellen der Zellorgane und deren Großmoleküle.

Nochmals billige Ordnung

Als Ursache für diesen Zwang oder Constraint zum Ansatz an Massenbauteilen erkannten wir die energetisch funktionelle Bürde aus dem Verhältnis billiger und verläßlich identischer Reproduktionsweise der Information der Zellen, gegenüber der ‚Lebensgefährlichkeit' aller mutativen Innovationsversuche. Mit wenigen Ausnahmen sind die identischen Bauteile auch stets gleich in großer Anzahl angelegt worden, und ihre mutative Abwandlung, man denke an die Zähne der Wirbeltiere oder die Extremitäten der Gliederfüßer, wird durch eine geringe Bürde und eine Verringerung ihrer Anzahl erleichtert. Wir nannten das Ergebnis Differenzierung. Dieser Constraint (Abb. 12) läuft aber auf eine Disposition zu, welche zunächst die Kommunikation zwischen den Zellen vorbereitet, mit der Prädisposition einer Verständigung ganzer Zell-Verbände, sei es über Hormone oder außerdem über die Entwicklung eines Nervensystems.

Je tiefer eine Funktion im System vernetzt ist, um so unwahrscheinlicher wird die Differenzierbarkeit. Was das Nervensystem betrifft, so haben sich Wandlungen in der Form unserer rund 200 Milliarden Nervenzellen durchgesetzt, aber keine im Prinzip der Leitung und des Reizes. Es ist bei der Übertragung eines Spannungspotentials geblieben und bei dessen Übergabe an den ebenso identisch konstruierten Synapsen (Abb. 13), den ‚Streckern' zwischen den Zellen. Eine Konsequenz daraus ist die eigentümliche Einengung, daß alle Nachrichten, ob es sich um Befehle an die Muskulatur und damit auch an Drüsen und Gefäße handelt oder aber um Nachrichten aus den Augen, Ohren, Gelenken oder Muskelspannungen, mit identischen Zeichen, den Spikes (Abb. 13), erfolgen. Das ist eine in unserem Nachrichtenwesen ganz ungewöhnliche Situation.

Wenn man sich das akustisch vorstellen will: Es klickt an den Schaltstellen. Aber keinerlei Code ist damit verbunden, nur die Häufigkeit, die Frequenz der Klicke, wechselt. Aber auch diese sagt nichts über die Art der Nachricht aus, sondern

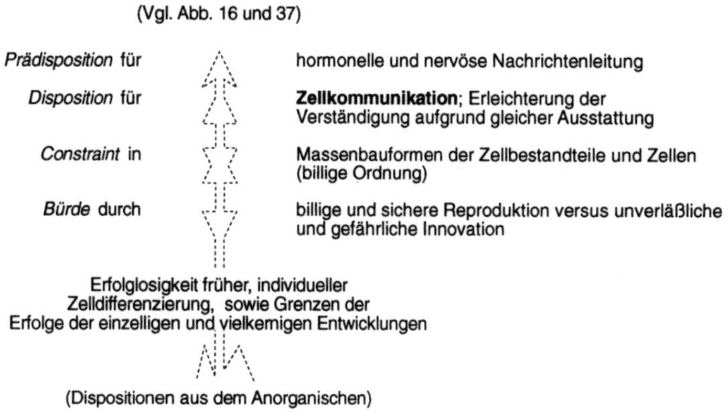

(Vgl. Abb. 16 und 37)

Prädisposition für   hormonelle und nervöse Nachrichtenleitung

Disposition für   **Zellkommunikation**; Erleichterung der
                                       Verständigung aufgrund gleicher Ausstattung

Constraint in   Massenbauformen der Zellbestandteile und Zellen
                                       (billige Ordnung)

Bürde durch   billige und sichere Reproduktion versus unverläßliche
                                       und gefährliche Innovation

Erfolglosigkeit früher, individueller
Zelldifferenzierung, sowie Grenzen der
Erfolge der einzelligen und vielkernigen Entwicklungen

(Dispositionen aus dem Anorganischen)

Abb. 12: *Bürde-Constraint-Disposition (die* BCD-Serie) *zur Zell-Kommunikation.* Man erkennt, daß die Bürde aus der Ungleichheit von Reproduktions- versus Innovationserfolg zum Constraint der billigen Ordnung in Massenbauteile führt, welche aber eine Disposition zur Zellverständigung, die Prädisposition für ein Nervensystem, bietet.

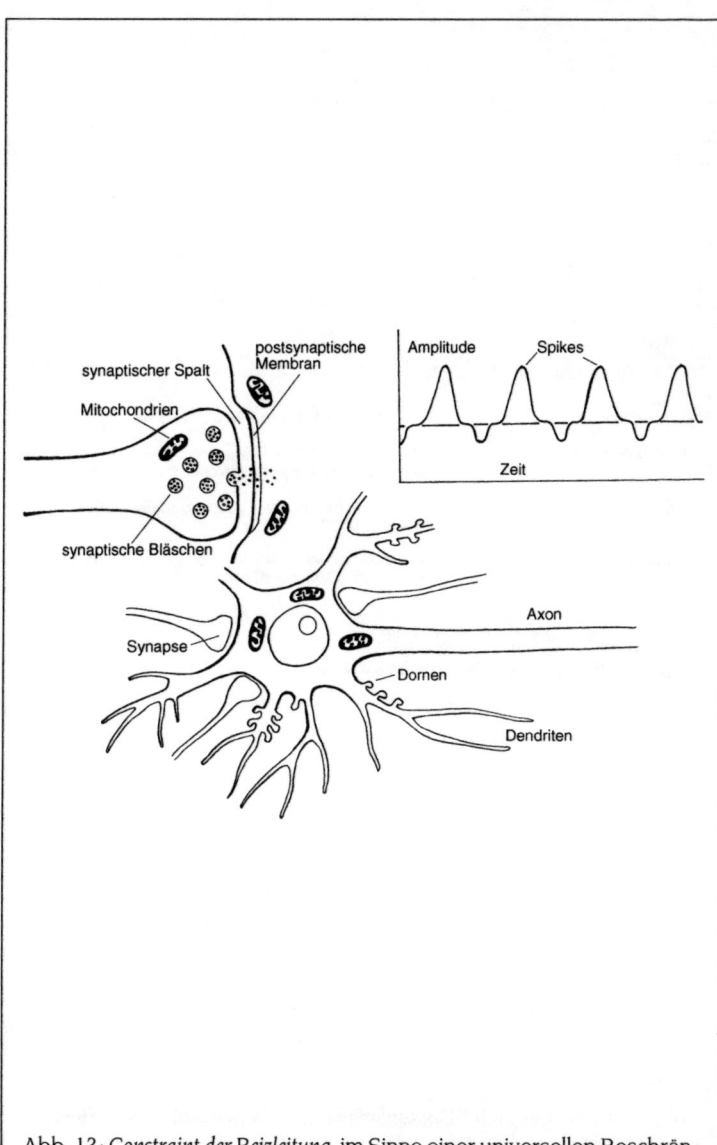

Abb. 13: *Constraint der Reizleitung*, im Sinne einer universellen Beschränkung auf einen einheitlichen chemischen Vorgang an den Synapsen (den ‚Steckern') zwischen Nervenzellen, sowie auf einen einzigen physikalischen Vorgang der Leitung, die Spikes.

nur etwas über deren Stärke. Über die Art der Nachricht entscheidet nur der Empfänger. Wird ein Muskel ‚angeklickt‘, dann übersetzt er die Nachricht auf ‚kontrahieren‘; wird die Sehrinde erreicht, so meldet sich unserer Wahrnehmung eine Helligkeit oder eine Farbe.

Über das Licht

Das ganz Eigentümliche dieser Situation muß man sich wirklich vergegenwärtigen; daß nämlich in der völligen Finsternis der Sehrinde im Gehirn eine Interpretation dieser Klicke entsteht, die uns etwas vermeldet, das wir gewohnt sind, ‚Licht‘ zu nennen. Alle Bilder, die wir stets, wie wir es nennen, ‚vor Augen‘ haben, sind eine Art von Erfindung. Denn – so trivial es ist, das zu sagen – im Gehirn entsteht keinerlei Licht. Auch das müssen wir uns (den Ausdruck nun umgekehrt metaphorisch verwendend) ‚vor Augen halten‘.

Schon diese, noch bescheidene Einsicht zeigt, wie berechtigt es ist, daß uns die Konstruktivisten das Staunen lehren wollen. Im ganzen Kosmos gibt es kein Licht. Vom Befehl Gottes ‚es werde Licht‘ bis zum physikalischen Grundmaß der Lichtgeschwindigkeit mögen wir nicht dem naiven Realismus verfallen zu meinen, daß es außerhalb unserer Gehirne in diesem Kosmos irgendwo hell geworden wäre. Im Kosmos gibt es nur enorm schnell reisende Quanten.

Licht ist ausschließlich eine Umdeutung durch unser Sensorium, und zwar eine höchst praktische Orientierungshilfe, die dazu dient, aus der Fülle dieser reisenden Quanten einen häufigen Typus zum Abtasten zwecks Interpretation und Deutung der Strukturen, auch unserer ferneren Umgebung, einzusetzen.

Hätte es Augen und Sehrinden schon im Hadronenzeitalter gegeben, jener Zeit im Kosmos, von der wir schon sagten, daß es in ihr nur schwere Quanten geben konnte, dann wäre es in ihm tatsächlich finster gewesen. In diesem Sinne hat das Erste Buch Mose recht: Licht konnte es tatsächlich erst werden, als die gesunkenen Temperaturen die Erhaltungsbedingungen der leichten Quanten und somit auch der Photonen lieferten. Aber dieses Bild ist freilich ganz fiktiv, weil Augen und Sehrinden nicht nur erst mit den Photonen, sondern (und vielmehr) erst mit der Möglichkeit entstehen können, sie zum Zweck eines Fernsinnesorgans zu nutzen. Ohne uns kennt der Kosmos kein Licht. Was freilich unsere Freude über das Strahlen eines Frühlingsmorgens nicht trüben kann.

Über Symbolisation

Andererseits ist es wohl absurd zu behaupten, daß die Dinge, die uns das Sensorium als licht- und farbenvoll interpretiert, nur deshalb fiktiv seien, weil es im Kosmos nachweislich finster ist. Vielmehr haben wir hier wieder den typischen Fall eines Prinzips vor uns, nach welchem die Evolution in ihren Kreaturen stets innere Symbole für äußere Phänomene entwickelt. Die Symbole selbst sind aus den Kohärenzbedingungen der Organisation im Binnensystem zusammenkonstruiert. In diesem Sinne sind sie Erfindungen. Ihr Anwendungserfolg aber ist nur aus Korrespondenzbedingungen, aus der Adaptierung an das Milieu, das Außensystem, zu verstehen. In diesem Sinne sind es Entdeckungen, denn sie helfen uns, die Welt zu entdecken.

Mit solcher Einsicht wird es dann schon trivial zu ergänzen, außerhalb unserer Gehirne gebe es auch keine Gerüche, Geräusche oder Temperaturen, sondern nur Molekülstrukturen und Arten derer Bewegung. Und wir können uns auch ob des schon verwendeten Beispiels beruhigen, daß es außerhalb von uns nicht einmal die Härte unserer Tischplatte gibt, sondern nur leere Räume zwischen winzigen, wirbelnden Quanten, und daß selbst diese keine Kügelchen sein können, sondern irgend etwas zwischen unseren Begriffen von Ort und Bewegung.

Deshalb aber zu meinen, daß bestimmte Teile dieser außersubjektiven Welt mit Hilfe unserer sensorischen und später der begrifflichen Symbolik nicht entdeckt werden könnten, weil die verwendeten Symbole dort nicht existieren, wäre auch wieder absurd, und zwar deshalb, weil unser Existieren nur über den Erfolg der Anwendung dieser Symbole verstanden werden kann. – Freilich, und das ist dann wieder trivial, sind es nur schmale Ausschnitte aus der außersubjektiven Wirklichkeit, für die jene Symbole kodieren. Denn wir haben diese Grenzen mit Hilfe von Theorien, Instrumenten und bestätigenden Prognosen transzendiert; wir könnten ansonsten ja auch nicht kritisch über solche Grenzen und symbolische Codices reden.

Diese Eigentümlichkeit unserer Ausstattung, nur über stellvertretende Symbole mit dieser Welt in Kontakt kommen zu können, bedeutet aber freilich auch eine Einengung, einen weiteren Constraint, der zwar übersteigbar ist, aber doch selbst unsere wissenschaftliche Begrifflichkeit kanalisiert, indem wir über das Naheliegende zwar noch in Analogien, über das Fernere aber nur mehr in Metaphern reden können. Darauf will ich später zurückkommen.

Wir können aber schon an dieser Stelle einmal die Frage stellen: Ist die Welt so, wie sie erscheint? Die Antwort wäre: im Grunde gar nicht, denn sinnlich sind es nur kohärenzbedingte Symbole, die uns über sie unterrichten, aber soweit es die für unser bisheriges Überleben relevanten Nachrichten aus ihr sind, müssen diese mit jener außersubjektiven Wirklichkeit zureichend korrespondieren.

Und was für das Überleben relevant ist oder was gar aus dieser Welt noch sinnlich wahrgenommen werden könnte, das sind ganz andere Fragen. Es kann die Nase das Auge kontrollieren, wie bei unseren Hunden. Bei Fledermäusen und Fischen kann die Umgebung auch über Echos und elektrische Felder abgetastet werden. Und hätte eine Nacktschnecke ein subjektives Erleben, sie würde die Welt geschmacklich abbilden, als glitten wir an ihr nur mit unserer Zunge entlang. – Aber die Welt könnte auch über Röntgenstrahlen wahrgenommen werden, über Magnetfelder, vielleicht über Erdströme. Zweifellos ist es nur ein Ausschnitt, den wir erleben. Das ist aber eben wieder trivial.

Über Zeit und Raum

Kein Experiment scheint möglich zu sein, das die Existenz von Raum oder Zeit beweisen oder aber widerlegen könnte. Beider Existenz muß für alles, was wir wahrnehmen oder denken, gewissermaßen im voraus angenommen werden. Außerdem haben wir in der Regel Erfolg mit der Erwartung, daß es Vorgänge gibt, die alles, was wir als Zeit erleben, in gleiche Teile teilen: die Erdumdrehung, die Pendelperiode, das Ticken eines Kristalls. Auch vom temperaturstabilisierten Ur-Meter in Paris nehmen wir an, daß es überall im Kosmos und in jeglicher Richtung dieselbe Länge haben werde. Und beide Dimensionen erscheinen uns als miteinander unvereinbare Qualitäten.

Wie man weiß, bestätigen sich diese Erwartungen nur innerhalb einer Größenordnung, in der wir Kreaturen leben und entstanden sind: in mittleren Größen. Im Makrokosmos stimmen diese drei Annahmen nicht mehr. Mit EINSTEIN ist die Existenz eines Raum-Zeit-Kontinuums anzunehmen, dessen Wechselzusammenhang lediglich in den Lebensfragen unserer kleinen Erdenwelt vernachlässigt werden kann. Aber selbst wenn man Uhren mit und gegen die Erdrotation um den Äquator schickt, sind deren Zeiten nicht mehr gleich. Auch im Mikrobereich der Quanten ändern sich diese Qualitäten. Dieses Vorausverständnis, samt seiner Einschränkung auf jenen Mittelbereich, läßt sich leicht aus Anpassungen in unserer Stammesgeschichte verstehen. Die Kreatur wurde selbst das Maß dessen Dinge. Zeit wird uns schon aus dem Ablauf der physischen Prozesse, die in uns ablaufen, gelehrt; dann aus jenen der Wahrnehmung: bei der Schnecke langsamer, bei der Fliege rascher unterteilt. Und was den Raum betrifft, so zeigen schon Maße wie „Fuß" oder „Elle", woran maßgenommen wird.

Der Erkenntnistheorie sind diese Raum- und Zeit-Vorausurteile natürlich bekannt und von KANT in der „Kritik der reinen Vernunft", speziell im Kapitel „Transzendentale Ästhetik" behandelt, „Ästhetik" nach dem alten Begriff für sinnliches Wahrnehmen. Nun verstehen wir solcherart Urteile *a priori* als *a posteriori* genetisch verankerte Lernprodukte unseres Stammes, und aus dem Lebenserfolg solcher Programme, daß es etwas wie Raum und Zeit geben muß, was immer sich dahinter auch verbergen mag.

Aber auch die Einengung, die Constraints dieser Anleitungen lassen sich verstehen. Da wird zunächst die Trennung der beiden Größen zu unvergleichbaren Qualitäten verständlich. Denn unsere „physiologische Uhr" wird von einem ganz anderen Sensorium wahrgenommen als unsere Körpermaße und Bewegungen. Für die mittlere Dimension, vor allem für den Frühmenschen, war das Programm perfekt und ausreichend. Erst für den forschenden Geist wird die funktionelle Bürde, eben aus diesen Lebensfunktionen, fühlbar.

Auch das Werden des Vorausurteils über die Struktur des Raumes ist aufschlußreich. Man erinnere sich des Ansatzes zu billiger Ordnung, zu welcher auch die Symmetrien gleichgebauter Körperabschnitte gehören. Tatsächlich besitzen die frühen, sphärischen Einzeller (Abb. 14) beliebig viele Symmetrien und noch keine Körperachse. Diese tritt als Oben-Unten-Achse bei der späteren Radiärsymmetrie auf. Und erst die Ortsbewegung mit Orientierung zum Boden läßt drei Achsen im Bauplan entstehen und reduziert die Symmetrie-Ebenen auf eine einzige. Der Erfolg des Bauprogramms mit drei aufeinander orthogonalen Achsen ist enorm. Fast alle beweglichen Vielzeller sind nach diesem Prinzip gebaut.

Bei den Wirbeltieren kommt hinzu, daß auch die Sinne nach diesen drei Achsen entwickelt wurden, am offensichtlichsten in den drei aufeinander normal stehenden Bogengängen des Gleichgewichtsorganes. Zwei Bogengänge genügten nicht, ein vierter wäre nutzlos, und nur dadurch, daß sie rechtwinkelig zueinander stehen, mißt jeder ausschließlich die Bewegungsänderung in seiner Ebene.

So ist auch die Steuerung der Bewegung schon von den Haien aufwärts entsprechend drei Systemen zugeordnet: die Höhensteuerung den Brustflossen, die Seitenbewegung der Rumpfkrümmung und der Vortrieb Schlängelung und Schwanz-

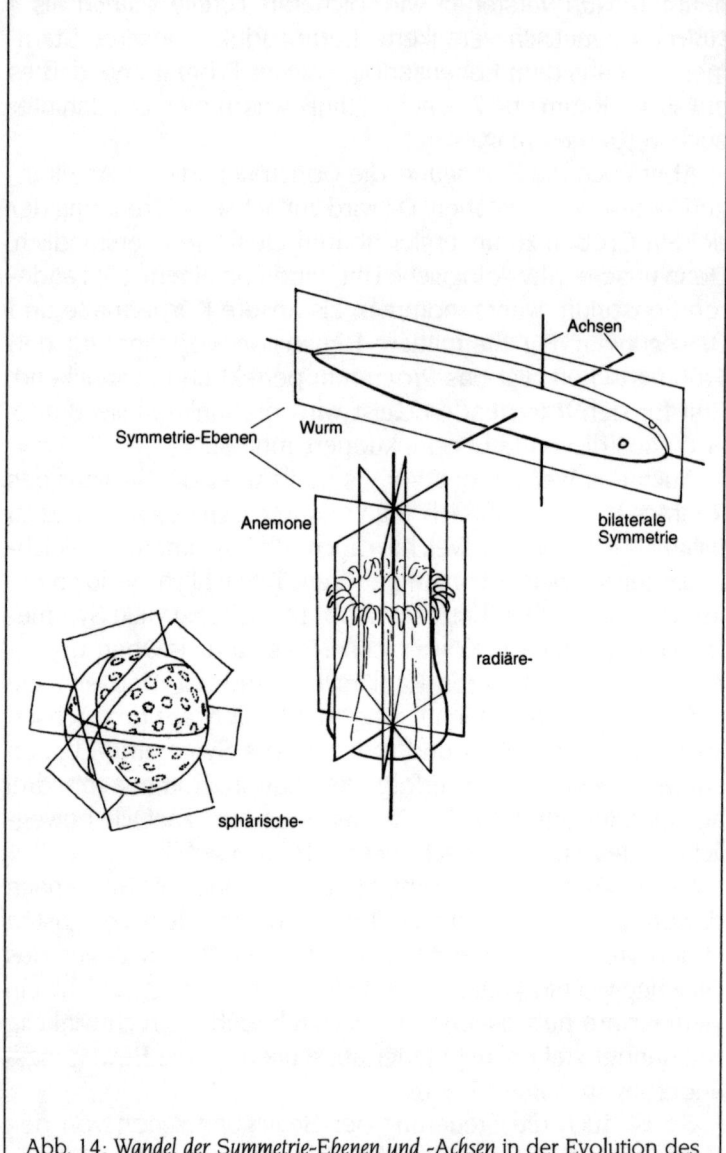

Abb. 14: *Wandel der Symmetrie-Ebenen und -Achsen* in der Evolution des Tierreichs. Man erkennt eine Abnahme der Symmetrien gleicher Bauteile, parallel zu einer Zunahme und Differenzierung von Körperachsen.

flosse. Und selbst bei uns ist der Greifraum der Arme noch immer bevorzugt symmetrisch gesteuert, was man daran erkennt, daß spiegelbildliche Bewegungen beider Arme und Hände geringerer Übung bedürfen. Kein Wunder also, daß wir den Raum auch nach drei Vorzugsachsen erleben. Nur die perspektivische Darstellung auf der Fläche, wie deren Interpretation durch den Betrachter, ist kultur- und entwicklungsabhängig. Die Geometrie des EUKLID formalisiert eine angeborene Form der Anschauung.

So bewährt diese Zeit- und Raum-Interpretationen für unsere Welt der mittleren Dimensionen auch sind, wir sprechen dann von Dimensionen; sie schließen mit der Vereinfachung eine Bürde ein (Abb. 15), einfache Plausibilitäten, deren Constraints erst bei der Extrapolation, beim Nachdenken über den Kosmos und durch Widersprüche deutlich werden. Die drei Achsen haben keine Enden. Jeder Raum aber, den wir vorzustellen vermögen, selbst der Kosmos, stellt sich uns mit Grenzen vor Augen, der aber wieder in einem Raum schwebt usf. Anfänge und Enden, sei es des Raumes oder der Zeit, bleiben unvorstellbar. Noch weniger ist uns die Raum-Zeit-Kontinuität vorstellbar, wie diese die Relativitätstheorie vorsieht, schon allein in dem Sinne nicht, daß diese Achsen in Megakosmosdimension in sich zurückgekrümmt sein müßten. Raum und Zeit bleiben uns getrennte Qualitäten. Eine vierdimensionale Raum-Zeit-Anschauung dagegen geriete wohl in keine Widersprüche. Disponiert erweist sich der Constraint zur Entwicklung der Zeiten und der Quantitierung in der Sprache, der Begriffe vom Endlichen und Begrenzten wie vom Unendlichen und Unbegrenzten und prädisponiert zum Aufbau der klassischen Geometrie und einer infinitesimalen Mathematik. Davon und von den neuerlichen Bürden solcher Disposition soll noch die Rede sein.

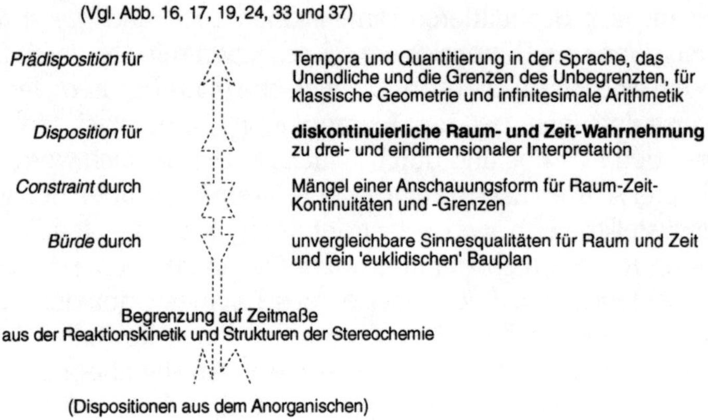

(Vgl. Abb. 16, 17, 19, 24, 33 und 37)

Prädisposition für   Tempora und Quantitierung in der Sprache, das Unendliche und die Grenzen des Unbegrenzten, für klassische Geometrie und infinitesimale Arithmetik

Disposition für   **diskontinuierliche Raum- und Zeit-Wahrnehmung** zu drei- und eindimensionaler Interpretation

Constraint durch   Mängel einer Anschauungsform für Raum-Zeit-Kontinuitäten und -Grenzen

Bürde durch   unvergleichbare Sinnesqualitäten für Raum und Zeit und rein 'euklidischen' Bauplan

Begrenzung auf Zeitmaße
aus der Reaktionskinetik und Strukturen der Stereochemie

(Dispositionen aus dem Anorganischen)

Abb. 15: BCD-*Serie zur Raum- und Zeit-Diskontinuität* nach unserer erblichen Ausstattung. Man beachte, daß die Bebürdung mit unvergleichbaren Sinnesqualitäten Grenzen der Anschaubarkeit von Raum und Zeit nach sich zieht, mit der Disposition für diskontinuierliche Interpretation und Prädispositionen für Sprache und Mathematik.

Über das anscheinend Wahre (Hypothese 1)

Was uns die Wahrnehmung in dieser Welt an Zusammenhängen als wahr anzunehmen suggeriert, hat seine Wurzeln nochmals tief in den Prozessen unserer Nervenzellen. Es zählt zu den Eigentümlichkeiten der Leitungsbahnen, sich bei Durchlauf eines Reizes ein wenig zu verändern (Abb. 16). Diese Veränderung, die man sich wie eine Verschiebung des Leitungswiderstandes vorstellen kann, hat die Eigenschaft, nicht sofort abzuklingen, ähnlich dem Nachleuchten auf einem Bildschirm. Man kann nicht erwarten, daß dieser Effekt selektiv gefördert worden wäre. Vielmehr muß es darauf angekommen sein, gleichen Reizen möglichst gleiche Übertragungsstärke und denselben Übertragungsweg zu sichern.

Wie aber so oft in der Evolution, mußte zur Annäherung an eine solche funktionelle Lösung ein Nachteil, hier dieser Nachleuchteffekt und die Änderung der Bahnung, als funktionelle Bürde hingenommen werden. Und schon – darauf kommt es an – ist mit diesem Constraint die Prädisposition für neue Funktionen entstanden, die weder angesteuert noch vorherzusehen gewesen wären. Das Fundament für eine neue Qualität im Lebendigen ist damit gelegt: für das Gedächtnis.

In dieser einfachsten Form nenne ich das die Disposition zu einem ‚neuronalen Gedächtnis'. Und seine erste Leistung kennt man als die bedingte Reaktion oder Konditionierung. Zwischen zwei Nervenbahnen, die normalerweise unterschiedliche Nachrichten getrennt leiten, kann eine Verbindung aktiv werden. Dies hängt zunächst damit zusammen, daß sich der Leitungswiderstand bei wiederholtem Durchlauf deutlich ändert. Werden nun beide Leitungsbahnen wiederholt und annähernd zeitgleich durchlaufen, so erweisen sich Bahnen zwischen den beiden als durchlässiger und verbinden diese nun auch funktionell, vorausgesetzt, daß solche verbindenden Bahnen strukturell schon bestehen, also biologisch sinnvoll sein können. Die Nutzung dieser Möglichkeit und der Erfolg ihrer Erhaltung zeigt, daß sich wiederholende Koinzidenzen in der außersubjektiven Wirklichkeit in einen notwen-

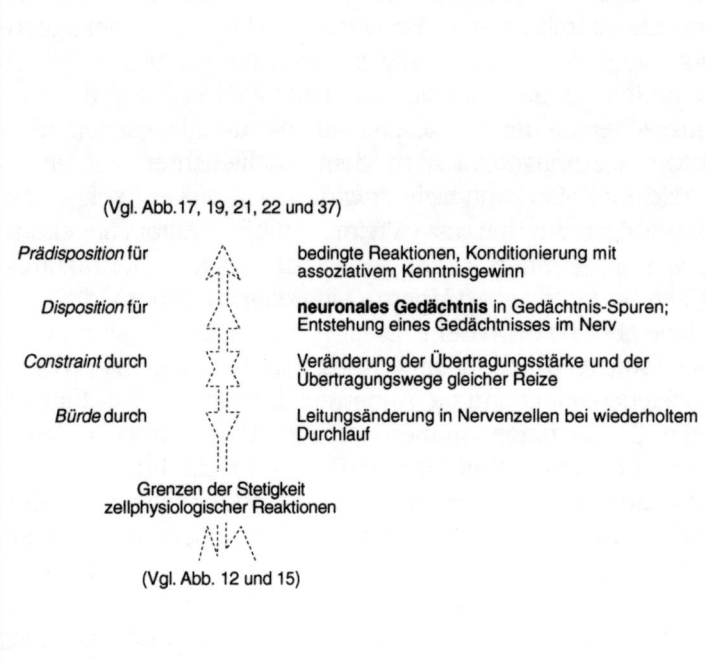

(Vgl. Abb.17, 19, 21, 22 und 37)

Prädisposition für	bedingte Reaktionen, Konditionierung mit assoziativem Kenntnisgewinn
Disposition für	**neuronales Gedächtnis** in Gedächtnis-Spuren; Entstehung eines Gedächtnisses im Nerv
Constraint durch	Veränderung der Übertragungsstärke und der Übertragungswege gleicher Reize
Bürde durch	Leitungsänderung in Nervenzellen bei wiederholtem Durchlauf

Grenzen der Stetigkeit
zellphysiologischer Reaktionen

(Vgl. Abb. 12 und 15)

Abb. 16: BCD-*Serie zum ‚neuronalen' Gedächtnis.* Man erkennt, daß die Bürde der Widerstandsänderung zum Constraint einer Variation von Übertragungsstärken und -wegen derselben Reize führt, was aber die Disposition zu den ersten Formen von Gedächtnis und die Prädisposition zum assoziativen Lernen zur Folge hat.

82

digen Zusammenhang gebracht werden. Schon dies ist als ein Voraus-Urteil, eine Hypothese *a priori* über diese Welt zu verstehen. Man wird bei solchen Überlegungen an die A *priori* KANTs gemahnt. Darauf werde ich zurückkommen.

So führt ein scharfer Luftstrahl auf die *Cornea* als unbedingter Reflex zum Zwinkern des Augenlids. Dies ist eine Schutzreaktion. Läßt man kurz vor dem Luftstrahl regelmäßig eine Glocke tönen, so wird das Lid bald schon beim Glockenton geschlossen. Er wird als ‚Vorwarnung‘ der kommenden Störung verrechnet. Auf diese Weise wird fast jede wiederholte Koinzidenz von Wahrnehmungen wie ein notwendiger Zusammenhang behandelt und bei Auflösung der Koinzidenz wieder gelöscht.

Die Isomorphie mit der außersubjektiven Wirklichkeit, die für die Etablierung und Erhaltung eines solchen Programms die Voraussetzung ist, kann ich leicht belegen. Es erweist sich, daß wir zwar von einer Überfülle rein zufälliger Koinzidenzen umgeben sind. Regelmäßig wiederholte, also repetitive Koinzidenzen sind aber in der Natur zumeist tatsächlich nicht von zufälliger Art. Mit dieser Vorbereitung beginnt der ‚Siegeszug‘ des assoziativen Kenntnisgewinns, denn wer nicht lernen kann, wird in der Evolution unter Lernenden und der Konkurrenz um Innovation nicht überleben.

Ausnahmen sind alle Glücksspiele. Das sind aber unsere eigenen Erfindungen. In ihnen wird der repetitive Zufall eben als Teil des Spieles vorgesehen, und dementsprechend leicht fallen wir auch auf sie herein, wie etwa beim ‚Monte Carlo-Syndrom‘ erkennbar: mit der fast zwanghaften Erwartung, daß mit dem steten ‚Fallen‘ von ‚rot‘ im Roulette die Wahrscheinlichkeit, daß nun ‚schwarz‘ folgen wird, sich erhöhen werde.

Freilich werden im peripheren Nervensystem nicht alle Arten von Koinzidenzen zu einer Art notwendigem Zusammenhang verrechnet. Der Patellarsehnenreflex kann nicht konditioniert werden, und beliebtes Futter kann nur über den *Nervus vagus* abdressiert werden (dem Tier muß übel werden). Das alles ist eben biologisch noch sehr sinnvoll. Die Bürde im System liegt vielmehr darin, daß zunächst nur wiederholte und zeitlich unmittelbar aufeinanderfolgende Reize in Verbindung gebracht werden können; von diesen im Zentral-Nervensystem aber nahezu alle. Das führt zu dem Constraint (Abb. 17), daß auch Unsinniges verknüpft wird. Wirft ein Futterautomat Hühnern in deren Test-Boxen in regelmäßigen Abständen ein Korn aus, so wird das Ereignis bald mit einer bestimmten Bewegung einige Male koinzidieren. Die Belohnung wird mit der Bewegung verknüpft, letztere zunehmend wiederholt, womit sich die Erwartung auch zunehmend bestätigt. Das ist ein Fall „selbsterfüllender Prophezeiung". Das Ergebnis sind lauter Hühner mit närrischen Bewegungen – die Wurzel des Aberglaubens.

Allerdings schließt dies auch die Disposition zum Assoziieren ein, zum assoziativen Lernen, bewußt gemacht zu einer „Hypothese vom anscheinend Wahren", nach welcher der Gewißheitsgrad einer Erwartung mit der Zahl bestätigter Prognosen wachsen muß. Sogar die Leistung induktiven Denkens findet hier ihre Prädisposition. Nach der Hypothese vom anscheinend Wahren (H1) verhalten wir uns nun so, als werde mit der Bestätigung von Prognosen das Eintreten der Folgeprognose wahrscheinlicher. Darüber hinaus bereitet sich mit dem Programm die Erwartung vor, daß mit der Stetigkeit einer Koinzidenz auch der Gewißheitsgrad über die Notwendigkeit eines Zusammenhangs steigen müsse. Wie wir sehen werden, erwarten wir darin rational einen Kausalzusammenhang und eine Näherung an eine empirische Wahrheit.

Merkwürdigerweise ist dieses ‚Vermutungswissen', wie KARL POPPER dies für das Wissen in den Wissenschaften nennen würde, zwar aus der Lebenspraxis, nicht aber logisch zwingend zu begründen. Zu Recht warnt uns BERTRAND RUSSELL, daß wir mit einer solchen Einstellung die Situation eines Huhnes nicht verlassen, das mit jedem Tag der Fütterung seinen Fütterer zunehmend für seinen Wohltäter halten muß – ohne wissen zu können, daß es gefüttert wird, um in des Wohltäters Suppentopf zu landen. Das Programm leitet zwar meistens zum Erfolg, gewiß aber nicht immer. Ein Schluß von Einzelfällen auf deren Folge, ein ‚wahrheitserweiternder

(Vgl. Abb. 28, 30, 31, 33 und 37)

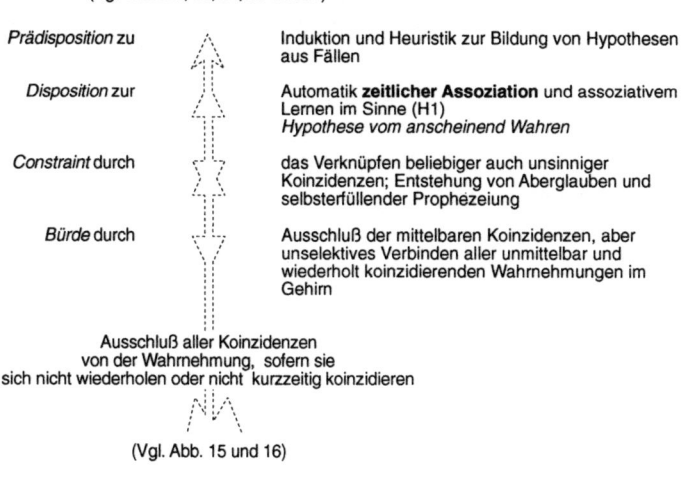

Prädisposition zu   Induktion und Heuristik zur Bildung von Hypothesen aus Fällen

Disposition zur   Automatik **zeitlicher Assoziation** und assoziativem Lernen im Sinne (H1)
Hypothese vom anscheinend Wahren

Constraint durch   das Verknüpfen beliebiger auch unsinniger Koinzidenzen; Entstehung von Aberglauben und selbsterfüllender Prophezeiung

Bürde durch   Ausschluß der mittelbaren Koinzidenzen, aber unselektives Verbinden aller unmittelbar und wiederholt koinzidierenden Wahrnehmungen im Gehirn

Ausschluß aller Koinzidenzen
von der Wahrnehmung, sofern sie
sich nicht wiederholen oder nicht kurzzeitig koinzidieren

(Vgl. Abb. 15 und 16)

Abb. 17: BCD-*Serie zur zeitlichen Assoziation.* Hier führt die funktionelle Bürde, nämlich alle wiederholten, unmittelbar koinzidierenden Sinnesdaten zu verknüpfen, zum Constraint auch unsinniger Verbindungen, aber ebenso zur Disposition und Prädisposition der assoziativen und der induktiven Leistungen.

85

Schluß', ist außerdem logisch überhaupt nicht zulässig. Wie viele Schwäne müßte ich als weiß gesehen haben, damit der nächste Schwan, den ich sehen werde, deshalb weiß sein muß? Dies ist das Induktionsproblem: die Unmöglichkeit, die Entdeckung eines Gesetzes aus seinen Einzelfällen logisch zu begründen. WOLFGANG STEGMÜLLER zitiert die Situation ,als den Siegeszug der Naturwissenschaften und die Schmach der Philosophie!' Und, wie wir ergänzen: auch als den Siegeszug der Evolution. Wir werden dies als eine der Grenzen der Logik und als den Widerstreit logischer und empirischer Wahrheiten mit beiden Konsequenzen weiter unten noch näher betrachten. An dieser Stelle wollen wir aber nicht vorgreifen. Es kam mir zunächst auch nur darauf an, die Kontinuität der Folgen unserer neuronalen Prädispositionen zu zeigen. – Kehren wir aber zu den Sinnesdaten und ihren Auswertungen zurück.

Über das Auge

Unsere Programme der Wahrnehmung enden natürlich nicht bei den Sinnesdaten; dort beginnen sie. Um bei unserem Beispiel des Auges zu bleiben: Wir kennen erbliche Programme, die bewirken, Farbtäuschungen zu vermeiden, Helligkeitsgrenzen zu verschärfen, diese zu geschlossenen Figuren zu synthetisieren und diese nochmals vom Hintergrund abzuheben und räumlich, also perspektivisch zu verrechnen. Bei der Untersuchung der ,biologischen Grundlagen des Erkennens und Begreifens' stellte ich fest, daß alle diese Programme Isomorphien, Ähnlichkeiten mit den Grundstrukturen der Wirklichkeit, erkennen lassen, gemessen an den Kenntnissen, die wir aus unserem bis heute nicht in Frage gestellten Weltbild beziehen. Auf die Steuerungsweisen dieser Programme brauche ich hier nicht einzugehen; ich kann mich auf deren Beurteilung beschränken.

So erwarten wir mit einiger Verläßlichkeit, daß z. B. das Weiß einer Wanderkarte seine Farbe subjektiv nicht ändert, ob es nun im Waldesgrün oder im Abendrot betrachtet wird. Wir anerkennen, daß die meisten Helligkeitsgrenzen etwas mit Objektgrenzen zu tun haben und die meisten Objekte tatsächlich geschlossene Konturen erwarten lassen. Und wir haben erfahren, daß es schon zum Erfolg der eigenen Ortsbewegung erforderlich ist, die Netzhautbilder von solchen vermuteten Objekten räumlich abgehoben und nach Verkürzungen und Entfernungen zu interpretieren.

Die Entstehung der Programme ist somit adaptionistisch zu verstehen. Sie enthalten Vorausurteile über die außersubjektive Wirklichkeit, die zwar nach den Möglichkeiten der Kohärenz im Bauplan unserer Wirbeltiervorfahren konstruktiv angelegt worden sein müssen, deren Entstehungs- und Erhaltungsbedingungen aber nur aus Korrespondenzen zu verstehen sein können. Über eine solche Ausstattung ist ein sensorischer Typus entstanden, dem wir die ‚Augentiere' zuordnen, und wir neigen dazu, Augentiere auch für intelligenter zu halten. Es mag auch sein, daß sie tatsächlich quantitativ mehr als andere Typen von dieser Welt erfahren. Übersehen wir aber in unserem Kontext nicht die Constraints, die aus solchen Vorausleistungen durch vorwegnehmende Programme der Weltdeutung unseres Weltbild-Apparates folgen müssen (vgl. Abb. 19, S. 92).

So ist aufgrund einer solchen Disposition zu erwarten, daß beim Urteilen über diese Welt den Objekten, namentlich in deren als abgehoben und fest begrenzbar gedeuteten Interpretation, wie man diese z. B. fressen oder begatten kann, eine bevorzugte Bedeutung angemessen sein wird, und dies schon deshalb, weil die Wahrnehmung von Abläufen und Prozessen auf ganz anderen, zum Beispiel stroboskopischen Verrechnungen beruht, die ungleich weniger differenziert und tüchtig – und entsprechend leichter irrezuführen sind. Sie führen auch nur zu den Objekten hin.

Man wird bei einer solchen Disposition verstehen, woher es kommt, daß in allen menschlichen Sprachen, wie wir sehen werden, die Substantive, zumal in einer definitorischen und keineswegs transitiven Konnotation, eine so dominierende

Rolle spielen. Das beeinflußt auch die sämtlichen Sprachen unterlegte Substantiv-Verb-Konstruktion. Auch die exotischsten Sprachen trennen konsequent Substantiva und Verben, obwohl wir wissen, daß keine Struktur (keine Repräsentation eines Substantivs) ohne Funktionen (wie diese Verben repräsentieren) zu verstehen und keine Funktion ohne Struktur entstanden sein kann und daß in der komplexen Welt zudem jegliche Struktur im Grunde nur transitorisch und nicht definitorisch verstanden werden kann. Davon also im weiteren mehr.

Wir haben nun Leistungen unseres Weltbildapparates aufgedeckt, wie KONRAD LORENZ das Ensemble unserer angeborenen Anschauungsformen nannte, die über das rein Sensorische hinausgehen. Diese habe ich vorbereitend in einer Studie über ‚die stammesgeschichtlichen Grundlagen der Vernunft' systematisch als vier angeborene Hypothesen zusammengestellt. Auf die Frage nach deren Beziehung zu den KANTschen A *priori* müssen wir wie gesagt in einem späteren Kapitel eingehen. Hier war schon eine dieser Hypothesen, die Hypothese vom anscheinend Wahren, abzuleiten und die zweite nun bei der Untersuchung unserer Wahrnehmung zu bedenken.

Über das Ver-Gleichbare (Hypothese 2)

Freilich sind solche Leistungen, beginnend mit jener durch Konditionierung entstehenden Kommunikation zwischen zwei Nervenbahnen, schon bald in die Komplikation des *Cortex* aufgerückt, und mit dessen angeborenen Leistungen befassen wir uns nun im Hinblick auf die Korrelation der Wahrnehmungsdaten.

Da nun leitet uns eine Hypothese vom Ver-Gleichbaren (H2) zum Gleich-Machen und dazu, im Vergleichbaren vom Ungleichen abzusehen, das möglicherweise Gleiche aber hinzuzufügen. Diese Abstraktionen und Kompensationen werden automatisch geleistet. Invarianten werden bereits unreflektiert gebildet. Man bedenke etwa, wie viele Äpfel wir schon gesehen haben und mit welcher Selbstverständlichkeit wir von den Unterschieden der Farben, der Größen, ja sogar der Formen abgesehen, gleichzeitig aber wie mit Röntgenaugen alles, was wir von Äpfeln zu kennen meinen, in diese hineingesehen haben.

Die Isomorphie und der Programmerfolg ist in dem Umstand gegeben, daß sich in der außersubjektiven Wirklichkeit die meisten Merkmale der Gegenstände als nicht beliebig kombinierbar erweisen. Löst man deren Koinzidenzen nur ein wenig auf, dann findet man sich schon in der Phantasiewelt des HIERONYMUS BOSCH wieder, kann aber noch immer so etwas wie einen Karpfen mit Menschenbeinen erkennen (Abb. 18). Löst man aber auch deren Merkmalskoinzidenzen auf, dann ergibt sich etwas, das wir als ,unbeschreiblich' beschreiben. Wie oft uns ein solches Programm in die Irre leitet, wird man vor Augen haben. Dennoch lenkt es in den meisten Vorausurteilen so verläßlich, daß ihm nicht zu entkommen ist. Wer sich einem Apfel nur mit einer Mausefalle oder nur unter Polizeischutz zu nähern wagt, kann nur unter Hospitalisierung überleben, ein ähnlich närrisches Tier gar nicht. Die wahren Hürden und Fallen als Folge einer solch einfachen Ausstattung sind aber von prinzipieller Art. Die Hürde, die stets genommen werden muß, ist das Denken in gestaltlich-funktionellen Analogien, wo offenbar nach Wesens- oder Ursachenzusammenhängen gesucht wird (Übersicht in Abb. 19). Wenn wir einmal tatsächlich überfragt sind, dann findet sich geradezu zwanghaft eine Analogie ein. Naturvölkern spricht man dann ein ,wildes Denken' zu. LÉVI-STRAUSS' Berichte enthalten eine Fülle der köstlichsten Beispiele. Bei den Hopi-Indianern müssen Schwangere ein Eichhörnchen essen, denn bekanntlich schlüpfen diese aus Löchern, eben was die Gebärende wünscht. Bei den Fang in Gabun dagegen dürfen Schwangere kein Eichhörnchen sehen, denn bekanntlich bleiben diese in Löchern versteckt, also gerade das, was bei der Gebärenden unerwünscht ist.

Nun soll man nicht behaupten, das sei in unseren Kulturen fim Prinzip anders. Schon unsere Sprachen quellen über von

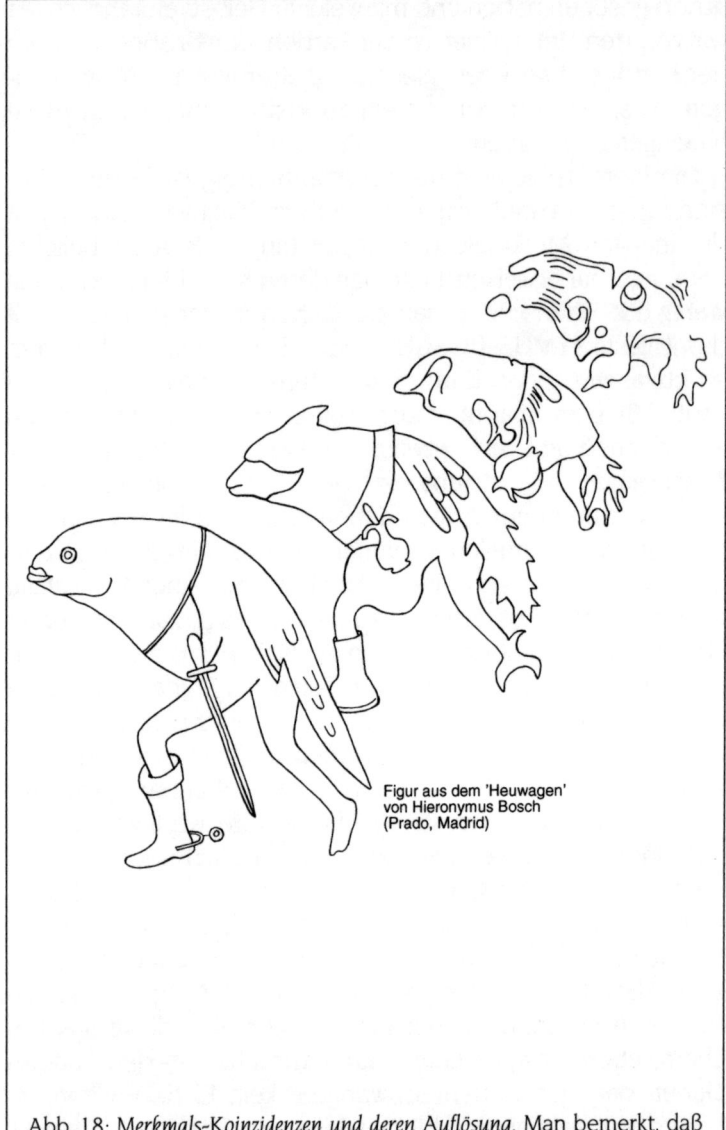

Figur aus dem 'Heuwagen'
von Hieronymus Bosch
(Prado, Madrid)

Abb. 18: *Merkmals-Koinzidenzen und deren Auflösung*. Man bemerkt, daß schon eine geringe Lösung der Verknüpfung der Merkmale bereits in die Welt des HIERONYMUS BOSCH führt, deren weitere Auflösung aber ins ‚Unbeschreibliche'.

funktionell unsinnigen Analogien: Tischbeinen, Flußarmen, Mcerbusen, Seesternen und Schäfchenwolken, ohne daß uns das auch nur seltsam erschiene. Außerdem bevölkerten wir alle unseren Himmel mit menschenähnlichen Wesen. Nur über Analogien führt uns jeder Weg zum Wissen, ob wir Atommodelle als Planetensysteme denkend vorbereiten oder noch daran scheitern, uns Quanten als Korpuskel oder Wellen vorzustellen. Wie umständlich und irreführend sie sein mögen, Analogien bleiben unsere Wissensquelle, wie KONRAD LORENZ noch in seinem Vortrag zur Nobelpreisverleihung feststellte. Das also muß auf Constraints unserer Ausstattung zurückgehen, weil es offenbar zunächst auf Kohärenzen im System ankommt, auf möglichste Widerspruchsfreiheit im Rahmen unseres Vermutungswissens.

Aber die Falle besteht darin, daß aus den Bürden unserer Gestaltwahrnehmung, wie wir schon feststellten, Qualitäten substantiviert und intransitiv zu Invariablen gebündelt werden, was uns deren in Wirklichkeit transitorische Eigenschaften verdeckt. Die Folge ist, daß wir uns nicht nur nicht vorbereitet finden, den Wandel der Dinge und die gleitenden Übergänge zwischen ihnen als eine Bedingung des Erkennens zu würdigen, sondern wir finden uns auch nicht vorbereitet, das Entstehen neuer Qualitäten vorherzusehen. Wie noch unsere Begriffe, sei es ‚Schöpfung' oder ‚Evolution' (im Sinne von Ent-Wicklung), zeigen, bleibt stets der Verdacht unterlegt, daß doch alles Qualitative, wenigstens im Kern, schon vorbereitet gewesen sein könnte und irgendwie aus dem Dunkel herausgeschöpft oder nur ausgewickelt wurde, wie das der Wortsinn nahelegt.

Freilich ist auch aus solchen Constraints (Abb. 19) die Disposition zu einer Begriffsbildung gewissermaßen substantivistischen Typs gegeben. Eine Art definitorisches, nichttransitives Weltbild wird daraus entstehen, und was wir als die Falle des wissenschaftlichen Reduktionismus kennenlernen werden, findet auch schon hier seine Prädisposition. Gerade in unserer Kultur ist diese Behinderung in der Entwicklung von echter Korrespondenz mit der Wirklichkeit entstanden.

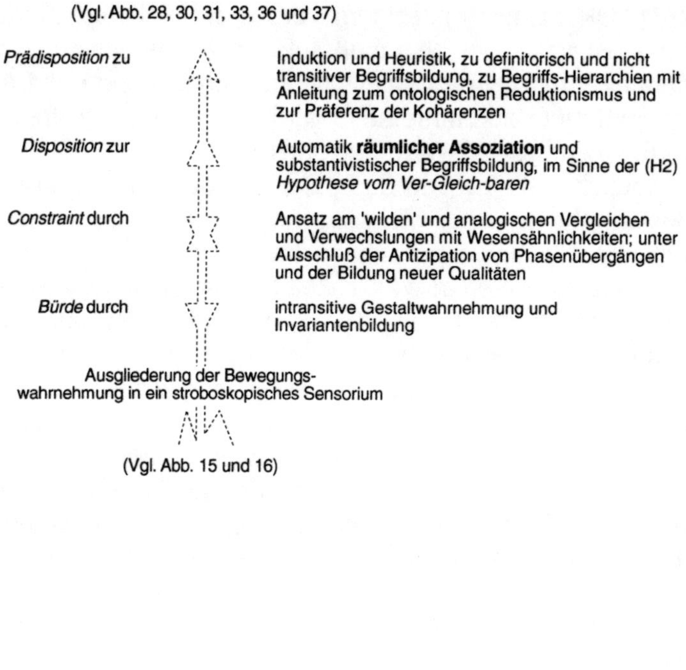

(Vgl. Abb. 28, 30, 31, 33, 36 und 37)

Prädisposition zu		Induktion und Heuristik, zu definitorisch und nicht transitiver Begriffsbildung, zu Begriffs-Hierarchien mit Anleitung zum ontologischen Reduktionismus und zur Präferenz der Kohärenzen
Disposition zur		Automatik **räumlicher Assoziation** und substantivistischer Begriffsbildung, im Sinne der (H2) *Hypothese vom Ver-Gleich-baren*
Constraint durch		Ansatz am 'wilden' und analogischen Vergleichen und Verwechslungen mit Wesensähnlichkeiten; unter Ausschluß der Antizipation von Phasenübergängen und der Bildung neuer Qualitäten
Bürde durch		intransitive Gestaltwahrnehmung und Invariantenbildung

Ausgliederung der Bewegungs-
wahrnehmung in ein stroboskopisches Sensorium

(Vgl. Abb. 15 und 16)

Abb. 19: BCD-*Serie zur räumlichen Assoziation*, aus den Folgen einer Bürde statischer Gestalten-Deutung. Dies führt zum Constraint eines Ausschlusses von Phasenwandel und Qualitäten-Entstehung, mit der Disposition und Prädisposition einer substantivistischen und definitorischen Art der Begriffsbildung.

Anderen Kulturen ist dieses Problem eher fremd. Wir sind nicht einmal (oder nicht mehr) für die Wahrnehmung disponiert, daß allein schon quantitative Änderungen notwendigerweise zur Entstehung neuer Qualitäten führen müssen. das zeigt die klassische Frage: Wie viele Körner machen einen Haufen? Man mag ahnen, in welche Richtung diese Eigentümlichkeit die Entwicklung der Sprache gelenkt haben wird. Weiter unten muß ich darauf zurückkommen; zuvor aber ist noch eine weitere Eigentümlichkeit zu untersuchen.

Die Eigentümlichkeiten des Bewußtseins
(oder: Die Grenzen seiner Helle)

Diese Suche nach dem ‚Engramm‘, dem physischen Äquivalent des Gedächtnisses, ist aufgegeben worden, und zwischen Sinnesphysiologie und Erkenntnistheorie entstand das Gebiet der ‚Kognitiven Psychologie‘ (Übersicht in WIMMER und PERNER 1979), das die alten Fragen, einerseits nach der Herkunft und Bedeutung der Einstellungen (ROHRACHER 1946), andererseits nach den Bedingungen der Abrufbarkeit von Gedächtnisinhalten wieder aktueller machte. Dazu ist eine Studie von LORENZ (1963) von Bedeutung und der Hintergrund der Emotionen (M. WIMMER 1994). Meine Beiträge zu einer evolutionsbiologischen Betrachtung des Bewußtseins finden sich in dem von GUTTMANN und LANGER (1990) herausgegebenen Sammelband, der die heutigen Standpunkte und die zugehörige Literatur ausweist.

Wir stehen nun vor einer heikleren Frage: den Bürden und Constraints unseres Bewußtseins. Grundsätzlich sind die folgenden Untersuchungen nicht schwieriger als die bisherigen. Heikler werden sie durch das in vielen Menschen etablierte Selbstgefühl, das sogar Fachleute zur irrigen Ansicht verleitet, wir könnten mit Hilfe unseres hellen Bewußtseins uns nunmehr alles, was wir wünschen, ausdenken und vorstellen.

Darin steckt eine Art ,Antitranszendenz-Prinzip' (Übersicht in Abb. 21, S. 98). Nun soll nicht in Zweifel gezogen werden, daß diese neue Leistung, mit welcher uns die Evolution begabte, ein gewisses Selbstwertgefühl rechtfertigen mag. Dennoch wird man vielleicht überrascht sein, zu erkennen, in welch engen Grenzen sich diese so weit erscheinende neue Qualität tatsächlich bewegt.

Offenen Auges über unser Bewußtsein zu reflektieren bedeutet eine Erschwernis. De facto ist dies, schließt man entweder die Augen ganz oder zumindest alles aus der Reflexion aus, was direkt wahrnehmbar ist, wesentlich leichter. Das muß paradox erscheinen; es wird sich aber noch im Verlauf unserer Untersuchungen, namentlich der ,Evidenz-Problematik', aufklären.

Großmutterzelle oder Pandämonium?

Nimmt man die neu entstandene Qualität ,Bewußtsein' zunächst einfach als die Fähigkeit, mit Gedächtnisinhalten gezielt umzugehen, so liegen zwei Fragen nahe, wie man sich Gedächtnisinhalte und den physischen Umgang mit ihnen vorstellen soll.

Was die erste Frage betrifft, so sind wir noch immer ratlos. Schon vor zwei Jahrzehnten trug eine Monographie über die Suche nach dem ,Engramm' (ein theoretischer Terminus, den man für das physische Äquivalent einer Gedächtnis-Einprägung verwendete) den Untertitel: ,Dreißig Jahre Frustration'. Dabei ist es im wesentlichen geblieben. Die Suche nach einer Einprägungsstelle nach der Computer-Analogie war ein vollständiger Fehlschlag. Sie hat nur zum Labor-Witz von einer Zelle geführt, die das Bild der Großmutter enthielt. Denn schon bei geringsten Denkoperationen laufen Erregungen durch große Teile des *Cortex* und in noch weniger begreiflicher Weise durch viele Millionen Hirnzellen. Man ist dieser Ratlosigkeit mit dem Gegenwitz vom ,Pandämonium' begegnet, der illustrieren soll (Abb. 20), daß zugegeben werden muß, nichts

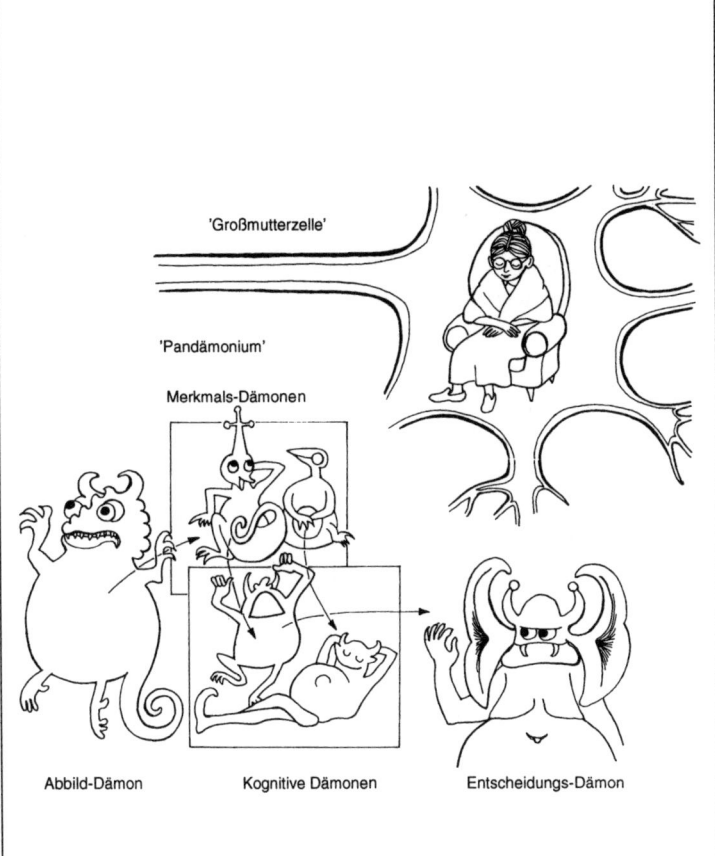

'Großmutterzelle'

'Pandämonium'

Merkmals-Dämonen

Abbild-Dämon   Kognitive Dämonen   Entscheidungs-Dämon

Abb. 20: *Pandämonium versus Großmutterzelle*; Karikaturen über unsere Ratlosigkeit bei der Suche nach dem Engramm. Soll man nun für jede Einzelerinnerung eine Speicherzelle annehmen, oder welcher Gespensterreigen wäre die Alternative? (Pandämonium nach LINDSAY und NORMAN 1977, vereinfacht).

über die postulierten komplexen Abläufe zu wissen. Zieht man aber unsere Kenntnisse über evolutive Prozesse zu Rate, dann läßt sich doch, unabhängig davon, wie ein Engramm strukturiert sein mag, Grundsätzliches über die Entstehungsweise der neuen Leistung vorhersehen. Wir wissen, daß Nervenzellen disponiert sind, sich bei Reizdurchlauf zu verändern und auch andere Konnexionen zu aktivieren. Es müssen in dem Sinne ‚Erfindungen‘ in den Untersystemen sein, weil sie Bildungsversuche darstellen, die in erster Instanz den Kohärenzbedingungen im Zellensystem entsprechen müssen. Zudem haben wir vor Augen, daß von diesen Versuchen solche erhalten bleiben werden, die über die Kontrolle durch die Obersysteme: Gehirn, Gesamt-Reizverarbeitung und die Lebensumstände der Kreatur dessen Erhaltungsaussichten verbessern oder doch erleichtern. Sie müssen von Anbeginn an mit der Außenwelt korrespondieren, wodurch jene Erfindungen zu Entdeckungen werden können.

Wir können also und mit einiger Sicherheit von der Erwartung ausgehen, daß in der Reizdurchflutung des Gehirns mit Daten von außen kohärente Konstrukte entstehen, von denen zunächst die korrespondenten, also relevanten und zu erfolgreichen Reaktionen führenden, erhalten bleiben werden. Dies hat, wie man sieht, mit Bewußtsein noch nichts zu tun, und an diesem Punkt müssen wir auch mit aller Umsicht beginnen.

Aus der Welt des Nichtbewußten

Von zahlreichen niederen Tieren darf nicht erwartet werden, daß sie mit Bewußtsein begabt sind, wiewohl sie nachweislich etwas lernen. Das beweist, daß ‚Engramme‘ vor dem Bewußtsein entwickelt werden, denn auch sie können neue und richtige Reaktionen erfolgreich anleiten. Dies ist nicht sonderlich überraschend. Was aber schon auf dieser Ebene der Differenzierung neuronaler Leistungen auffallen muß, ist der Umstand, daß von allen möglichen auf die Sinne zufließenden

96

Daten keineswegs alle zu Reaktionen führen. Man spricht bildhaft von *Reizfiltern*. Dabei ist es vorerst gleichgültig, wo der Filter sitzt. Im einfachsten Fall findet er sich erblich schon im Sinnesorgan, mit der Folge, daß es manchen Insekten nur die Frequenz des Rufes des jeweiligen Partners vermittelt, Fischen den Blau-Grün-Bereich gut differenziert, nicht aber den rotgelben, und uns das Infrarot und Ultraviolett wegschneidet.

Im Übergang zum assoziativen Kenntnisgewinn ist uns die Prägung geläufig, ein Lernvorgang zwar, der sich aber nicht mehr als löschbar erweist. All das kann man als Einengungen auf den für das Leben relevanten Wahrnehmungsbereich verstehen, mit dem Vorteil, in der Flut der Reize Irrtümer und danach Ratlosigkeit in der Reaktions- und Entscheidungsfindung zu vermeiden. Nun wundert man sich nicht mehr darüber, daß wir Ultraviolett nicht sehen können. Es kommt mir aber darauf an, schon hier auf die Prägungen aufmerksam zu machen, die auch uns geschehen können; und wenn sie auch nicht in dem Maße irreversibel sind wie bei Tieren, nisten sie sich doch in nichtbewußter Vorgangsweise und im Nichtbewußten ein und lenken von dort aus unsere Urteile und Entscheidungen. Man spricht dann von ‚Einstellungen' (Übersicht in Abb. 21). Dabei handelt es sich auch um *Constraints*, um zunächst vorteilhafte Eingrenzungen auf relevante Bereiche zur Fehlerreduktion. Die funktionelle Bürde erkennt man in dem von seinem Milieu immer überforderten Nerven-Sinnes-Apparat, wie man aus den Fehlleistungen und Ratlosigkeiten von Tier und Mensch leicht ablesen kann, und dies führt zur Prädisposition, einfache Lösungen zu fordern.

Ich werde im folgenden noch zeigen, wie stark diese Disposition auch unser bewußtes Denken beeinträchtigt und daß dieser Mangel nur durch Kenntnis eben dieses Mangels überstiegen werden kann. Hier aber sei nochmals darauf hingewiesen (vgl. Abb. 21), wie notwendig diese Constraints für unser Denken sind und wie schwer es ist, sich ihnen, sei es im Alltag oder im wissenschaftlichen Paradigma, zu entziehen. Wie bedeutsam diese Einstellungen sind, hat vor allem der Wiener Psychologe HUBERT ROHRACHER untersucht und nachge-

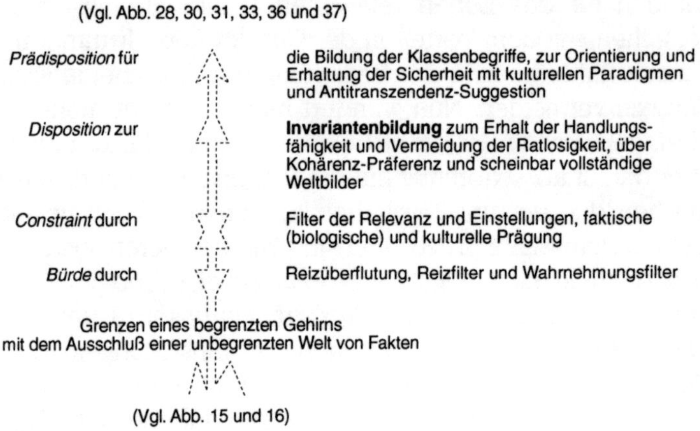

(Vgl. Abb. 28, 30, 31, 33, 36 und 37)

Prädisposition für   die Bildung der Klassenbegriffe, zur Orientierung und Erhaltung der Sicherheit mit kulturellen Paradigmen und Antitranszendenz-Suggestion

Disposition zur   **Invariantenbildung** zum Erhalt der Handlungsfähigkeit und Vermeidung der Ratlosigkeit, über Kohärenz-Präferenz und scheinbar vollständige Weltbilder

Constraint durch   Filter der Relevanz und Einstellungen, faktische (biologische) und kulturelle Prägung

Bürde durch   Reizüberflutung, Reizfilter und Wahrnehmungsfilter

Grenzen eines begrenzten Gehirns
mit dem Ausschluß einer unbegrenzten Welt von Fakten

(Vgl. Abb. 15 und 16)

Abb. 21: BCD-*Serie zur Invariantenbildung,* die aufgrund von Reizüberflutung die Bürde von Wahrnehmungs-Filtern vorsieht, was den Constraint von Relevanz-Filtern, Prägungen und Einstellungen zur Folge hat, mit den Dispositionen und Prädispositionen zu scheinbar kompletten Weltbildern sowie kulturellen Paradigmen.

98

wiesen, daß ein Mensch ohne Einstellungen dieser Welt ratlos gegenüberstünde. Er müßte sich bei der geringsten Kleinigkeit auf komplizierteste Reflexionen einlassen, dazu noch mit der Befürchtung, allein wahrscheinlich doch nicht zu brauchbaren Lösungen zu kommen. In den Kulturen werden Einstellungen aus sozialen Lebensumständen und prägenden Ansichten aus der Umgebung, aus der Familie, Kollegen oder Gangs bezogen, gewissermaßen als kollektive Gewißheiten, denen wir im Kleide der ‚Kollektiven Wahrheiten' wieder begegnen werden.

Hier bleibt vorerst nur festzuhalten, daß uns schon das Nichtbewußte Constraints anmißt, aus Bürden, die eliminativ auf eine Entscheidung drängen, und mit Prädispositionen im Gefolge, die tief in das vorausgreifen, was wir als unser bewußtes Denken erleben. Noch war im Kapitel über Bewußtsein zwar von Gedächtnis, aber von Bewußtsein auch noch nicht ausdrücklich die Rede. Was kann man also über seine Entstehung wissen?

Über die Verfügbarkeit von Gedächtnisinhalten

Keineswegs alle Inhalte des Gedächtnisses stehen uns einfach auf Abruf zur Verfügung; beinahe ist es wieder trivial, dies festzustellen. Vielleicht bestätigt mir mancher Leser auch aus eigener Erfahrung sogar das, was ich meinen *esprit escalier* nenne; damit ist nicht der Treppenwitz gemeint, sondern die Erfahrung, daß einem nach Unterredungen die treffendsten Argumente meist erst nachher auf der Treppe einfallen. Man denke nur, bei wie vielen Prüfungen uns trotz Anstrengung und Konzentration nicht einfiel, was vor- und nachher so mühelos zur Hand war. Aber auch umgekehrt hoffte man mitunter vergeblich, es möge einem bei entscheidender Gelegenheit ein bestimmter peinlicher Zusammenhang möglichst nicht ins Bewußtsein kommen. Kurz: Die Handhabung von Erinnerungen ist uns keineswegs ganz freigegeben. Wie man mir bestätigen wird, gibt es Erinnerungen, die man auch mit größter Konzentration aktiv nie mehr aus dem Gedächtnis holen kann. Ein bestimmter Geruch aber in irgendeiner zusammenhanglosen Situation kann uns unaufgefordert wie spontan eine vollständige, wie man vermeinte, vergessene Lebenssituation, eine Schulstunde, eine Zweisamkeit, einen Reiseeindruck mit allen Einzelheiten und in detaillierter Genauigkeit vor Augen führen. Tatsächlich: wie ‚vor Augen'. Die empfindsame deutsche Sprache trifft hier wieder einmal sehr genau. Die Entwicklung dieses Vorgangs des ‚Vor-Augen-Führens' werde ich nun in seiner Stammesgeschichte skizzieren. Sie eröffnet einen guten Zugang zum Werden des Bewußtseins, insofern vieles, was für das Verblassen einer Erinnerung gehalten werden kann, in Wirklichkeit im Schwinden eines Zuganges zu ihr begründet ist.

Beginnen wir also mitten im Reich der Wirbeltiere. Man stelle sich einen Adler vor, wie er in beträchtlicher Höhe über dem Hauptkamm der Alpen schwebt. Wir haben dann gute Gründe für die Annahme, daß er nicht in der Lage sein kann, sich das Bild jener Astgabel abzurufen, in welcher sich sein Horst befindet. Dennoch findet er dorthin. Im Niedersteigen werden ihn die Alternativen der verschiedenen Bergstöcke, Täler, Wälder, Waldstücke und Einzelbäume jeweils die richtige Wahl treffen lassen, oder sollen wir schon sagen ‚vor Augen führen'?

Im Kern der Sache ist es gleichgültig, wie wir das nennen. Interessanter ist, daß es sich um eine Situation handelt, die einen ganz offensichtlich gespeicherten Gedächtnisinhalt zur Wahl der richtigen Entscheidung verfügbar macht, und daß der Inhalt nicht aktiv durch Nachdenken, sondern passiv durch das entsprechende Bild aufgerufen wird. Der Zugang zum gespeicherten Inhalt wird ‚homopoietisch', durch die Wahrnehmung einer formgleichen Struktur geschaffen.

Dieses Beispiel kann aber gleich durch eine zusätzliche Erfahrung erweitert werden. So wie ich es schilderte, gilt es für den Fall der völligen Passivität, die wir dem planlosen Fliegen oder Streunen zuschreiben. Im gegebenen Fall wird man aber schon eine bestimmte Aktivität des Tieres annehmen müssen. Es segelt nicht planlos, sondern insofern aktiv, als etwas intendiert sein wird, was ‚zurück zum Horst‘ heißen kann. Und damit werden nicht die Gedächtnisinhalte planvoll aufgesucht, sondern vielmehr die Einzelsituationen, die diese Erinnerungen verfügbar machen.

Was der Entscheidung zu Hilfe kommen muß, wird gewissermaßen zu Fuß (hier fliegend) vor Augen gebracht. Was von diesen Bildern subjektiv erlebt wird, kann man noch nicht wissen. Vermutlich ist es zunächst die Intention, aus der die Suchbewegung folgt, die erlebt werden dürfte. In seiner Frage: ‚Haben Tiere ein subjektives Erleben?‘, meint LORENZ, das wisse er nicht. Wenn er es wüßte, dann hätte er das Leib-Seele-Problem gelöst. Doch räumt er in später Folge ein, er müsse dies wohl annehmen, denn er verstünde sonst seine Tiere nicht.

Es ist wahrscheinlich, daß es zunächst nur Absichten im Sinne von Stimmungen und Emotionen sind, die in einer ganzen Skala von Erlebnisinhalten und Vorstufen das vorbereiten, was wir als unser Bewußtsein kennen. Aber unsere eigenen Bewußtseinsleistungen sind von der Bürde solcher Hilfestellungen auch noch nicht unabhängig. Mein Beispiel läuft darauf hinaus, eben dies zu belegen. Man verläßt den Ort einer Tätigkeit in der bewußten Absicht, etwas heranzuholen, was diese Tätigkeit fördern soll, und bemerkt in der veränderten Szene, daß man zwar noch deutlich erlebt, daß man etwas wollte, aber nicht mehr weiß, was man wollte. Danach folgen zweierlei erstaunliche Vorgänge, erstens, daß man, als ob das selbstverständlich wäre, seine Schritte zu dem Ort zurücklenkt, von dem man weiß, daß dort die nun nicht mehr zugängliche Absicht gefaßt wurde; zweitens, daß die Wiederkehr der Ausgangsszene den Gedächtnisinhalt sofort wieder ‚vor Augen führt‘.

Wie bei der absichtsvollen Bewegung unseres Adlers wird der Zugang zu unserem Gedächtnisinhalt also zu Fuß aufgesucht und homopoietisch verfügbar gemacht. Und fast ist es wieder trivial, darauf zu verweisen, daß das Erinnern als Vorgang des Reproduzierens eines Gedächtnisinhaltes schwieriger ist als der des Wiedererkennens. Dahinter verbirgt sich der Constraint, der hier interessiert (Übersicht in Abb. 22).

Mit der Handlampe zu Fuß

Nicht trivial ist aber, daß auch die gedankliche Suche nach einer Erinnerung den Weg zunächst ‚zu Fuß' verfolgt, etwa indem man einen Ablauf in seiner durchaus physischen Art rekonstruiert; den Erinnerungslücken ‚schrittweise', wie wir ja sagen, ‚nachgeht', um das Gesuchte wieder vor Augen zu bringen. Dies mag, mit Übung und Kenntnis, dann auch in abstrakter Form durch gedankliche Schritte geschehen, ohne daß sich aber am Prinzip der Findeweise viel ändert. Dies als selbstverständlich zu nehmen ist nur in einem engeren Sinne gerechtfertigt, denn uns bleibt offenbar gar keine Alternative des Vorgehens. In einem weiteren Zusammenhang darf aber diese Einengung unserer Disposition auf einer solchen Suche entlang schmaler und ausgetretener Pfade nicht übersehen werden, wenn wir uns nicht gründlich täuschen wollen (Abb. 22). Schon in der Disponibilität des Bewußtmachens von Korrespondenzen mit der Welt liegt damit ein höchst enger Constraint vor, eine Bürde aus der Geschichte der Kohärenzen unseres Nervensystems. Keine stete Evidenz alles Gewußten, kein Panorama, wie auf einer Aussichtswarte, kein universeller Schlüssel oder Code zur Lagerhaltung ist zur Hand. Vielmehr wirkt dies wie der enge Lichtkegel einer Handlampe, der nur uns durch das sonst im nächtlichen Dunkel liegende Museum unseren Erinnerungen auf linearen Pfaden „nachgehen" läßt, und als eine Prädisposition zu einer zwar sehr weiten, aber nicht minder gerichteten Disponierbarkeit über Erfahrung, die wir im Prinzip besitzen. Der Leser wird nun schon vorausehen, welch enge Prädisposition diese Bedingung des Bewußtmachens auf die Möglichkeiten unseres Denkens haben wird. Man lasse sich eben offenen Auges nicht täuschen. So weit das Auge reicht, reicht freilich auch

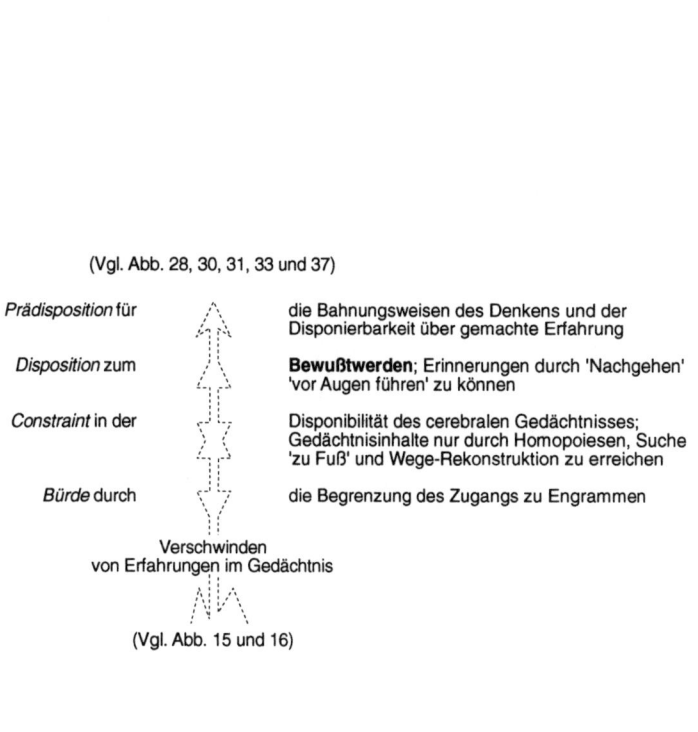

(Vgl. Abb. 28, 30, 31, 33 und 37)

Prädisposition für		die Bahnungsweisen des Denkens und der Disponierbarkeit über gemachte Erfahrung
Disposition zum		**Bewußtwerden**; Erinnerungen durch 'Nachgehen' 'vor Augen führen' zu können
Constraint in der		Disponibilität des cerebralen Gedächtnisses; Gedächtnisinhalte nur durch Homopoiesen, Suche 'zu Fuß' und Wege-Rekonstruktion zu erreichen
Bürde durch		die Begrenzung des Zugangs zu Engrammen

Verschwinden
von Erfahrungen im Gedächtnis

(Vgl. Abb. 15 und 16)

Abb. 22: BCD-*Serie zum Bewußtwerden*, im Sinne von Verfügbarmachen von Gedächtnisinhalten aus dem Gehirn. Aus der Bürde begrenzter Zugänglichkeit folgt der Constraint einer Begrenzung der Findemethode, mit der Disposition und Prädisposition einer Allgemein-Verfügbarkeit, jedoch eingeschränkt auf spezielle Wege und Bahnungsweisen.

103

unsere Evidenz. So, wie wir beim Dröhnen eines Orchesters, beim Duft einer Wiese, bei Lust aber auch bei Schmerzen gewissermaßen stets ‚dabei sein' müssen. Man beachte nur, um wie vieles blasser das Rot ist, das wir denken, als das Rot, das wir sehen.

Nach der Art, wie unser Kausalverständnis beschaffen ist, sollte ich nun das ‚Ich-Bewußtsein' behandeln und das Kapitel ‚Denken' anschließen. Aber der Mensch ist, wie bereits ARNOLD GEHLEN sagte: schon ‚von Natur aus ein kulturelles Wesen'. Er hat sich sein ‚Ich' und sein Denken auch gemeinsam geschaffen. Nur ein kleiner Teil des Denkens ist ohne die Sprache zu verstehen und wieder nicht alles in seiner Sprache aus den Constraints seiner Kommunikation. Umgekehrt ist aber die Entwicklung seiner Sprache von der seines Denkens begleitet – ein Systemzusammenhang also. Und eben diese Sprache zwingt mich schon hier, einen Faden im Zusammenhang fallenzulassen, einen anderen aufzunehmen, um beide erst später, wie wir es nennen, wieder zu verknüpfen.

Die Eigentümlichkeiten der Kommunikation
(oder: Wie anders könnten wir uns mitteilen?)

Die Wissenschaften von der Kommunikation haben sich zumeist auf die sprachliche Verständigung von Menschen beschränkt. Unser Thema steckt absichtsvoll einen weiteren, evolutiven Rahmen und ist in der vorliegenden Perspektive noch nicht dargestellt worden. Was die kognitiven Vorbedingungen menschlicher Kommunikation betrifft, sind hier Studien von LÉVI-STRAUSS (1968), BÜHLER (1930) und LORENZ (1965) von Bedeutung. Man vergleiche auch PIAGET (1983).

Den einzelnen Organismus allein gibt es nicht. Er existiert nur in der Menge. Die Notwendigkeit der Massen annähernd ähnlicher Formen haben wir aus den Chancen der Erhaltungsbedingungen verstehen können. Das Individuum ist nur der Repräsentant eines Ordnungsprinzips und in seiner Vergänglichkeit, so interpretiere ich GOETHES Wort, ist es nur dessen Gleichnis.

Es mußte also stets kommuniziert werden, und das, seit es geschlechtliche Fortpflanzung gibt. Die Individuen mußten einander erkennen, beginnend bei den Einzellern. Und das Prinzip dieses Zelle-zu-Zelle-Erkennens ist auch bei allen Ei- und Samenzellen bis zum Menschen eine Notwendigkeit der Systemerhaltung geblieben (vgl. Abb. 8, S. 60). Wie schon geschildert, hat die Redundanz identischer Bauformen die Grunddisposition zur Kommunikation mit sich gebracht.

Verständigung mittels Strukturen

Wir wissen heute noch zu wenig über die wechselseitige Verständigung zwischen Zellen, um von Codices oder Sender-Empfänger-Zusammenhängen sprechen zu können. Daß es sich aber wohl um chemisch beschreibbare Nachrichten handelt, kann als gesichert gelten. Meist kommt es bei solchen Biomolekülen auf deren Oberflächen an, auf das räumliche Relief, in dem die Nachricht enthalten ist.

Damit ergibt sich eine überraschende Ähnlichkeit mit dem, was wir in seiner höchsten Ausprägungsform Körpersprache nennen. Denn es kam in der Stammesgeschichte der Tiere nicht nur darauf an, daß die Gameten einander erkennen; auch die adulten Organismen mußten einander nach der Artzugehörigkeit erkennen, sobald die Gameten nicht mehr einfach ins Seewasser abgegeben wurden, sobald es also nicht mehr dem reinen Zufall überlassen blieb, ob sie einander auch begegnen. Mit der Organisation der Samenübertragung mußte erkannt werden, wer zur Art gehört. Anschließend mußte es den Erfolg fördern, den Geschlechtspartner zu erkennen, die Umstände seiner Befruchtbarkeit, zuletzt seine Bereitschaft und Stimmung. Da nun gehen Nachrichten aus der Art der Molekülstrukturen, wie beim Schmecken oder

Riechen, in die Wahrnehmung und Differenzierung von Körper- und Verhaltensstrukturen über. Aber Strukturen sind es nach wie vor. Schon an diesem Punkt ist die Feststellung angebracht, daß bereits diese Art der Verständigung, wie grundsätzlich jede Kommunikation, bestimmten Kohärenzen entsprechen muß und daß damit das, was wir bei erfolgreichen Kohärenzen oder wechselseitigen Abstimmungen ,Organisation' nannten, nunmehr aus dem inneren Binnensystem der Art hinauszureichen hat. Natürlich hätte das schon von Anfang an gesagt werden können; aber die Fäden der Darstellung sollten nicht verwirrt werden.

Die Codices dieser Organisation der Verständigung sind nun wie bei allen Kohärenzen wieder von einer symbolischen Art, stellvertretend für die Bedeutung der Mitteilung, und sie werden sich im Prinzip wieder als schicksalhaft an das System der Art gebunden erweisen. Die Oberflächenstruktur eines Moleküls ist naturgemäß nur ein Symbol für den artverwandten Gameten und hat nichts mit dessen Gestalt zu tun, ebenso wie das Entstehen eines Pigmentflecks, das Laichbereitschaft anzeigt, nichts mit der Form des Fischweibchens zu tun hat oder mit den Bewegungsweisen beim Laichen und Besamen, oder wie ein Zwinkern mit unserem Auge eben wieder nur ein Symbol dafür ist, einen beobachteten oder ausgesprochenen Sachverhalt in der Kommunikation zu relativieren.

Der Constraint, der hier vorliegt, geht auf die Bürde zurück, mit Strukturen etwas kodieren zu müssen, was Hinweise auf Handlung, Abläufe und Verhaltensweisen enthalten muß. Und es wird nicht überraschen, wenn wir nun zum drittenmal feststellen, daß damit Prädispositionen entstanden sind, welche sich wie eine Anleitung zur Fortsetzung einer Kommunikation über reine Symbole auch in den Lautsprachen verstehen lassen (vgl. Abb. 24).

Wir kennen nur wenige Fälle, bei denen das Symbol selbst so aussieht wie das, was gemeint ist: wenn Tiere einander Nistmaterial vorzeigen, um zum Nestbau einzuladen, oder beispielsweise Farbflecken auf der Afterflosse eines Fisches so aussehen wie die Eier, die das Weibchen aufschnappen

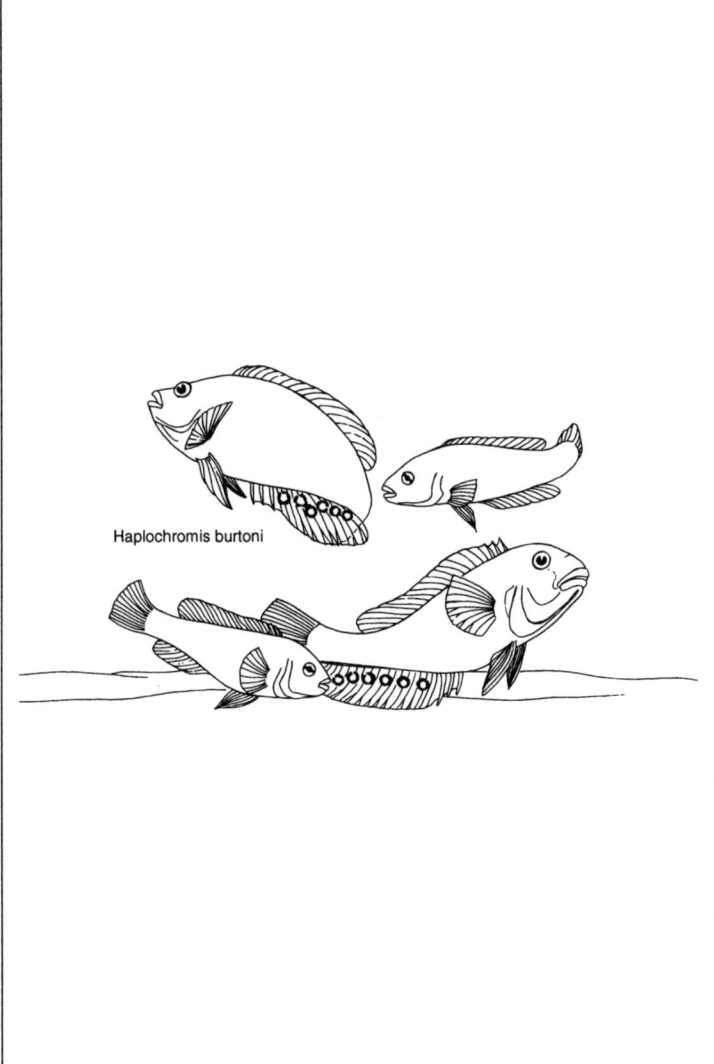

Haplochromis burtoni

Abb. 23: *Strukturgleichheit in der Kommunikation.* Das Männchen der Eifleck-Cichlide zeigt dem Weibchen beim Absamen Farbflecken an der Afterflosse, die Eiern täuschend ähnlich sehen – eine Analogie zur Onomatopoiese.

soll (Abb. 23). Derlei ist strukturverwandt mit der Onomatopoiese, der wir bei den Lautsprachen als eine ebensolche Sonderform sprachlicher Mitteilung noch begegnen werden. Daß bei der Zunahme des Verhaltensrepertoires endlich auch die Nachricht so aussehen kann wie das Intendierte (ich will spielen, abfliegen, raufen), wird bekannt sein; es ist aber zweifellos eine spätere Form des Mitteilens.

Ich habe schon gesagt, daß jede Kommunikation unter Kohärenzbedingungen entsteht und auch weiterhin vornehmlich diesen genügen muß. Es sind also stets Nachrichten über die Zustände der inneren Binnensysteme der Individuen im Rahmen des äußeren Teils des Binnensystems, nämlich der Art. Insofern ist jedes Ergebnis erweiterte Organisation. Man verkenne aber nicht, daß in die Nachrichten höherer Arten auch schon mittels der Körpersprache Mitteilungen über das Außensystem, das außerartliche Milieu, einfließen. Derlei mag sich zunächst unintendiert entwickeln, wenn etwa die Flucht eines Artgenossen zur Aufforderung zum Fliehen für die ganze Gruppe wird. Man kann den Vorteil, derlei für die Erhaltung der Art zu verwenden, an den Signalen erkennen, die sich erblich zur Förderung solcher Wahrnehmung an den Individuen schon appliziert finden: so das Aufleuchten heller Flügel-Unterseiten beim Abfliegen, das Ensemble der ‚Spiegel' einer Gruppe gemeinsam flüchtenden Wildes. Daran anschließend sind aber Warnrufe vor Feinden oder Lockrufe zum entdeckten Futter, sogar Mitteilungen über dessen Qualität, zweifellos von der Evolution geförderte Mitteilungen über relevante Bedingungen im Milieu, und zwar ganz im Sinne einer Korrespondenz mit der Wirklichkeit des Außensystems, eine Frühform kommunikativer Anpassung. Wiederum sieht keiner dieser Rufe wie ein Feind oder das Futter aus. Die Bedingung, über Symbole kommunizieren zu müssen, bleibt von da an für alle, insbesondere für die höheren Formen der Semantik unverändert (Abb. 24).

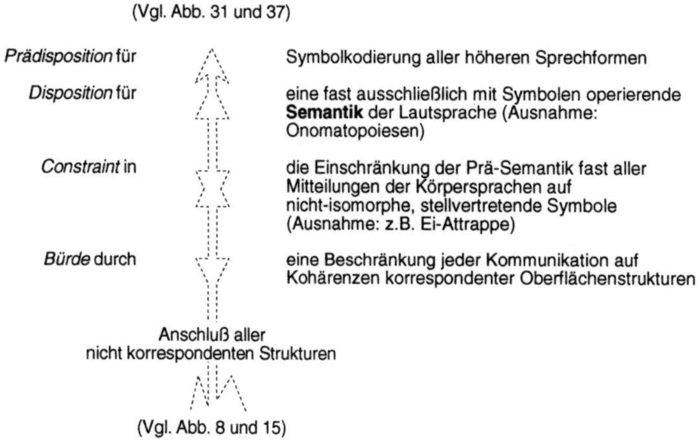

(Vgl. Abb. 31 und 37)

Prädisposition für		Symbolkodierung aller höheren Sprechformen
Disposition für		eine fast ausschließlich mit Symbolen operierende **Semantik** der Lautsprache (Ausnahme: Onomatopoiesen)
Constraint in		die Einschränkung der Prä-Semantik fast aller Mitteilungen der Körpersprachen auf nicht-isomorphe, stellvertretende Symbole (Ausnahme: z.B. Ei-Attrappe)
Bürde durch		eine Beschränkung jeder Kommunikation auf Kohärenzen korrespondenter Oberflächenstrukturen

Anschluß aller
nicht korrespondenten Strukturen

(Vgl. Abb. 8 und 15)

Abb. 24: BCD-*Serie zur Semantik*. Die Kohärenzen gleicher Ausstattung der Individuen fördert eine Kommunikation mit der Bürde einer Beschränkung auf Oberflächenstrukturen, was zum Constraint in stell-vertretende Symbolik führt, mit der Disposition und Prädisposition einer mit Symbolen vom Typ der Prä-Semantik operierenden Körper-sprache und einer ebensolchen der Lautsprache.

109

Die Du-Evidenz und das Ich

Ganz entsprechend wie die Individuen einer Spezies in Massen entstehen, werden diese zunächst auch nur als undifferenzierte Masse wahrgenommen. So spricht man etwa bei Heringen von anonymen Verbänden. Auf wesentlich höherer Stufe steht das individuelle Unterscheiden und Kennenlernen. Irgendwo auf diesem Wege muß das entstanden sein, was wir als ‚Du-Evidenz' erleben, daß wir nämlich bei einer spezifischen Wahrnehmung sofort wissen, daß es sich um einen Menschen handelt, und in diese Gestalt sogleich das meiste von dem hineindenken, was wir von uns selbst zu kennen glauben. Der Begriff geht auf den Psychologen KARL BÜHLER zurück und bezieht sich auf die Automatik dieses Vorgangs. Introspektion des eigenen Inneren und Projektion dieser Inhalte in den anderen sind die Auslöser. KONRAD LORENZ, von BÜHLER beeinflußt, ist mehrfach auf diesen Begriff zurückgekommen, er vermutete, es könne sich auch in diesem Fall um eine angeborene Form des Anschauens handeln. Das mag nun durchaus zutreffen, denn wir werden noch feststellen, welche Bedeutung das Universelle der Art und das Spezielle des Individuums für die sogenannten Universalien allen menschlichen Denkens haben. LÉVI-STRAUSS spricht treffend von einem ‚Operator' sowie von der ‚Art als Drehscheibe', als Anleitung zur Bildung der Invarianten zu einem Kategorienbegriff gegenüber der Differenzierung zum Individualbegriff. Im Zusammenhang mit dem sprachlichen Denken komme ich darauf zurück.

Irgendwie muß das Werden des ‚Ich' mit dem Werden des ‚Du' zusammenhängen. Die Ähnlichkeit der beiden Wahrnehmungen und die Ergänzbarkeit des nicht Sichtbaren am ‚Selbst' durch das am ‚Anderen' können das gefördert haben, noch bevor das ‚Ich' empfunden und lange bevor das ‚Ich' als Begriff gebildet wurde.

Ein persönliches Beispiel mag das illustrieren. Als mein Vater mich als Kleinkind porträtierte, soll ich, wie mir berichtet wurde, bei der dritten ‚Sitzung', als die Arbeit Gestalt angenommen hatte, auf sein Tun aufmerksam geworden sein und, indem ich auf die Büste und auf mich deutete, gefragt haben: Du, Papa, ist das Sowas? Die Übereinstimmung war vermutet, das ‚Ich' noch nicht zur Hand. Im Tierreich scheint die Evidenz ‚das bin ich', soweit man aus Experimenten vor dem Spiegel wissen kann, auffallend spät aufzutreten, mit einiger Verläßlichkeit wohl erst bei Primaten, also lange nachdem mit der Etablierung subjektiven Erlebens schon zu rechnen ist. Außerdem haben wir keinen Hinweis darauf, daß diese Wahrnehmung: ‚das bin ich' irgendeinen neuen Effekt nach sich zöge. Selbst bei Naturvölkern scheint die Evidenz des ‚Ich' in keiner Weise mit Problemen beladen zu werden. Was von den eigenen Gliedern und Handlungen, Absichten und Stimmungen wahrgenommen wird, scheint noch kaum als ein Innen von der Wirklichkeit des Außen abgetrennt, wohl weil es ebenso inhomogen geblieben ist wie das Außen. Das ‚Ich' ist noch nicht Identität. Problematisiert wird es in der Kultur.

Das, was wir gewöhnlich ‚außersubjektive Wirklichkeit' nennen, wird offenbar erst durch die Reflexion zum Problem. Vorher schien diese Wirklichkeit durch die beobachtende Kreatur einfach hindurchzuziehen. Das Problem entsteht erst, und in diesem Sinne auffallend wenig überraschend, in einem Phasenübergang der Entwicklung, wenn allmählich gefragt wird, in welcher Weise die Verhältnisse dieser Reflexion mit den Verhältnissen des Außen in verbindlichen Zusammenhängen stehen könnten.

Das Problem der Vernunft, das uns noch beschäftigen wird, ist naturgemäß selbstgemacht; es entsteht erst mit der sogenannten Vernunft. So trivial dies zunächst klingen mag: Wir müssen festhalten, daß es bis dahin in diesem Kosmos nicht erwartet werden konnte.

Die Lautsprache

Mit Mimik und Gestik bringen Primaten ein Mehrfaches von Mitteilungen zum Ausdruck, als ihnen lautlich möglich ist (Abb. 25). Das Überwiegen der Lautsprache ist auf den Men-

Abb. 25: *Reichhaltige Mimik bei Schimpansen.* Die Ausdrucksmöglichkeiten werden durch eine Kombination mit Gestik und Ortsbewegung noch beträchtlich vermehrt (zusammengestellt nach Originalphotographien).

schen beschränkt geblieben. Bestenfalls gehören noch manche Wale in diese Gruppe; aber wir wissen noch sehr wenig darüber, was deren erstaunliche Gesänge bedeuten. Unser Sprechen dominiert in quantitativer Hinsicht und zusätzlich in der Differenzierbarkeit des Mitteilbaren. Man darf aber nicht übersehen, daß auch unsere sehr entwickelte Sprache noch immer von der Körpersprache dominiert werden kann. Die fröhlichste Rede wird durch ein trauriges Gesicht in Frage gestellt und die überzeugendste Beteuerung eben durch ein einziges Zwinkern mit dem Auge. Offenbar ist es diese ältere Form, der wir mehr Vertrauen entgegenbringen, vielleicht weil sie nicht so mühelos lügen kann.

Was nun immer zu einer Dominanz der Lautsprache beim Menschen geführt hat, sie hat ihn zum Menschen gemacht, und die Menschen gemeinsam diese Sprache. Das Gaumendach wurde angehoben, die Zunge damit ‚gelöst‘, der Kehlkopf abgesenkt, eine breitere Modulierung ermöglicht. Aber beim Eindriften in diese Prädisposition konnte nichts am Prinzip des Blasebalgs und der neuen Bürde einer linearen (und einstimmigen) Lautfolge geändert werden sowie daran, daß Laute fast allem Mitteilbaren ausschließlich symbolisch-stellvertretend entsprechen können (Übersicht in Abb. 24, S. 69).

Die lautlich imitierende Entsprechung bleibt auf die Nachahmung weniger charakteristischer Geräusche beschränkt, auf onomatopoietische Worte wie ‚Donnern‘, ‚Zischen‘, ‚Rumpeln‘. Eine Differenzierung ist mit diesem Worttyp nicht möglich geworden. Der Constraint einer reinen Symbolsprache wurde unüberwindbar. Ebenso darf jene Linearität nicht unterschätzt werden, wie sie das Spiel eines Instruments zur Folge haben muß, das nur über eine Saite verfügt. Da gibt es zwar Obertöne und Geräuschartiges, aber alles liegt auf einem einzigen zeitlichen Faden. Keine zweite oder dritte Stimme ist zufügbar.

Bei der Körpersprache, so wenig sie im Vergleich differenzierbar wurde, verhält es sich noch immer anders. Da kann ein Handlungsappell durch eine Gestik gleichzeitig eine zweite

Dimension erhalten und diese nochmals durch unterschiedliche Mimik eine dritte. Kurz, die Lautsprache ist für lineare Darstellungen hervorragend disponiert, für eine mehrdimensionale dagegen ungeeignet, und daraus folgt ein neuer, nicht mehr überwindbarer Constraint (Abb. 26).

Man wird sich dieser Erkenntnis nicht gleich anschließen, kann man sich doch vor Augen halten, daß wir mit dieser Sprache auch noch das Komplexeste darzustellen vermögen. Freilich können wir das; aber eben nur in linearen Zerlegungen. Schon der einfachste Systemzusammenhang kann mit dieser Sprache nur in der Weise dargestellt werden, daß man einmal einer der Ketten von Zusammenhängen folgt, diese verläßt, dann eine zweite aufnimmt und so fort, um sie erst später wieder verknüpfen zu können. Man wird sich des ‚zu-Fuß-Aufsuchens' von Gedächtnisinhalten erinnern, jener Grenzen des Bewußtmachens (vgl. Abb. 22, S. 103). Diese Begrenzung kann die Situation ebenso gefördert haben, wie sie von dieser wohl gefördert wird.

So heißt es nicht zu Unrecht, ein System sei ein Zusammenhang, dessen Darstellung gleich unbefriedigend ansetzt, an welcher Seite man auch beginnt, vorausgesetzt, man beachtet, daß hier nicht die Systeme, sondern die Sprachen ihre Mängel offenbaren.

Man wird sich fragen, ob dieser Constraint nicht wenigstens mit Hilfe unserer komplexen Begriffe überwunden wird. Aber auch diese stehen am Ende von Reihen untergeordneter Begriffe. Denn sie haben nur in einer solchen Position die ihnen zugedachten Inhalte ebenso, wie die untergeordneten durch sie Sinn und Bedeutung erhalten. Das gilt für Struktur- wie für Klassenhierarchien in gleicher Weise.

Wie stark dieser Constraint, so selbstverständlich er auch scheinen mag, unsere Art zu denken nun wiederum beeinflußt, werden wir bald näher untersuchen können. Der Zwang zu linearen Darstellungen, die Disposition zu einer ebensolchen Syntax und die Prädisposition, die Förderung eines eindimensionalen Sprachdenkens, seien aber hier schon ausdrücklich betont (Übersicht in Abb. 26).

114

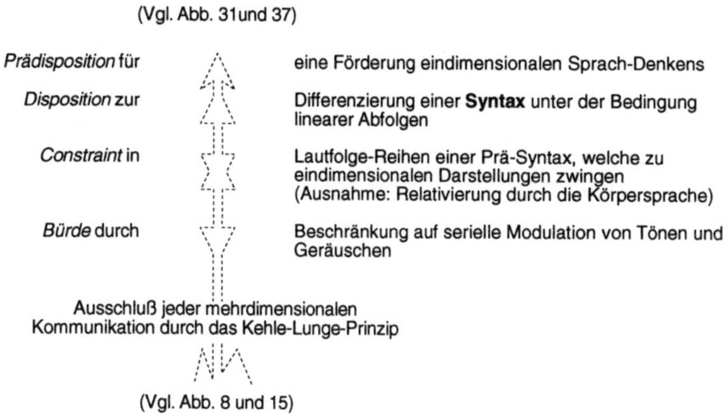

(Vgl. Abb. 31 und 37)

Prädisposition für		eine Förderung eindimensionalen Sprach-Denkens
Disposition zur		Differenzierung einer **Syntax** unter der Bedingung linearer Abfolgen
Constraint in		Lautfolge-Reihen einer Prä-Syntax, welche zu eindimensionalen Darstellungen zwingen (Ausnahme: Relativierung durch die Körpersprache)
Bürde durch		Beschränkung auf serielle Modulation von Tönen und Geräuschen

Ausschluß jeder mehrdimensionalen
Kommunikation durch das Kehle-Lunge-Prinzip

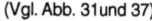

(Vgl. Abb. 8 und 15)

Abb. 26: BCD-*Serie der Grenzen zur Syntax*. Vorbedingungen der Lautsprache führen zur Bürde serieller Modulation, dem Constraint linearer
Prä-Syntax und in der Folge zu den Dispositionen und Prädispositionen der Differenzierung einer linear strukturierten Syntax und der
Anleitung zum eindimensionalen Sprach-Denken.

Dominierende Kohärenzen

Über die Frühformen der menschlichen Sprache wissen wir naturgemäß wenig. Man hat vermutet, daß sie über onomatopoietische Ansätze oder über emotionale Ausrufe entstanden sein könnte. Sicher ist nur, daß die Entwicklung evolutiv sehr gefördert wurde, und das deutet auf den Erfolg hin, den sie der Erhaltung sprachbegabter Populationen zusätzlich gebracht haben muß. Dieser Erfolg kann wohl zunächst aus einer Verbesserung der Kohärenzen zu verstehen sein, aus verläßlicheren Verständigungen allein über die Zustände und Intentionen der kommunizierenden Individuen. Zweifellos sind aber damit auch bald Mitteilungen über das Milieu und über Umweltsituationen eingeflossen. Damit kommen, wie wir das schon von den Lock- und Warnrufen kennen, Erfahrungen über die Außenwelt ins Spiel, also Mitteilungen über erreichbare Korrespondenzen.

Das ist eine entscheidende Situation. Die Sprache bringt die Disposition; das Neue ist die Entwicklung von kollektiven Ansichten, Vermutungen oder Wissen auch über das Milieu, das Außensystem, sowie die Möglichkeit ihrer Weitergabe durch Tradierung. Dieser kollektive Speicher von Ansichten ist eine der notwendigen Bedingungen von Kultur. Und die Wissenschaften übertragen, wie wir sehen werden, diese Kohärenzen auf die außersubjektive Wirklichkeit, mit der Erwartung, diese müsse hinter den entdeckten Korrespondenzen wieder kohärent sein, allerdings ohne Auflösung der mit der Sprache verbundenen Bürden und Constraints.

Ganz neu ist diese Neuerung allerdings auch nicht. Wie bei jeder evolutiven Entwicklung ist mit disponiblen Vorstadien zu rechnen. Auch bei höheren Tieren kennen wir Nachahmung und damit bescheidene Formen der Tradierung von Kenntnissen. Auch die ‚Du-Evidenz' ist vorbereitet und damit die Erwartung, die Abgabe von Lauten werde introspektiv eine erkennbare Bedeutung haben. Aber der große Aufschwung der Tradierung ist erst durch die Sprache disponiert, und noch gewaltiger durch die Schrift. Aber auch diese folgt der Linearität ihres Sprachmusters. Sie ist nie mehrdimensional, nicht einmal als zweidimensionale Matrix versucht worden, sondern steht, wie zu erkennen, nach wie vor in linearer Zeilenform.

Was aber in dieser Entwicklung unsere Aufmerksamkeit verdient, das ist ein neues Verhältnis von Kohärenzen im äußeren Binnensystem der kommunizierenden Populationen und den möglichen Korrespondenzen mit dem Milieu, wie sie nun in kollektiver Weise verbreitet und tradiert werden können. Man kann auch sagen: ein neues Verhältnis, nunmehr zwischen Verständlichkeit und Erfahrung. Von dieser Seite gesehen wird man erwarten müssen, daß unverständliche Mitteilungen regelmäßig der Elimination anheimfallen. Kohärenzmängel werden ausgeschieden, und nur was als kohärent erlebt wird, kann erhalten und tradiert werden. Man sieht, daß dies noch nichts mit echter Korrespondenz zu tun hat. Kohärenztests sind der erste Filter. Zunächst können also beliebig viele zutreffende Entdeckungen, also Korrespondenzen, weil nicht verstanden, eliminiert werden; umgekehrt aber ebensoviel Irrtum, Unsinn oder Lüge, weil im Kontext erfaßbar, verbreitet und tradiert werden.

Was uns unter den Bezeichnungen Organisation und Adaptierung begegnete, im Sinne erfolgreicher Kohärenzen und Korrespondenzen im Binnen- und zum Außensystem, das erwies sich alsbald als ausgewogen. Ein strenges, eliminatorisches Prinzip wachte in jeder organischen Evolution über das Richtige der Organisation und das Zutreffende der Adaptierung.

Mit dem Aufschwung der Kommunikation und Tradierung beginnt ein Teil des Binnensystems von jener begrenzten Ebene der Selektion abzuheben. Mit dem Wahren, wie es nun entsteht, kommt das Falsche in die Welt, mit dem Sinn der Unsinn und mit der Wahrheit die Lüge, und dies so lange, wie die Kohärenzen innerhalb des Systems das zulassen. Man kann auch sagen, solange die Grenzen der Plausibilität in der Ausstattung einer Population das Falsche, den Unsinn und die Lüge tolerieren. Damit ist eine Prädisposition von ganz neuer

Art entstanden, eine Disposition zur Bildung von kohärenten Systemen, die als sich selbst genügende oder ‚selbsterfüllende' Strukturen von der Korrespondenz mit der außersubjektiven Wirklichkeit eben abheben können.

Die Eigentümlichkeiten des Sprach-Denkens
(oder: Ist seinen Grenzen zu entkommen?)

> Zum folgenden Thema sind fünf Literaturgruppen der Psychologie, der Erkenntnislehre, Linguistik und Philosophiegeschichte einschlägig.
>
> Im Zentrum steht das Problem der Universalien menschlicher Sprachen. Voraus geht ihm die Präformations- später Einschachtelungstheorie von LEEUWENHOEK (1632–1723) mit der Vorstellung, daß im Ei oder Samen alle Organe schon enthalten und nur zu ent- oder auszuwickeln wären. Ein Konzept von philosophischer Bedeutung dieser Zeit, das erst CASPAR FRIEDRICH WOLFF (1734–1794) und KANT durch eine Ausformungs- oder Epigenesetheorie korrigierten. Über den Konstruktivismus informieren S. SCHMIDT (1987), über Sprachuniversalien CHOMSKY (1959) und LENNEBERG (1972).
>
> Besonders wichtig ist das große Thema der ‚Lateralisation', der Spezialisierung unserer Hirnhälften, das schon mit Entdeckungen von BÜHLER 1922 beginnt. Übersicht in GAZZANIGA u. LEDOUX (1978). Zum Werden der Klassenbegriffe gibt die Entwicklungspsychologie Aufschluß (PIAGET 1975), zur ‚Säuberung' der Sprache WITTGENSTEIN (1921) und C. F. v. WEIZSÄCKER (1982). Meine Ansichten zu diesen Themen findet man in den Bänden von 1985, 1987 und 1992. Der Begriff ‚hypothetischer Realismus' der Evolutionären Erkenntnistheorie geht auf CAMPBELL (1966) zurück.

Es steht außer Zweifel, daß die Kommunikation unserer Voreltern die Sprache gemacht hat, und diese Sprache über eben jene Kommunikation den Menschen. Freilich hat zur

Menschwerdung vielerlei beigetragen, auch der aufrechte Gang, das Freiwerden der Hände und die Waffenlosigkeit dieser Vormenschen, die nun zwischen waffentragenden Arten zunächst in den Savannen Afrikas, danach in den Steppen Eurasiens auf gemeinsames Jagen und Verteidigen angewiesen waren, was wieder die Kommunikation gefördert haben muß.

Die Sprache hat den Menschen also nicht allein gemacht, aber sie wurde seine ausgesprochenste Distinktion. Und da alle menschlichen Wesen sprechen, kann das Denken des Menschen nicht ohne seine Sprache verstanden werden. Denken und Sprache sind auseinander und miteinander entstanden. Seit der Ausformung der Sprache ist ein Teil unseres Denkens ohne unsere Sprache nicht mehr zu denken, nämlich ohne deren Constraints und Dispositionen. Dies ist nun mein Thema.

Freilich laufen keineswegs alle Denkvorgänge bewußt ab, und so sind auch keineswegs alle Denkvorgänge mit der Sprache verknüpft. Im Gegenteil. Es ist erstaunlich, daß auch beim modernen Menschen nur ein kleiner Teil, und in der Regel nur seiner linken Hemisphäre, mit Sprache und Bewußtsein befaßt zu sein scheint. Die ganze rechte Hemisphäre und ein Großteil der linken ist stumm, also stumm geblieben.

Wohlgemerkt: Die Entwürfe sämtlicher Lösungen, Urteile und Entscheidungen, die wir fortgesetzt zu produzieren haben, scheinen aus dieser stummen Hemisphäre zu kommen. Sie werden wie Lösungsvorschläge von fremder Hand über die große Nervenbrücke, das *Corpus callosum*, erst der linken Hemisphäre mitgeteilt und dort bewußt und kritischer behandelt. Dies kennt man als das ‚Aha-Erlebnis' im Sinne BÜHLERs, das sich in der Regel ohne Mühe mitvollziehen läßt. Die Verhaltensforschung spricht den vormenschlichen Primaten sehr treffend ein ‚unbenanntes Denken' zu. Und eben dieses ist bei uns noch in ausgiebigem Maße erhalten. Verschiedene Experimente, insbesondere mit Patienten, bei denen eine chirurgische Durchtrennung jenes *Corpus callosum* notwendig wurde, zeigen die ‚Lateralisation', die Spezialisierung der Hemisphären, besonders deutlich.

Im Prinzip fallen wohl der stummen, rechten Hemisphäre in den Prozessen menschlichen Kenntnisgewinns die induktiven Leistungen zu, in einer heuristisch schöpferischen Weise aus den Einzelfällen der Erfahrung das zu produzieren, was wir Erwartungen, Invarianten, Hypothesen oder Theorien nennen (Abb. 27). In der linken Gehirnhälfte dagegen folgen die deduktiven, die eliminatorisch-selektiven, ausschließenden oder bestätigenden Kontrollen. Das Schöpferische scheint somit dem Bewußtsein weitgehend entzogen. Für das kritisch Kontrollierende allerdings unter den sprachlichen Constraints ist die Nähe des Bewußtseins zuständig. Eine Disposition zu einer deduktiven Schlagseite unserer rationalen Kultur ist die Folge, und das wird uns noch beschäftigen.

Herkömmliche Philosophie und Erkenntnistheorie beginnen mit der menschlichen Sprache. Es ist das Wort, der Kontext aus Wortgebilden, der geprüft, verworfen oder weitergeführt werden konnte, ob nach einer analogen Sprechweise, wie etwa in RILKEs Gedichten, oder zunehmend mehr nach einer digitalen, wie in WITTGENSTEINs ‚Tractatus'. So begann, wie CARL FRIEDRICH VON WEIZSÄCKER es nennt, ein heroisches Ringen um die Verläßlichkeit der Sprache – in unserem Verständnis um Kohärenzen, um Widerspruchsfreiheit in diesem, unserem äußeren, Binnensystem.

Der kenntnisgewinnende Prozeß, den die Evolutionäre Erkenntnistheorie nun aufklären kann, beginnt jedoch keineswegs erst mit der Sprache. In einer Hinsicht ist die Sprache sogar nur dessen Folge. Eine Fülle von Vorausbedingungen und gestellten Weichen liegt, wie wir sahen, vor unserer Sprache. Dieses sei nicht übersehen, wenn wir nun kritisch das Wort und den Satz prüfen. Denn wir werden feststellen, daß die eigentümlichen Diskrepanzen zwischen unserer Sprache und unserer Kenntnis, unseren Korrespondenzen zum Außensystem der Natur die Folge eines Kohärenzsystems sein müssen, das Dispositionen besitzt, um von dieser Natur abzuheben.

In der folgenden Darstellung der Eigenschaften des Sprach-Denkens bieten sich zwei verschiedene Zugänge an.

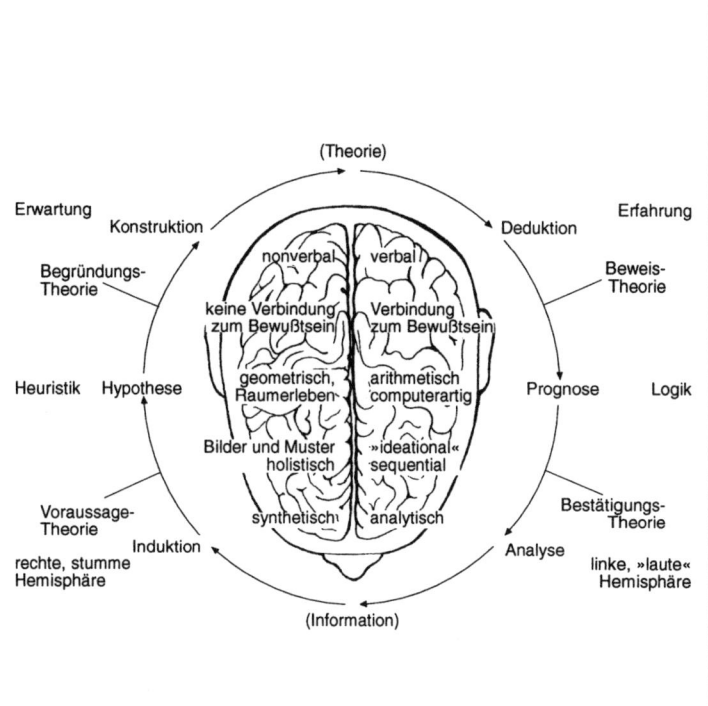

Erwartung

Konstruktion

(Theorie)

Deduktion

Erfahrung

Begründungs-Theorie

nonverbal / verbal

keine Verbindung zum Bewußtsein / Verbindung zum Bewußtsein

Beweis-Theorie

Heuristik   Hypothese

geometrisch, Raumerleben / arithmetisch computerartig

Prognose

Logik

Bilder und Muster holistisch / »ideational« sequential

Voraussage-Theorie

synthetisch / analytisch

Bestätigungs-Theorie

Induktion

Analyse

rechte, stumme Hemisphäre

linke, »laute« Hemisphäre

(Information)

Abb. 27: *Beziehung zwischen Lateralisation und Erkenntnis-Mechanismen;* wobei es sich zeigt, daß zwischen den spezifischen Leistungen der Hemisphären des Gehirns und dem typischen Kreislauf zwischen induktiven und deduktiven Prozessen des Kenntnisgewinns einige Übereinstimmung besteht (nach RIEDL 1979).

Man könnte das methodische Prinzip des BCD-Schemas als theoretische Struktur aus unseren physischen in unsere psychischen Ausstattungen übernehmen. Das müßte für den Sprachwissenschaftler lohnender sein. Aber man kann den Gegenstand auch, gewissermaßen empirisch, aus charakteristischen Beispielen zusammensetzen, freilich mit dem Nachteil, aus Raumgründen auswählen zu müssen. Ich werde den zweiten Weg einschlagen, eine gewisse Lückenhaftigkeit in Kauf nehmen, um dem nicht-spezialisierten Leser auch die Buntheit der Phänomene vor Augen zu führen.

Sprachliche Universalien

Als erstes ist nochmals festzuhalten, daß alle menschlichen Sprachen, auch die exotischen, nach einigen Grundprinzipien identisch aufgebaut sind. Hier erwähne ich die durchgehende Trennung in *Substantiva* und *Verba*, wiewohl wir alle vor Augen haben, daß Zustände und Prozesse nur mit- und auseinander zu verstehen sind. Diese Universalien aller Sprachen wären unverständlich, wenn wir uns nicht daran erinnerten, daß schon der Ausstattung auch der menschlichen Wahrnehmung die Weichen gestellt waren. Für Strukturen statischer Art erwies sich ein Sensorium zuständig, das von der Konstanz- bis zur Gestaltwahrnehmung reicht, für Zeitstrukturen dagegen ein Sensorium aus stroboskopisch-reflexiven Operationen (Übersicht in Abb. 31 S. 142). Von einer ‚Sprache der Eiszeit' ist nicht nur zu Recht die Rede, denn selbst diese Sprache der Eiszeit muß auf voreiszeitliche Präformationen zurückgehen. Andernfalls könnten wir die ganze Serie nicht verstehen.

Radikale Konstruktivisten wollen eine solche Einsicht als ‚Präformismus' abtun. Das soll an die Präformationslehren des 17. und 18. Jahrhunderts erinnern, die noch behaupten konnten, jegliche menschliche Gestalt sei als ein endloses Schachtelsystem nach Art winzigster russischer Puppen im Spermium vorgeformt. Aber schon C. F. WOLFF und nach ihm KANT wandten sich einer Epigenesetheorie der Vorstadien zu, und keine evolutive Betrachtung kann die Existenz von Vorstadien verkennen.

Vielleicht geht auch die Gliederung in Individual- und Klassenbegriffe auf eine sehr alte Anleitung zurück. JEAN PIAGET illustriert dies mit einem anschaulichen Beispiel. – Bei einem Spaziergang begegnet man einer Weinbergschnecke. Dem Kleinkind wird dieses Wesen erklärt. Später begegnet man einer zweiten, und das Kind stellt fest: ‚Schau, da ist sie ja wieder!' Auf die Frage, ob es sich wohl um dasselbe Individuum oder um das gleiche derselben Species handelte, stellt es sich heraus, daß zwischen Individualität und Klassenzugehörigkeit noch nicht unterschieden wird. Jener ‚Operator' zwischen Natur und Kultur, die ‚Art als Drehscheibe', nach LÉVI-STRAUSS, läßt diesen Unterschied anfangs so beliebig sein, wie er später die Differenzierung vorbereitet. Im Zusammenhang mit unseren Aussagesätzen komme ich darauf zurück.

Das Denken des Menschen kann ebenso wie sein Sprachvermögen eine *tabula rasa* sein. Kein Gehirn kann als ein trockener und undifferenzierter Schwamm gedacht werden, der ein Durcheinander von Daten zu Sinn und Ordnung schlichten soll. Auf diese Weise hätte es samt seinen Sinnesorganen und seinem ganzen Besitzer nicht einmal entstehen können. Vielmehr werden wir den Einsichten von NOAM CHOMSKY und ERICH LENNEBERG folgen müssen, daß noch viel mehr Prädispositionen anzunehmen sind, vielleicht bis zu einem Punkte, wo wir erkennen müssen, daß unsere Kinder nicht eine Sprache erlernen müssen, sondern fast nur Vokabeln. Denn wie anders wäre es zu verstehen, daß Kinder etwas so Neues wie das Auftreten einer durchstrukturierten Wortsprache mit sämtlichen symbolischen Bedeutungen geradezu als selbstverständlich zu erwarten scheinen. Nachfolgend werden wir nämlich gleich feststellen müssen, wie vieles von dem, was wir unser vernünftiges Urteilen nennen, nur aus vorbereiteten Dispositionen verstanden werden kann.

Universalien des Urteilens

Richtige Prognosen bedeuten, wie oben beschrieben, Lebenserfolg. Dieses Grundprinzip der Systemerhaltung, dem wir schon seit den Ebenen erfolgreicher Mutationen und Assoziationen wiederholt begegneten, erreicht nun seinen engeren Wortsinn. Für jegliches Handeln muß im voraus geurteilt werden. Richtige Lösungen erscheinen uns im nachhinein wie Vorauswissen, falsche als Vorurteil. So stehen wir nochmals, und nun schon in einem Bereich des bewußten und sprachunterlegten Denkens, vor der Frage, woher diese Vorausurteile kommen.

Es war schon die Rede davon, daß wir ein eindimensionales Zeitprogramm als angeborene Anschauungsform geerbt haben und ein Raumprogramm, das die Raumstruktur nach drei Dimensionen orthogonal ordnet. Was wir heute euklidische Geometrie nennen, geht auf eine sprachlich exakte Formulierung jener Anschauungsform eben durch EUKLID zurück; und die Axiome, auf die man diese Formulierung reduzieren kann, sind nur aus den Plausibilitäten zu begründen, die uns eben jene angeborene Form der Anschauung vermittelt.

Freilich gibt es beliebig viele Richtungen der Wahrnehmung und der Eigenbewegung. Aber die drei euklidischen sind seit der Evolution der ‚bilateralen Organisation‘ tierischer Organismen, eben der *Bilateria*, seit wohl einer Jahrmilliarde vorbereitet und von bevorzugter Bedeutung. Sie wurden zu den drei Achsen unserer physischen Konstruktion. Nach ihnen ist von der Ableitung aus der *Retina* bis zum Greifraum der Hände alles durchorganisiert – die Wahrnehmung wie das Handeln. Und diese drei Achsen suggerieren uns drei Dimensionen. Sie sind uns das Normale: das Oben-Unten, Hinten-Vorne ebenso wie das Rechts und Links. Und diese stehen bereits euklidisch, wie wir uns ja ausdrücken: ‚normal‘, in rechten Winkeln zueinander.

Im Parallelenaxiom allerdings (Geraden, die sich erst im Unendlichen schneiden) wird schon über das Anschaubare hinaus extrapoliert. Denn das Unendliche ist nicht anschaubar. Wir kommen auf das ,*apeiron*', den Begriff des Unbegrenzten, der von EUKLID schon vorausgesetzt wird, im Zusammenhang mit ANAXIMANDER noch zurück. Hier aber soll uns schon der Umstand interessieren, daß auch die moderne Physik kein Experiment entwickeln kann, das die Existenz von Raum oder Zeit beweisen oder widerlegen könnte. Denn beides anzunehmen bildet schon die Voraussetzung jeglichen Experimentierens. Wir bleiben auf Plausibilitäten, jene Suggestionen angewiesen, die uns unsere angeborenen Anschauungsformen nahelegen. Und dies führt zu jenen kulturellen Selbstverständlichkeiten, die, weil offenbar selbstverständlich, dann so schwer von unserem suggestiven Erbe abzugrenzen sind.

Gießen wir damit Wasser auf die Mühlen der radikalen Konstruktivisten? Oder aber gibt es Beweise für den Wahrheitsgehalt oder doch die Richtigkeit einer Korrespondenz zwischen unserer Anschauung und der außersubjektiven Wirklichkeit? Nun, Beweise sind nicht möglich. Sie würden Gewißheit hinsichtlich der Axiome voraussetzen. Diese aber sind, wie wir sahen, höchstens plausibel.

Nur mit Graden von Richtigkeit und in Form einer Hypothese können wir rechnen. Diese stützt sich auf die Theorie der Evolution und der Erhaltungsbedingungen von Systemen, und unter solchen Bedingungen können wir zeigen, daß im Organismenreich Raumprogramme entstanden und differenziert worden sind und daß diese Programme stets eine Voraussetzung für den Lebenserfolg, für die Erhaltung lebender Systeme gewesen sein müssen und noch immer sind. Daraus folgt die Erwartung, daß es eine wie immer pragmatische und ausschnitthafte Beziehung zwischen unserer Form der subjektiven Anschauung und der außersubjektiven Wirklichkeit geben muß, eine Korrespondenz des Binnensystems mit dem Außensystem.

Dies ist die Position des ,hypothetischen Realismus', dem wir noch mehrfach begegnen werden. Ich führe den Begriff hier im Rahmen des Raum-Zeit-Problems ein, weil wir der

Relativität der möglichen Korrespondenz dieser Anschauungsformen schon begegnet sind, nämlich als eine Form der Anpassung an einen Kosmos nur mittlerer Größe und ungeeignet für eine Anschaubarkeit der Phänomene im Mega- und im Mikrokosmos.

Die eigentümlichen Folgen des Sprach-Denkens
(oder: Sind seine Grenzen hinzunehmen?)

Im folgenden Kontext werden wir unser Sprachdenken auch kulturgeschichtlich betrachten und folglich einer Anzahl von Philosophen begegnen – von den Vorsokratikern bis in die Moderne. Im anschließenden 3. Buchteil werden sie systematisch besprochen und näher ausgewiesen werden.

Am Rande dieser Darlegungen beziehe ich mich wiederum auf LORENZ und PIAGET, bezüglich der Sprachvergleiche mit den Hopi auf WHORF (1976), hinsichtlich des Induktionsbegriffes auf CICERO (106–43 v. Chr.) und unserer frühen Kulturgeschichte auf HESIOD (um 700 v. Chr.) und HOMER. Meine Darstellung der Hypothesen ‚von den Ur-Sachen‘ und ‚vom Zweckvollen‘ habe ich in den Bänden von 1980 vorgestellt und von 1985 in ihren Konsequenzen, zusammen mit der einschlägigen Literatur, erläutert.

Nun habe ich aber noch auf zwei weitere Vorausurteile einzugehen, die, wie gesagt, Beziehungen zu den KANTschen A *priori* haben. Auf den erkenntnistheoretischen Zusammenhang werde ich in einem späteren Kapitel zurückkommen. Hier muß ich mich noch auf die Feststellung beschränken, daß es sich, ähnlich wie bei KANT, um synthetische Urteile im voraus handelt, die nicht weiter reduzierbar erscheinen und auch nicht aus der assoziativen Erfahrung stammen können, weil sie diese erst ermöglichen. Im Sinne unserer Evolutionären Erkenntnistheorie handelt es sich wieder um *a posteriori* Lernprodukte unseres Stammes, aber gleichwohl um *a priori* Lösungsvorschläge für das handelnde Individuum. Die Hypothesen vom ‚anscheinend Wahren' und vom ‚Ver-Gleichbaren' konnten schon vor dem Bewußtsein behandelt werden. Hier lasse ich die beiden weiteren folgen, denn sie verbinden sich schon stärker mit der bewußten Reflexion. Ich gliedere auch jeweils wieder nach dem Inhalt, den diese Hypothesen unserem Denken suggerieren, ferner nach der Isomorphie, also ihrer hypothetischen Übereinstimmung mit der außersubjektiven Wirklichkeit, weil aus dieser Übereinstimmung der erfolgreiche Einbau und die Erhaltung der Programme begründen muß, sowie nach Art der Mängel, die sie gegenüber einer für uns komplex gewordenen relevanten Welt aufweisen. Letzteres kann man daraus verstehen, daß genetische Adaptierung ein langsamer Prozeß ist. Die Durchsetzung eines neuen Artmerkmals dauert bei Säugern mindestens eine Million Jahre. Der Einbau dieser Hypothesen zur Problemlösung muß also aus der Zeit der Frühmenschen stammen, und sie konnten daher auch nicht mehr enthalten oder zur Lösung anbieten als das, was an relevanten Lebensproblemen bis dahin zur Arterhaltung von Bedeutung war.

Aber die Entwicklung der Kulturen verläuft um Größenordnungen schneller und ebenso die Entwicklung der mit ihnen neuentstandenen Probleme und Anforderungen. Für diese sind wir *a priori* nicht adaptiert, deshalb müssen Adaptierungsmängel die Folge sein, die sich genetisch nicht mehr ändern, sondern nur durch Kenntnis relativieren und übersteigen lassen, indem wir wahrnehmen, wo wir mit diesem Ensemble angeborener Anschauungsformen – unserem ‚ratiomorphen', vernunftähnlichen Apparat, wie ihn LORENZ nannte, gewissermaßen unserem ‚gesunden Hausverstand' – regelmäßig an der Erfahrung scheitern.

Meiner Rede von Anpassungsmängeln in den Grundlagen unserer Vernunft liegt, wie man erwarten kann, ein Urteil über unsere Kulturentwicklung zugrunde. Wie noch zu zeigen sein wird, muß ich annehmen, daß die Suggestion dieser Hypothesen, wenn man sie als solche nicht kennt, so überzeugend sind, daß man sie für selbstverständlich und verläßlich halten konnte, so daß man zunächst und trotz der allmählich auftauchenden Widersprüche eher danach trachten mußte, sich im Rahmen der vorbereiteten Lösungsvorschläge zu arrangieren, als den Widersprüchen zu begegnen. Darauf ist in den letzten Buchteilen noch zurückzukommen.

Über die Ur-Sachen

Man wird sich aus der Darstellung der Hypothesen vom ‚anscheinend Wahren' und vom ‚Ver-Gleichbaren' erinnern, mit welcher Sicherheit wir ganz unreflektiert zu induktiven Prozessen und zur Bildung von Invarianten angeleitet werden. Natürlich kann man über sie reflektieren; wir haben das ja getan. Aber die Suggestion, die von diesen Anschauungsformen ausgeht, muß erst aus der nichtbewußten Anleitung, aus unserem Handeln und unter Anlegen unserer Theorie ins Bewußtsein befördert werden.

Im Prinzip verhält es sich bei den nun zu beschreibenden Hypothesen genauso. Allerdings scheint es uns so, als wären wir schon vor der Wahrnehmung ihrer Suggestionen bewußt ‚dabeigewesen', weil wir dazu neigen, unseren Urteilen auch sogleich eine Begründung hinzuzufügen. Aber schon die Überlegung bei DAVID HUME läßt die kommenden Constraints erahnen. Sie hat ergeben, daß wir nur das *post hoc* empirisch nachzuweisen vermögen, das *propter hoc* müssen wir als unsere subjektive Erwartung hinzufügen. Denn es läßt sich nur feststellen, daß der Stein warm wird, ‚wenn' die Sonne scheint, das ‚weil' ist wohl nur, wie HUME es nennt, ‚ein Bedürfnis der Seele'. IMMANUEL KANT wurde von dieser Einsicht HUMEs nachhaltig beeinflußt. Tatsächlich aber zieht das Problem schon durch die ganze Philosophiegeschichte, und wir begegnen ihm im Ansatz schon bei PLATON. Über die Herkunft dieses Bedürfnisses der Seele, dieser Disposition, wollen wir hier sprechen.

Die ‚Hypothese von den Ur-Sachen' veranlaßt uns zu erwarten, daß gleiche Dinge oder Ereignisse in einer unmittelbaren Weise dieselbe Ursache haben werden. Es springt ins Auge, wie oft uns ein solches Programm in die Irre leiten muß. Außerdem ist es logisch nicht begründbar. Dennoch muß es ein Erfolgsrezept sein, sonst wäre es uns weder eingebaut worden noch erhalten geblieben.

Der Erfolg des Programms ist zunächst mit der Prädisposition der beiden vorausgehenden Hypothesen zu begründen. Wir konnten deren Erfolge auf die Seltenheit des repetitiven Zufalls und auf die nicht beliebige Kombinierbarkeit der meisten Merkmale komplexer Gegenstände und Ereignisse dieser Welt zurückführen. Die Ursachen-Hypothese ist nun mit ihrer historischen Bürde als eine Extrapolation zu verstehen, die von diesen beiden Hypothesen ausgeht. Wenn der Zufall sich in der Natur selten in gleicher Weise wiederholt und die Merkmale der Gegenstände und Ereignisse sich selten vermischen, dann mag das gleiche auch meist für die Herkunft dieser Zustände und Abläufe gelten. Zweifellos kann so manche andere Hypothese, die wir entwickeln, mitunter eher zum Erfolg führen, aber unter der Bedingung, daß man über einen Zusammenhang im voraus nichts wissen kann, ist jene angeborene Hypothese tatsächlich noch in der Mehrzahl der Fälle die verläßlichste. Dies muß ihren Erfolg begründet haben.

Die Anpassungsmängel des Programmes stecken vielmehr in seiner Vereinfachung, – in dem, was wir als einen ‚unmittelbaren Zusammenhang‘ suggeriert erhalten. Diese Vereinfachung bietet im wesentlichen drei irreführende Erwartungen; sie alle sind neue Bürden und *Constraints* für unser Denken (Abb. 28).

Die erste dieser Vereinfachungen erleben wir in unserer Disposition, von Ursache und Wirkung zu sprechen, so, als dürften in der Regel sowohl die Herkunft einer Ursache als auch die Folgen einer Wirkung außer Betracht gelassen werden. Dies mag für den Frühmenschen auch ausgereicht haben. Tatsächlich ist auch oft die Herkunft eines Regenschauers, einer Panik und selbst einer Verstimmung so unübersichtlich, wie die Folgen einer Flut, eines Dahinstürmens und selbst einer Grobheit nicht absehbar sein können.

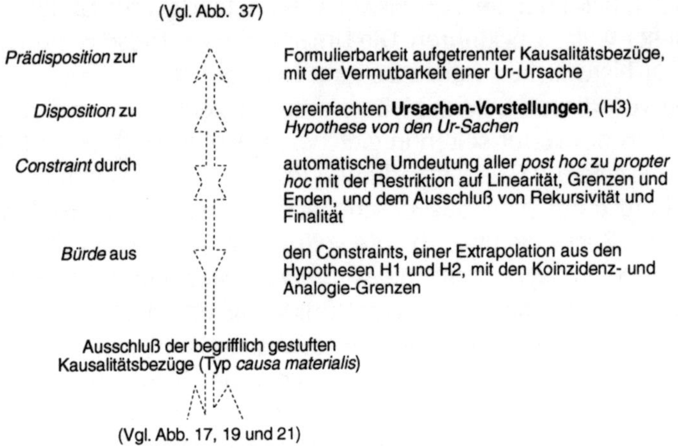

(Vgl. Abb. 37)

Prädisposition zur		Formulierbarkeit aufgetrennter Kausalitätsbezüge, mit der Vermutbarkeit einer Ur-Ursache
Disposition zu		vereinfachten **Ursachen-Vorstellungen**, (H3) *Hypothese von den Ur-Sachen*
Constraint durch		automatische Umdeutung aller *post hoc* zu *propter hoc* mit der Restriktion auf Linearität, Grenzen und Enden, und dem Ausschluß von Rekursivität und Finalität
Bürde aus		den Constraints, einer Extrapolation aus den Hypothesen H1 und H2, mit den Koinzidenz- und Analogie-Grenzen

Ausschluß der begrifflich gestuften
Kausalitätsbezüge (Typ *causa materialis*)

(Vgl. Abb. 17, 19 und 21)

Abb. 28: BCD-*Serie zur angeborenen Ursachen-Vorstellung*. Die Bürde aus der Extrapolation der Hypothesen H1 und H2 führt zu Constraints in Form von Restriktionen und Ausschlüssen in der angeborenen *propter-hoc*-Deutung, mit der Disposition und Prädisposition vereinfachter Ursachenvorstellung und der Formulierbarkeit aufgetrennter Kausal-bezüge.

Da unsere Zivilisation aber immer ausgiebiger in das Gefüge unserer Welt und unseres Zusammenseins eingegriffen hat, begehen wir grobe Fehler, wenn die Vielfalt der Vorbedingungen einer Ursache und die Fülle der Folgen einer Wirkung außer acht gelassen werden. Wir haben es mit einer Bürde zu tun, die von unserem Urteilen über Geschichte, über Wirtschaftsprozesse und über Individuen (wie in der Zurechnungslehre der Rechtsfindung) bis in viele Wissenschaften hinein reicht und von dort auch noch die vermeintliche Legitimation bezieht. Doch lassen wir es bei dieser Andeutung. In Teil 3 komme ich darauf zurück.

Die zweite Vereinfachung erleben wir in der Disposition nach dem Schema: ‚wenn A, dann B, wenn B, dann C‘ zu denken, in der Erwartung etwa linearer Zusammenhänge, so als könne von der Rückwirkung einer jeden Wirkung auf ihre eigene Ursache, wie das im Prinzip zu erwarten ist, abgesehen werden. Auch diese Erwartung wird bis zur Zeit ihres Einbaus ausgereicht haben. Denn wie wäre auch die Rückwirkung einer Feuerstelle auf das Feuermachen, einer Rodung auf die Vegetation oder eines Handels auf seine Ware zu verstehen gewesen? (Übersicht nochmals in Abb. 28)

Erst seit jüngster Zeit reden wir von Öl-Ressourcen, von den Kreisprozessen zwischen Atmosphäre und Vegetation und sind überrascht, was diese Wegwerf-Gesellschaft anrichtet. Aber nach wie vor kalkuliert die Wirtschaft primär nach Investition und Absatz, und jede Technik verläßt sich auf eine Geradlinigkeit von Kausalketten. Vom Münzautomaten bis zur Automobilindustrie sind die Rückwirkungen auf die Ursache noch kein genuiner Teil der Produktionspläne. Verstärkt durch die Bürde unserer linearen Sprache findet man auch in den meisten wissenschaftlichen Theorien keine rekursiven Terme, vielmehr eine Prädisposition zu einer Weltbetrachtung, die wir als ‚ontologischen Reduktionismus‘ noch kritisieren werden. Erst im Bereich der Quantenphysik hat sich der Begriff der Wechselwirkungen durchgesetzt.

Die dritte Vereinfachung schließlich erleben wir als eine Disposition aus der Suggestion, daß allen Ursachen irgendeine Ur-Ursache zugrunde liegen und diese auf eine erste Ur-Ursache zurückgehen müsse.

Diese Ansicht ist dem Frühmenschen gewiß nicht vorzuwerfen, sondern vielmehr unseren eigenen Weltkonzepten; aus einer Prädisposition, die nicht nur zu ausweglosen Debatten führt, sondern auch zu gefährlichem Zank um Ideologien. De facto sind wir so disponiert, daß uns Kräfte, Material-, Form- und Zweckbedingungen unterschiedlich erscheinen. Gleichzeitig aber empfinden wir es wie eine Notwendigkeit, nach etwas wie einer gemeinsamen Ur-Bedingung jener Einzelbedingungen zu suchen, die dann nicht mehr als eine der bedingten, vielmehr als eine unbedingte Voraussetzung verstanden werden müßte. Dieses Problem kannte schon ARISTOTELES. – Im Zusammenhang mit der Materialismus-Idealismus-Kontroverse komme ich darauf zurück.

Hier denkt man auch an das *apeiron* des ANAXIMANDER. Daraus folgte für unsere Kultur dann die Frage, wie das Veränderliche aus dem Unveränderlichen zu verstehen sei, und ARISTOTELES erdachte den ‚unbewegten Beweger‘, der zwar allem Veränderlichen seine Bewegung gab, selbst aber als unbewegt gedacht werden mußte, um die Frage auszuschließen, was (oder wer) denn nun ihn bewegt hätte. Es ist kennzeichnend für unsere Kultur, daß keine andere Kosmogonie der Völker diese Skrupel kennt, und es ist wiederum kennzeichnend, daß sich eben dieses Dilemma bis in unsere heutige Theorie vom Urknall erhalten hat.

Über das Zweckvolle

Wie schon angedeutet, sind die Zwecke nur als eine der vier Ursachen aufzufassen, die wir aufgrund unserer Disposition in verschiedener Weise wahrnehmen. Vier Begriffe haben sich dieser Suggestion in unserer Kultur angeschlossen, zugleich aber jenes weitere ‚Bedürfnis der Seele‘, eine der vier zu deren Ur-Ursache zu stilisieren.

Zunächst ist hier die Tatsache aufschlußreich, daß zwei

dieser vier in unserer gesamten Kulturgeschichte nie zur Würde einer Ur-Ursache erhoben wurden. Im Gegenteil, man hat sie als Ursachenform so gut wie vergessen: Es sind die Material- und Formbedingungen, bei ARISTOTELES die *causa materialis* und *formalis*. Das ist um so merkwürdiger, als die *causa formalis* in den Wissenschaften eine bedeutende Rolle spielt, in Form des Begriffes von den Randbedingungen in der Physik, als Selektion und Wahl, als Entscheidung und Urteil in den Bio- und Sozialwissenschaften. Aber auch für den Inhalt der *causa materialis* sind Begriffe wie Verfügbarkeit, Konzentration und Disposition in Verwendung.

Darin steckt aber wohl auch schon die Erklärung. Material- wie Formbedingungen stimmen nämlich in einem wesentlichen Merkmal überein. Für die Disposition unserer Wahrnehmung erscheinen sie Phase für Phase oder Schicht für Schicht im hierarchischen Bau dieser Welt als unterschiedlich (Abb. 29). Sie bieten uns keinen geschlossenen Begriff. Diese Symmetrie der – wie ich sie heute nenne – schichtabhängigen gegenüber den schichtunabhängigen Ursachen-Begriffen kannte ARISTOTELES. Die Symmetrie nach den Ursachen-Richtungen, nämlich bezogen auf den Schicht-Zusammenhang, füge ich seiner Gliederung hinzu.

Freilich kann man für ihre universellen Funktionen jeweils einen abstrakten Begriff anbieten. Die Materialbedingungen wirken ‚prä-selektiv‘, indem sie gewissermaßen im voraus darüber entscheiden, ob die Komposition eines neuen Ensembles möglich ist. Die Formbedingungen wirken ‚post-selektiv‘; sie entscheiden über die Erhaltungsbedingungen, nachdem die Bildung des Ensembles versucht wurde. Aber, wie man bemerkt, solche Allgemeinbegriffe kamen nicht in Verwendung. Die Voraussetzung dafür ist ja wieder die Evolutionstheorie.

Das verhält sich mit den Kräften und Zwecken anders. Sie bilden zwar auch ein gegenläufiges Begriffspaar, indem die Wirkung der Kräfte, wie die der Materialien, aus den Untersystemen zu verstehen ist (Abb. 29), aber die Wirkung der Zwecke, ebenso wie die der Formbedingungen, aus den

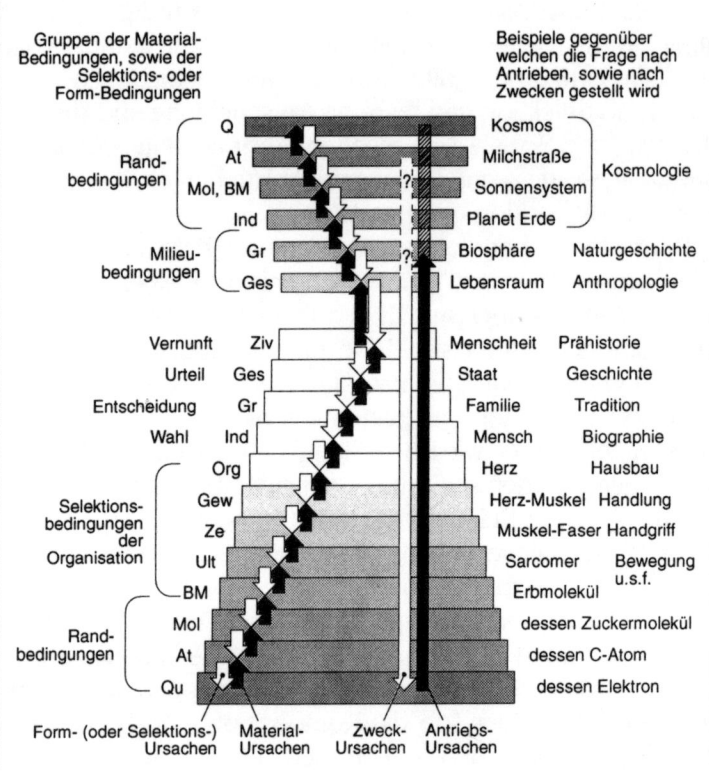

Abb. 29: *Die Symmetrien der vier Ursachenformen.* Man erkennt, daß je zwei Ursachenformen aus den Obersystemen und aus den Untersystemen wirken und daß ferner je zwei uns begrifflich durchlaufend beziehungsweise begrifflich nach den Schichten im hierarchischen System auch schichtenweise als verschieden erscheinen (kombiniert nach RIEDL 1985).

134

Obersystemen. Allerdings haben sich unserem Urteil schon früh Allgcmeinbegriffe angeboten und im Sprach-Denken festgelegt, die ihren universellen Funktionen annähernd entsprechen.

Man mußte ja bald bemerkt haben, daß sich die Kräfte des *Bizeps* in den Kräften des geworfenen Steins, in einer Schleuder und in der Macht der ganzen Truppe fortsetzt. Und wir extrapolierten den Begriff der *causa efficiens* im Sinne des ARISTOTELES gar nicht so zu Unrecht bis zu den Quantenkräften und bis zur Macht des Kapitals. Man mußte auch bald bemerkt haben, daß die Zwecke gewissermaßen ineinanderliegen. Das Schleifen eines Knochensplitters fördert das Nähen, dieses das Zusammenfügen der Fellstreifen und dieses das Abwenden der Kälte, wie die Speiche dem Rad und das Rad dem Wagen dient. Und wir haben den Begriff der *causa finalis*, im Sinne des ARISTOTELES, vom Zweck einer Wasserstoffbrücke, die eine Nukleinsäurebase im Genom festhält, bis in die Zwecke von Wirtschaftsgemeinschaften extrapoliert.

Die Bürde erschwerter Abstrahierbarkeit der Prä- und Postselektivität führte zum Constraint einer Welterklärung aus Kräften oder Zwecken und die Prädisposition zur Erwartung einer Ur-Ursache nach zwei einander ausschließenden Lösungen (Übersicht in den Abb. 28 und 30, S. 130 und 138). Entweder man meinte, die Welt zureichend aus den Kräften oder dagegen aus ihren Zwecken erklären zu können. Woraus sich jene Forderung einer ersten Kraft ergibt (wie wir schon bemerkten), oder dagegen eines letzten Weltenzweckes, welchen man sich als *causae exemplares*, als die letzten Zwecke Gottes, zurechtlegte.

Aus unserer evolutionären Sicht sind Kräfte und Zwecke gemeinsam zu bedenken, und zwar als notwendige, aber keineswegs als zureichende Arten der Erklärung dieser Welt. Mit der Disposition, eine Hauptursache finden zu sollen, hat sich unsere Kultur aber in zwei Lager getrennt, welche die Welt entweder aus der *causa efficiens* oder aber aus der *causa finalis* zu erklären trachten. Das eine beansprucht den Begriff der Kausalität, das andere den der Finalität. Damit ist unserer Kultur die weitere Disposition gegeben, Materie und Geist ebenso zu trennen wie Leib und Seele und die Natur von der Kultur, auf deren gefährliche Folgen ich noch zurückkommen werde.

Im vorliegenden Abschnitt habe ich in Aussicht gestellt, unsere angeborene Disposition zu schildern, die uns die Zwecke begreifen läßt. Das soll nun geschehen. Zuvor mußte aber deutlich werden, wie schief und unzutreffend die begriffliche Trennung in Kausalität und Finalität in Wirklichkeit ist, um unsere angeborenen Hypothesen an ihre richtigen Plätze zu verweisen.

Die ,Hypothese von den Zwecken' veranlaßt uns, sofern wir unsere eigenen Zwecke darin zu finden meinen, zu erwarten, daß gleiche Dinge oder Ereignisse denselben Zwecken dienen werden. Wiederum wird uns die Disposition, in Analogien zu denken, häufig in die Irre führen; und wieder bleibt eine solche Erwartung logisch ebensowenig begründbar wie der Vorgang der Induktion überhaupt. Außerdem beobachten wir hier wieder nur Ähnlichkeiten und Zuordnungs-Bezüge (Ähnlichkeitsfelder) und legen die Zweck-Bezüge in diese hinein, ähnlich wie wir nur das *post hoc* beobachten, das *propter hoc* aber erfinden (vgl. Abb. 28 und 30).

Der Grund für den Erfolg entspricht daher jenem der Ursachen-Hypothese in symmetrischer Weise. Wieder ist die Seltenheit des repetitiven Zufalls sowie der beliebigen Merkmalskombinatorik eine Voraussetzung. Wieder liegt darin die historische Bürde (vgl. Abb. 30), wird extrapoliert, nun aber, wie wir sehen werden, in Richtung auf einen Bezug zu den Obersystemen. Analogiedenken und verkehrt interpretierte Ursachen-Verläufe, was schon LORENZ bemerkte, liefern die häufigsten Irrtümer. So kann man einen Handschuhdehner für eine Zange, ein Stromaggregat für einen Kompressor halten, oder man hielt das Leuchtorgan eines Fisches für ein weiteres Auge. Aber wieder führt diese angeborene Anleitung, unter der Voraussetzung völliger Unkenntnis, noch am verläßlichsten zur Lösung.

Die wirklichen Schwierigkeiten, die Constraints jedoch, kommen auch hier aus der Vereinfachung. Dies hat wieder mit

Grenzen zu tun, diesmal aber mit einer Art scheinbarem Randbereich, in dem wir meinen, uns nicht mehr vergleichen zu können. Es sind anthropomorphe Grenzen. Sucht man nämlich das allgemeine Prinzip auf, das hinter jener anthropomorphen Suggestion steht, dann stellt sich heraus, daß wir solche Strukturen und Vorgänge für zweckvoll halten, von denen wir annehmen, daß sie zur Erhaltung ihres Obersystems oder zum Erfolg der übergeordneten Funktion beitragen. Überall wo wir solche Erhaltungs- und Erfolgsbedingungen bezweifeln, sind wir von der Zwecklosigkeit der Umstände überzeugt, ähnlich den Späßen über Leute, die mit einem Sieb Milch holen oder durch einen Stöpsel Wasser aus dem sinkenden Boot herauslassen wollen.

Legt man diesem Prinzip die Constraints unserer anthropomorphen Grenzen an (Abb. 30), dann kann man erkennen, in welch eigentümlicher Weise unser Begriff des Zweckvollen durch uns hindurchzuziehen und uns rundum wieder zu verlassen scheint. Und wieder mußte dieser anthropomorphe Constraint für den Frühmenschen eine zureichende und zudem gut fokussierte Lebenshilfe gewesen sein. Für die Verantwortlichkeiten aber, die sich unsere Zivilisation angemaßt hat, muß das Folgen haben. Zwei Beispiele mögen zunächst nur das Hindurchziehen illustrieren.

Ob etwa eine Bergziege einen Zweck hat, mag uns fraglich erscheinen. Bestenfalls mag sie den Funktionen ihrer Arterhaltung und der Erhaltung der Bergwiesen entsprechen. Sobald sie im Stall steht, werden ihre Zwecke jedem Menschenstamme deutlich. Ist sie entlaufen, ändert sich das nochmals. Ist sie verendet, werden uns sogar ihre Funktionen undeutlich. – Ein Eimer Wasser in der Wüste scheint seinen Zweck erst zu gewinnen, wenn wir annehmen, daß ihn ein Durstender erreicht. Dann füllt das Wasser wieder die dehydrierten Organe und sogar der Zweck der Verdunstungskälte durch das Abheben der Wassermoleküle aus dem Schweiß ist uns zugänglich. Die fortschwebenden Moleküle scheinen aber ihren Zweck wieder verloren zu haben; wie man ahnen wird: eben nur für uns, und auch dies nur unmittelbar.

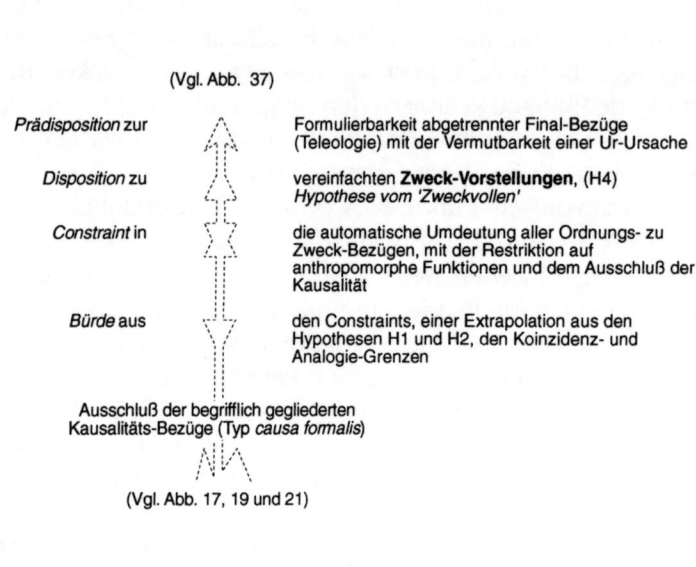

(Vgl. Abb. 37)

Prädisposition zur — Formulierbarkeit abgetrennter Final-Bezüge (Teleologie) mit der Vermutbarkeit einer Ur-Ursache

Disposition zu — vereinfachten **Zweck-Vorstellungen**, (H4) *Hypothese vom 'Zweckvollen'*

Constraint in — die automatische Umdeutung aller Ordnungs- zu Zweck-Bezügen, mit der Restriktion auf anthropomorphe Funktionen und dem Ausschluß der Kausalität

Bürde aus — den Constraints, einer Extrapolation aus den Hypothesen H1 und H2, den Koinzidenz- und Analogie-Grenzen

Ausschluß der begrifflich gegliederten Kausalitäts-Bezüge (Typ *causa formalis*)

(Vgl. Abb. 17, 19 und 21)

Abb. 30: BCD-*Serien angeborener Zweckvorstellung.* Die Bürde aus der Extrapolation der Hypothesen H1 und H2 führt zu Constraints in Form von Restriktionen und Ausschlüssen in den angeborenen Zweck-Deutungen, mit der Disposition und Prädisposition zu vereinfachter Zweck-Vorstellung und der Formulierbarkeit abgetrennter Final-Bezüge.

138

Die Bedrohlichkeit aber dieses Adaptierungsmangels ist erst so recht plausibel zu machen, wenn man zeigt, daß wir in vielfacher Hinsicht keinen angeborenen Sinn für unsere Funktion in den Erhaltungsbedingungen unserer Obersysteme besitzen, und unsere Kultur mag die Spuren solcher noch zusätzlich zerstört haben. Nochmals möge man einem Beispiel folgen.

Die Zwecke des Mauerns verstehen wir aus dem Obersystem des Hausbaues, den Hausbau aus unseren Lebensabsichten. Den Zweck seiner eigenen Lebensabsichten mag man noch aus seiner Familie oder seinem Beruf verstehen, die Zwecke seiner Familie oder seines Berufes beginnen unübersichtlich zu werden. Die Zwecke seiner Gesellschaft oder seiner Zivilisation, zweifelsohne wieder jene Obersysteme, für deren Erhaltung unsere Familien oder Berufe mitverantwortlich sind, werden dunkel. Die Frage nach dem Zweck der Menschheit und ihrer Kulturen erscheint bereits als ebenso metaphysisch wie kontrovers. Die Frage nach dem Zweck der Biosphäre sieht uns ratlos, und die Frage nach dem Zweck der Erde oder des Sonnensystems scheint keinen Sinn mehr zu haben, obwohl die Sicht auf die Erhaltungsbedingungen von Obersystemen aus ihren Untersystemen nicht verlassen wurde.

Selbstverständlich ist keine Art auf die Erhaltung der Biosphäre hin adaptiert worden. Alle die ausuferten, wurden eliminiert. Die Ökosysteme ,wußten sich zu helfen'. Mit uns wissen sie sich nicht mehr zu helfen, – es sei denn, sie werden auch uns eliminieren, indem angepaßtere Arten die Erhaltung des Obersystems wiederherstellen.

Damit wäre dieser Abschnitt wohl abzuschließen. Aber unsere anthropozentrische Disposition hat Subprobleme prädisponiert (Abb. 30). Aus der Mysteriensprache ist mit PLATON der Begriff einer ,Weihe durch vollkommene Erinnerungsbilder' sowie ,das Gute' als Zweck in die Philosophie gedrungen, und von ARISTOTELES aus als ,Endzweck', aber auch als Teleologie, als Lehre von der ,Zielursache', auf Umwegen und endlich über C.F. WOLFF und KANT bis in die

Wissenschaften der Moderne gedrungen, im Sinne einer empirisch nicht nachweisbaren und nicht einmal losen Analogie zur Kausalität. Wie sich die empirische Wissenschaft mit dem Begriff der *Teleonomie* aus der Schwierigkeit heraushilft, bleibt noch zu behandeln.

Das Problem der Grenzen

Die Überlegungen zu den ‚Eigentümlichkeiten des Sprachdenkens' hatten bei den ‚sprachlichen Universalien' zu beginnen, also bei der Menschwerdung, gewissermaßen vor den Eiszeiten. Und korrespondierend dazu haben wir mehrfach Grund zur Annahme, daß die Constraints, die wir entdeckten, für alle Menschen gelten (Abb. 31, S. 142).

In welchem Maße die ‚Universalien des Denkens', über die wir in den drei letzten Absätzen sprachen, für alle, auch die exotischen Kulturen gelten, ist noch eine offene Frage. Daß es sich um universelle Anlagen handelt, muß angenommen werden, nicht minder aber, daß auch die Differenzierung der Sprachen diese Anlagen zu verschiedenen Formen der Ausprägung führte. Von den Hopi beispielsweise weiß man, daß ihr Zeitbegriff nicht nur linear quantitativ ist wie der unsere, und es kann vermutet werden, daß Waldvölker wie die Pygmäen den Raum nicht in unserem Verständnis streng euklidisch erleben.

Wir wissen über derlei noch zu wenig, um den Gegenstand systematisch zu überblicken. Für unser Thema ist der Nachteil aber nicht groß, weil wir nur unsere europäische Kultur weiter verfolgen wollen. Ihre Entwicklung ist nicht nur am besten erforscht, sie hat vor allem auch am stärksten in das Gefüge der Biosphäre eingegriffen, vielleicht gerade wegen des Begriffes vom Unbegrenzten, der sich ihr nahelegte, und schon deshalb verdient sie unsere Wachsamkeit. Verschiedene Spezifika unserer Kultur habe ich schon wiederholt gestreift. Von hier an muß das ‚Sprach-Denken' der ‚europäischen Sprachen' ganz im Vordergrund stehen.

Bei der Erörterung der Kommunikation und vor allem der Lautsprache ist uns nach der erwähnten Substantiv-Verb-Trennung bereits eine Dominanz der Kohärenzbedingungen aufgefallen und weiterhin die Prädisposition, aufgrund einer Verständigung über Symbole von den Korrespondenzen mit der außersubjektiven Wirklichkeit abheben zu können. Dies wird nun weiter durch den Umstand gefördert, daß Bezeichnungen von Gegenständen und Zuständen vor allem einmal eindeutig zu sein haben. Ähnlich wie Seezeichen oder die internationalen Bildzeichen auf Bahnhöfen und Flugplätzen sind sie auf Unverwechselbarkeit angelegt. Eine Konsequenz daraus, eingeleitet schon durch unsere Anlage zur Invariantenbildung, ist die Abstraktion. Was als Strauch, als Baum oder als Wald zu bezeichnen ist, erhält sein sprachliches Symbol aus einer Lautfolge mit einer Reihe von Eigentümlichkeiten.

Zunächst, wie man sich erinnert, haben Sprachsymbole in aller Regel keinerlei wie auch immer denkbare Ähnlichkeit mit den zu bezeichnenden Gegenständen. Zweitens gibt es keine lautlichen Übergänge zwischen den Bezeichnungen für Sträucher, Bäume und Wälder, obwohl uns die Wahrnehmung diese fortgesetzt vorführt.

Das ist schon merkwürdiger. Wir müssen uns, namentlich in unseren Sprachen, mit Adjektiven, Wortverbindungen und Diminuitiven behelfen, von baumförmigen Sträuchern, Bäumchen und Zwergbäumen reden, von Baumgruppen, Wäldchen und Waldstücken, ohne den Übergängen wirklich gerecht zu werden. Eine weitere Prädisposition für unsere eigentümliche Form der Logik ist damit etabliert, deren Suggestion sich das Sprachdenken gar nicht mehr entziehen kann (Abb. 31).

Dies wird aber durch die Disposition zu einer dritten Eigentümlichkeit nochmals festgelegt. Läßt man vor seinem geistigen Auge alle Gegenstände Revue passieren, die man zu den Sträuchern oder aber zu den Bäumen zählen würde, so wird man etwas wie eine typische Mitte entdecken und allerlei Übergänge. Nicht so unsere sprachliche Möglichkeit des Ausdrucks. Wir sprechen zwar von einer typischen Baumform

141

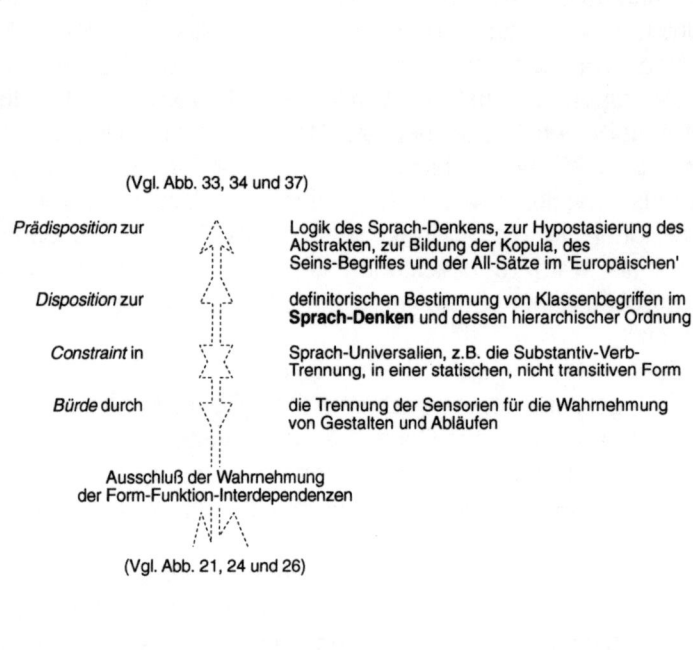

(Vgl. Abb. 33, 34 und 37)

Prädisposition zur   Logik des Sprach-Denkens, zur Hypostasierung des Abstrakten, zur Bildung der Kopula, des Seins-Begriffes und der All-Sätze im 'Europäischen'

Disposition zur   definitorischen Bestimmung von Klassenbegriffen im **Sprach-Denken** und dessen hierarchischer Ordnung

Constraint in   Sprach-Universalien, z.B. die Substantiv-Verb-Trennung, in einer statischen, nicht transitiven Form

Bürde durch   die Trennung der Sensorien für die Wahrnehmung von Gestalten und Abläufen

Ausschluß der Wahrnehmung
der Form-Funktion-Interdependenzen

(Vgl. Abb. 21, 24 und 26)

Abb. 31: BCD-*Serie zum Sprach-Denken.* Aus der Bürde der Sensorien-Trennung zum Constraint der Substantiv-Verb-Trennung, zur Disposition und Prädisposition definitorisch bestimmter Hierarchien von Klassenbegriffen und den All-Sätzen im ‚Europäischen'.

142

(worin allerdings Buche und Fichte gemeinsam Platz finden sollen), aber die Ränder der Begriffe bezeichnet unsere Sprechweise keineswegs typologisch, sondern definitorisch (Abb. 31).

Unsere Sprechweise ist also nicht dafür disponiert, die Gradienten der stets polymorphen Merkmale nach den verschiedenen Rändern solcher Klassenbegriffe zu verfolgen. Sie ist eben daraufhin angelegt, definitorisch zu verfahren. Sie verhält sich so, als dürften die Qualitäten der Gradienten und diese selbst vernachlässigt werden, als sei jeweils jener Punkt bestimmbar und kennzeichnend, der entlang einem Gradienten ein Merkmal, eine Qualität, als gerade noch oder gerade nicht mehr als repräsentiert definieren ließe (Abb. 32). Anstatt die Arten der Übergänge zu erfassen, legt uns das kulturelle Schicksal durch unsere Sprache nahe, im Kontinuum Grenzen zu definieren, und damit wird die Eigentümlichkeit unserer Logik nochmals verankert.

Parallel zu dieser Entwicklung muß unser Zahlenbegriff entstanden sein. Nochmals tritt die Bürde einer Quantitierung von Diskontinuitäten, ohne die Verluste durch die Abstraktion wahrzunehmen, auf den Plan. Im Werden des Rationalen hebt das Zeichen vom Bezeichneten ab, was nach LÉVI-STRAUSS im magischen Denken noch eine Einheit blieb. JEAN PIAGET hat an der geistigen Entwicklung von Kindern gezeigt, daß unsere Zahl aus dem Zusammentreffen zweier Abstraktionsreihen zu verstehen ist, nämlich aus der Disposition (Abb. 33) zur Entwicklung der Ordinal- sowie der Kardinalzahlen. Die Abstraktion von den Gegenständen und Vorgängen muß dabei so weit gehen, daß erstens von ihren Eigenschaften völlig abgesehen werden kann und daß zweitens beispielsweise ,der Fünfte' oder aber ,alle fünfe' von irgend etwas im einen wie im anderen Falle etwas Wiederkehrendes bedeutet, ganz gleich worum es sich handelt.

Derlei ist im höheren Tierreich, wenn auch erst in Spuren, vorbereitet. Gruppen von Gegenständen werden bis zur Kardinalzahl 8 oder 9 noch als Muster differenziert. Das Wahrnehmen von ordinalen Positionen reicht bis etwa 3 oder 4. Von

143

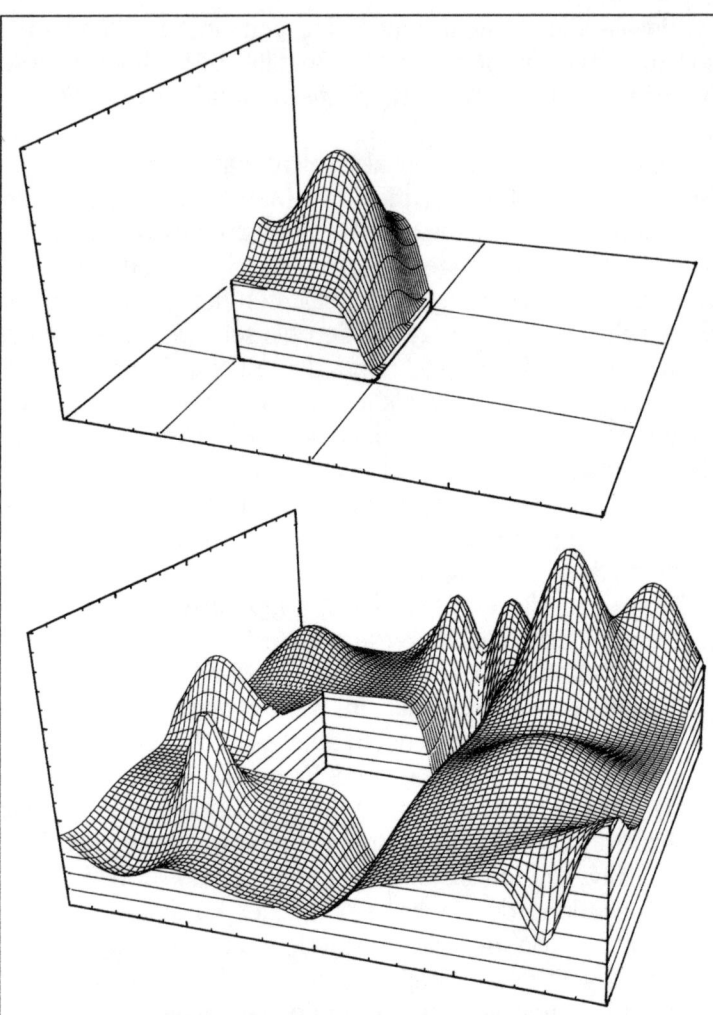

Abb. 32: *Die zerstückelte Landschaft definitorischer Begriffsbildung.* Die verschiedenen ausgeprägten Höhen und Flanken dieser Bergwelt stehen symbolisch für die unterschiedlich prononcierten Zentren wie für die Übergänge zwischen den polymorphen, komplexen Gegenstandsgruppen dieser Welt. Die Schnitte entsprechen der Konsequenz definitorischer Begriffsbildung. Man beachte die unterschiedlichen Randschärfen, hier symbolisiert durch ein tiefes Tal gegenüber einem flachen Sattel.

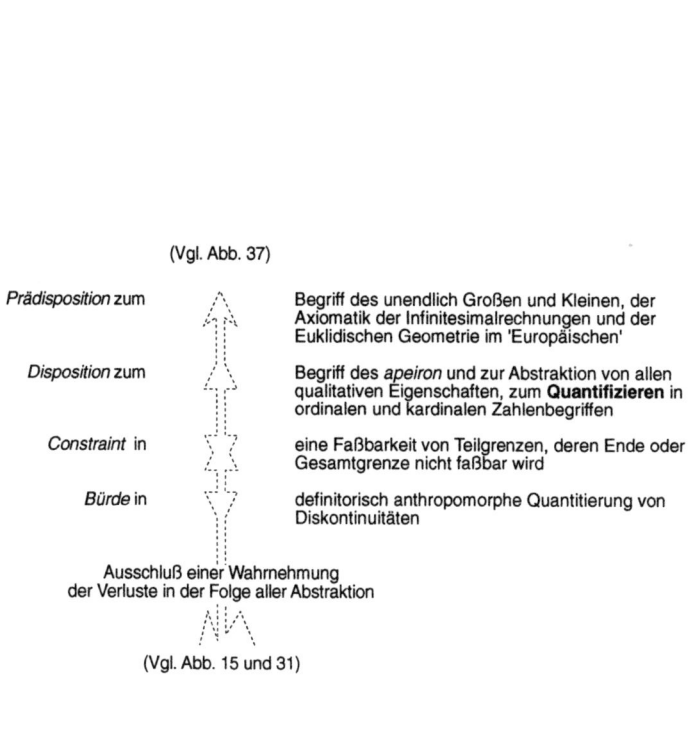

(Vgl. Abb. 37)

Prädisposition zum		Begriff des unendlich Großen und Kleinen, der Axiomatik der Infinitesimalrechnungen und der Euklidischen Geometrie im 'Europäischen'
Disposition zum		Begriff des *apeiron* und zur Abstraktion von allen qualitativen Eigenschaften, zum **Quantifizieren** in ordinalen und kardinalen Zahlenbegriffen
Constraint in		eine Faßbarkeit von Teilgrenzen, deren Ende oder Gesamtgrenze nicht faßbar wird
Bürde in		definitorisch anthropomorphe Quantitierung von Diskontinuitäten

Ausschluß einer Wahrnehmung
der Verluste in der Folge aller Abstraktion

(Vgl. Abb. 15 und 31)

Abb. 33: BCD-*Serie zur Quantifizierung*; aus der Bürde einer Quantitierung von Diskontinuitäten zum Constraint nicht faßbarer Gesamtgrenze, mit der Disposition und Prädisposition einer Entwicklung der Zahlenbegriffe und der Axiome der Mathematik.

145

Naturvölkern weiß man, daß die begriffliche Fassung oft über 1, 2 und viele nicht hinausreicht.

In unserer Kultur begegnen einander nun drei Eigentümlichkeiten: die Begriffsbestimmung durch Randverschärfung, die Auffassung des Unbegrenzten und die beiden Abstraktionsformen der Zahl. Damit ist schon bei den Atomisten die Disposition zu einem neuen Problem gegeben, und dies wird mit der Anwendung der Zahl seit den Pythagoräern unausweichlich.

Es besteht darin, daß sich für uns nun keine Zahl angeben läßt, die groß genug wäre, um ihr nicht noch eine weitere anfügen zu können. Und von keinem Bruch könnte gesagt werden, daß sich der Divisor nicht noch vergrößern ließe. Die Kunstbegriffe des unendlich Großen und Kleinen, ∞ und $(1/\infty)$ sind die Folge. Alles könne unbegrenzt erweiterbar wie unbegrenzt teilbar sein.

Dieses zweite Grenzproblem verdient nochmals unsere Aufmerksamkeit. Denn der Begriff des Unendlichen ist nicht nur eng mit unserer klassischen Logik verflochten, er hat, wie noch zu erörtern sein wird, die Entwicklung unserer Mathematik ebenso beflügelt (Abb. 33), wie er die Ursache dafür sein wird, daß Axiome eben dieser Mathematik nicht widerspruchsfrei werden können.

Die Begriffe des Unendlichen und der Grenzenlosigkeit sind schon im Orient früh zu belegen, finden sich bei HOMER und HESIOD personifiziert weiterentwickelt und in der *Apeiron*-Konzeption des ANAXIMANDER abstrakter gefaßt, durchdacht und problematisiert, als eine ‚Zeugungs- oder Urpotenz‘, aus der alle Dinge der Welt entstehen und in die sie zurückkehren. Denn, so setzt ARISTOTELES fort, ‚da kein Ende gedacht werden kann, aber alles was beginnt auch endet, gibt es im Unendlichen keinen Anfang.‘ Unser Unvermögen, uns Grenzen der Zeit vorstellen zu können, ist nun in derselben Weise legitimiert. Bald aber wird unser Unvermögen entdeckt werden, ohne Grenzen nicht denken zu können. In unserer zeitgenössischen Physik gibt es nämlich keinen Hinweis auf einen unendlichen, sondern vielmehr auf einen in

146

sich zurückgekrümmten Raum. Auch die unendliche Teilbarkeit deutet sich nicht an; die Welt scheint gequantelt. Selbst die geschätzte Anzahl der Quanten im Kosmos wird zwar mit 10^{80} sehr groß, aber nicht als unendlich angenommen. Die Einführung des Unbegrenzten (Abb. 33), das es nur aus der Disposition unserer Anlagen zu geben scheint, geriet uns merkwürdigerweise zur rechnerischen Bestimmung eines durchaus begrenzten Kosmos.

Der griechische Aussagesatz

Eine solche Disposition, durch Abstraktion Grenzen definieren und gleichzeitig das Unbegrenzte einführen zu müssen, macht leicht einsichtig, daß Begriffe wie ‚alle‘, ‚einer‘, ‚keiner‘ entstehen und sich als durchaus probat erweisen, wenn man in dieser Sprechweise denkt und spricht.

Man wird in diesem Zusammenhang wieder an die ‚Art als Drehscheibe‘ denken, ebenso wie an die anfänglich nicht erforderliche Differenzierung zwischen Individualitäts- und Klassenkonzepten. Tatsächlich sind wir gewohnt, in vielen Fällen die Differenzierung für unwesentlich zu halten: beim Blick in das Blätterdach eines Buchenwaldes, auf die Grasbüschel einer Wiese, selbst beim Vorbeiziehen einiger hundert Saatkrähen. Wir nehmen auch diese als Klasse, auch wenn wir von ihren Individualitäten überzeugt sind. Denn die Unterscheidung ist uns nicht möglich, nicht wichtig oder beides. – Wir sagen: Heute sind wieder viele vorbeigezogen, schwarz wie alle Saatkrähen.

Die Eigentümlichkeit dieser Ausdrucksweise mag, da wir uns ihrer meist unreflektiert, aber so erfolgreich wie fortgesetzt bedienen, nicht gleich auffallen. Sie setzt jedoch voraus, von jeglichem Repräsentanten, welcher gedachten Klasse auch immer, etwas wissen zu können. Das ist empirisch fast nie möglich. Denn niemand kann etwa hinsichtlich aller Bäche, Vögel oder Tische sicher sein, auch vom letzten aller Repräsentanten einer solchen Klasse eine Wahrnehmung oder einen Bericht zu besitzen. Ähnlich behandelt eine Strömung in der modernen Taxonomie den Artbegriff nicht als Klassenbegriff, sondern gewissermaßen als ‚historisches Individuum‘. Tatsächlich ist auch nur von Annahmen die Rede. Etwa: ‚wenn mir alle Repräsentanten einer Klasse bekannt wären, dann würde ich erwarten, daß . . .‘. Empirisch ist dies nur begrenzt und die Erweiterung als logischer Schluß auch nicht möglich. Ein wahrheitserweiternder Schluß von einer Vielzahl auf die übrigen ist nicht zulässig. Dies ist uns vom Induktionsproblem her geläufig. Nur deduktiv, also wieder definitorisch, ist das vertretbar. Wenn ich die Grenzen dessen, was ein Bach, ein Vogel, ein Tisch sein soll, zunächst durch eine Definition festlege, dann folgt freilich daraus, welche weiteren Gegenstände dieser Definition genügen werden oder nicht. Der Suggestion aber, auch wenn diese nur aus der Disposition unserer definitorischen Art des Sprachdenkens stammt, auf solche Weise über die empirische Erfahrung hinaus etwas als zuverlässig vorhersehen zu können, kann man sich nicht leicht entziehen. Wir wissen ja auch längst, wie lebensnotwendig das Vorausurteil für jedes Handeln ist; und es ist anzuerkennen, daß die Belehrung durch die Erfahrung um so eindeutiger, also wieder nützlicher, werden muß, je eindeutiger das Vorausurteil bestimmt wurde. Also stützt auch die Lebenspraxis diesen Vorgang. Allerdings sind wir auch hier bestrebt, die nähere Bestimmung meist nicht typologisch, sondern wieder mit definitorischer Schärfe zu erreichen.

Die indogermanische Sprachfamilie fördert derlei und fordert es schließlich mit der Ausformung ihrer Sprachen. Davon geht die Entwicklung der Syntax und Semantik des Griechischen aus. Hier begegnen wir nach dem Schritt ins Unerkennbare durch ANAXIMANDER der vielleicht folgenreichsten Weichenstellung zur europäischen Geistesart. Das bescheidene Wort ‚sein‘ wird uns nun ebenso zum Schicksal, wie wir dies von der Lautsprache und von jenen Kohärenzen kennenlernten, die ein Säugetier ausmachen.

Wieder wirkt eine Disposition und die Faszination, durch das bloße Denken widerspruchsfreie Kohärenzen des sprachlichen Ausdrucks erreichen zu können, und die Suggestion, dadurch Wissen jenseits der Erfahrung zu gewinnen. Und damit beginnt die bescheidene Kopula ‚ist‘, die in unseren Urteilen Subjekt und Prädikat verknüpft, zum Gegenstand des Nachdenkens zu werden. Sie wird bei PARMENIDES, substantiviert zum ‚Seienden‘, dem ‚Nichtseienden‘ gegenübergestellt (Abb. 34).

Von da an wird nur noch von den Dispositionen des sprachlichen Denkens ausgegangen, mit der Prädisposition für zwei Eigentümlichkeiten im Gefolge: mit der Substantivierung der Negation und dem Problem der Ontologie.

Mit der Substantivierung von ‚ist‘ und ‚ist nicht‘ zum ‚Sein‘ und ‚Nicht-Sein‘ entsteht die Suggestion, aus der sprachlich möglichen Negation und der daraus folgenden Dichotomie wieder Substantielles über das empirisch nicht Bekannte erfahren zu können. Zwar kennen wir die Dichotomie schon aus der Disposition zum ‚wilden Denken‘. Nun aber wird mit der Möglichkeit gewissermaßen Ernst gemacht, als sei – nunmehr in meiner Redeweise –: kennt man die Regenwürmer – durch die Negation etwas Substantielles über die ‚Nichtregenwürmer‘ zu erfahren. – Tatsächlich kennt man aber, wie man mir erklärte, so etwas wie eine ‚negative Theologie‘, mit der Erwartung, das Wesen Gottes dadurch zu erfassen, indem man alles wegläßt, was er nicht sein kann.

Aber noch gründlicher wird der Constraint durch die Unterwerfung der Wahrnehmung unter die Denkgesetze in der Lehre vom ‚Sein als solchem‘, der Ontologie oder Ontosophie (Übersicht in Abb. 34). Da das Denken schon zur ersten Voraussetzung hat, daß etwas existiert, muß es auf das ‚Sein‘ unweigerlich angewiesen sein. Und dessen „Merkmale“, so hat man aus PARMENIDES‘ Lehrgedicht überliefert, müssen „unvergänglich, ganz, einig, unerschütterlich und ohne Ende“ sein, aber räumlich wohl gegen das Nichtseiende begrenzt, und „da das Seiende eine letzte Grenze hat, so ist es nach allen Seiten hin vollendet, gleich der Masse einer wohlgerundeten Kugel“.

Unsere Ausstattung, die Grenzen von Zeit und Raum nicht vorstellen, ohne Grenzen aber nicht denken zu können, ist

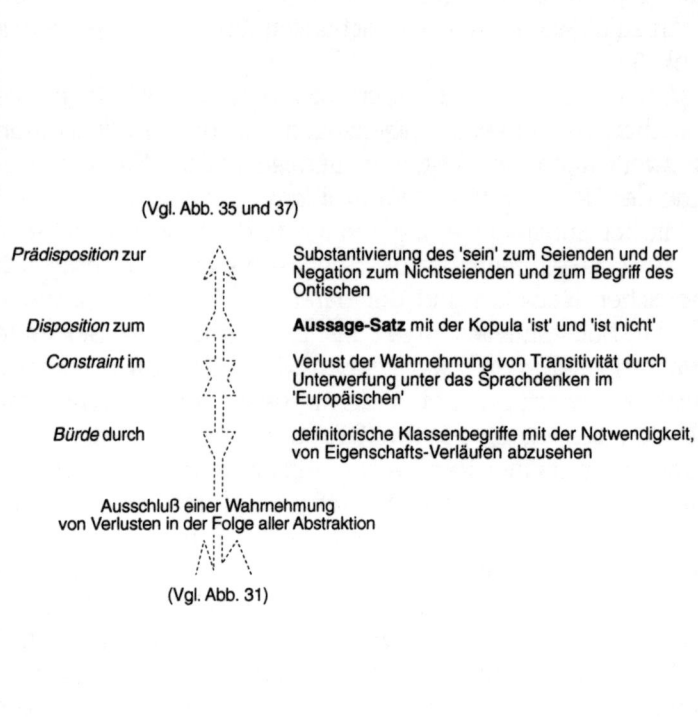

(Vgl. Abb. 35 und 37)

Prädisposition zur		Substantivierung des 'sein' zum Seienden und der Negation zum Nichtseienden und zum Begriff des Ontischen
Disposition zum		**Aussage-Satz** mit der Kopula 'ist' und 'ist nicht'
Constraint im		Verlust der Wahrnehmung von Transitivität durch Unterwerfung unter das Sprachdenken im 'Europäischen'
Bürde durch		definitorische Klassenbegriffe mit der Notwendigkeit, von Eigenschafts-Verläufen abzusehen

Ausschluß einer Wahrnehmung
von Verlusten in der Folge aller Abstraktion

(Vgl. Abb. 31)

Abb. 34: BCD-*Serie zum Aussagesatz.* Aus einer Bürde, in der Abstraktion von Eigenschafts-Gradienten absehen zu müssen, und dem Constraint eines Verlustes von Transitivität folgt die Disposition und Prädisposition zum Aussagesatz und zum Begriff des Seienden.

150

wieder deutlich. Die räumliche Grenze wird eingeführt (fast schon in sich wieder zurückgekrümmt). Es sind also die Kohärenzbedingungen des Sprachdenkens, die wahrgenommen werden, womit sich deren Gesetze enthüllen. Wir werden sie bald ‚unsere Logik' nennen.

Verfolgen wir nochmals den Vorgang: Die Dispositionen zu denken und lautlich linear zu kommunizieren, fügen sich zu der neuen Qualität des Sprachdenkens (Abb. 26 und 31, S. 115 und 142). Eine Trennung von Substantiven und Verben, von Individual- und Klassenbegriffen ist die Folge der Disposition von Sensorium, Gedächtnis und Artzugehörigkeit. Verstehbarkeit verlangt ferner Unverwechselbarkeit und Trennschärfe der für die gedachten Invarianten substituierenden Lautfolgen. Und Verstehbarkeit vor Richtigkeit führt zur Dominanz der Kohärenzen, zu Selbstreferentialität und zur Prädisposition eines Abhebens vom Außensystem.

Mit der beginnenden Reflexion erkennt unsere Kultur, daß Anfänge und Enden des Existierenden nicht vorgestellt, aber Invarianten ohne Grenzen nicht gedacht werden können. Sie entdeckt die Möglichkeiten der Negation und der Dichotomie (Abb. 33 und 34), und solche, die sich durch Abstraktion, Definition und Deduktion ergeben, und damit auch die Faszination des reinen Denkens, schon bei PLATO und ARISTOTELES in der Muße, einer Form des Nicht-Handelns.

Die Griechen erschließen, wie es sich ihnen sprachlich vorbereitet hat, aus den Formen ihres Urteilens Bedingungen ihrer Syntax und aus den Möglichkeiten der Kopula die der zugrundeliegenden Semantik. Namentlich aus dem ‚Ist' des indogermanischen Hintergrundes konstruieren sie das ‚Sein' und das ‚Seiende' wieder aus den Kohärenzdispositionen ihrer Syntax. Das Ergebnis kennen wir nun als die Kohärenzbedingungen des Aussagesatzes im Griechischen.

Die europäische Identitätslogik

Was aus dieser Disposition folgt, gehört zu den eindrucksvollsten Abenteuern des europäischen Denkens. Wie erinnerlich: eine nach CARL FRIEDRICH VON WEIZSÄCKER heroische Bemühung, die Sprache zu zwingender Schärfe zu führen, das heißt, sie von Widersprüchen und Ungenauigkeiten zu befreien, zunächst aus einem Wunsch nach Sicherheit, aber bald mit der Intention, aus wahren Sätzen durch Kombination weitere Gewißheiten, ja sogar Wahrheiten ableiten zu können. Dieser Weg führt von PARMENIDES hauptsächlich über ZENON und die Sophisten zu PLATONs ‚Dialektik' und ARISTOTELES' ‚Analytik', reicht von dessen System durch die gesamte Philosophiegeschichte und hat in der Moderne wohl durch FREGE formal einen Höhepunkt erreicht. Was man in der Alltagssprache unter folgerichtigem Denken oder Zwangsläufigkeit der Formulierung versteht, wird in der klassischen Logik zu einer Lehre von den formalen Beziehungen zwischen sprachlichen Inhalten, und zwar jener Semantik und Syntax des Griechischen, deren Eigentümlichkeiten uns bereits beschäftigten.

Diese Eigentümlichkeiten wurden nicht nur in die germanischen, romanischen und slawischen Sprachen tradiert, sondern sie flossen auch in das Finnisch-Ungarische und das Hebräische ein, weil sich diese Sprachen im gleichen Kulturkreis entwickelten. So ist es angebracht, in der Folge von einer Denkweise der ‚europäischen Sprachen' zu reden, und in diesen fällt folgendes auf: erstens das Vertrauen, mit zunehmend definitorischer Schärfe der Begriffe den eben nur relativ invarianten Zuständen und Eigenschaften der außersubjektiven Wirklichkeit auch zunehmend entsprechen zu können. Die ganz offensichtlichen Schwierigkeiten, die vor allem bei Klassenbegriffen spürbar werden, hat das Europäische durch Substantivierung kaschiert; wir dürfen unbedenklich von ‚dem Raubtier', ‚dem Tier' oder ‚dem Lebendigen' sprechen, Abstrakta werden hypostasiert, verdinglicht und noch dazu personifiziert (vgl. Abb. 34, S. 150), so daß wir von ‚dem Schönen' oder ,der Gerechtigkeit' sprechen und dieser sogar mit gleichen Figuren Denkmäler vor die Parlamente setzen.

Zweitens verdient der Wahrheitsgehalt Beachtung, der mit den Formen der Kopula transportiert werden soll. Die Zuordnung eines Individual- zu einem Klassenbegriff oder einer Klasse zu einer Oberklasse, wie das die Kopula gewöhnlich ausdrückt, kann der Welt nicht besser entsprechen als der mangelhafteste unter den Begriffen, die sie verbindet. Umgangssprachlich verwenden wir die Kopula auch *pars pro toto* und umgekehrt, wenn uns ein fossiler Zahnfund sagen läßt: ,das ist ein Mensch', oder eine turbulente Szene: ,das ist Leben'. Oder aber wenn uns umgekehrt ein Schema der Säugetiere erkennen läßt: ,das ist ein Säuger', auch wenn wir wissen, daß keine solche Verallgemeinerung lebend existieren könnte.

Als Drittes verweise ich auf das ,*tertium non datur*', die Festlegung, daß neben wahr und falsch kein drittes Urteil zugelassen werden darf (Abb. 35). Wir kennen dagegen die Unkenntnis und die Unbestimmtheit als den Ausgangspunkt und die Wegstrecke jeder empirischen Annäherung an jeglichen Grad von Gewißheit. Dieser zweiwertigen Logik mußte die heutige Physik auch schon eine ,mehrwertige' gegenüberstellen, die ,unbestimmt' als dritte Form hinzufügt.

Nun soll nicht der Eindruck entstehen, daß derlei Schwierigkeiten den Logikern entgangen wären. Im Gegenteil. Man denke beispielsweise an den Satz: ,ich bin ein Lügner'! Wie man ihn auch deutet, aus dem Widerspruch, den er enthält, ist nicht herauszufinden. Gerade die Bürden solcher Schwierigkeiten dieser selbstreferenten Sprache mit Kohärenzdominanz haben zu dem Constraint geführt (Abb. 35), die Logik mit dem Grade ihrer Säuberung eben von der schmutzigen Wirklichkeit abheben zu müssen. Und mit der Abhebung von der empirischen Wirklichkeit entstand die Konstruktion der ,logischen Wahrheit': am zutreffendsten in der Form wechselreferenter Zeichensysteme der formalen Logik und wieder mit dem Anspruch auf Widerspruchsfreiheit.

Eine zentrale Operation in diesem System ist als Syllogismus, als logischer Schluß, bekannt, dessen Sätze auch dann

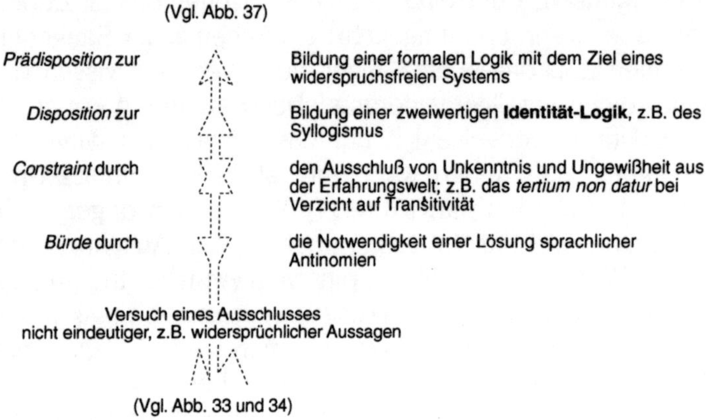

(Vgl. Abb. 37)

Prädisposition zur		Bildung einer formalen Logik mit dem Ziel eines widerspruchsfreien Systems
Disposition zur		Bildung einer zweiwertigen **Identität-Logik**, z.B. des Syllogismus
Constraint durch		den Ausschluß von Unkenntnis und Ungewißheit aus der Erfahrungswelt; z.B. das *tertium non datur* bei Verzicht auf Transitivität
Bürde durch		die Notwendigkeit einer Lösung sprachlicher Antinomien

Versuch eines Ausschlusses
nicht eindeutiger, z.B. widersprüchlicher Aussagen

(Vgl. Abb. 33 und 34)

Abb. 35: *BCD-Serie zur Identitäts-Logik*; aus der Bürde einer ‚Reinigung' der Umgangssprache folgt der Constraint einer Einengung auf mögliche Gewißheiten, mit der Disposition und Prädisposition für eine zweiwertige und formale Logik.

154

logisch wahr sein müssen, wenn sie empirisch reinen Unsinn wiedergeben, etwa: ‚Wenn alle roten Blüten und nur diese Löwen sind und alle Rosen Schuhe, dann sind unter den Schuhen alle roten und nur diese Löwen.'

Es ist kennzeichnend, daß der Syllogismus ausschließlich in den ‚europäischen Sprachen' bekannt ist, aber auch da vermeiden ihn unsere Kinder, selbst wenn man ihnen darstellt, wie sie sich mit seiner Hilfe einer Schwierigkeit entziehen können. Er ist eine Konsequenz unserer Syntax und Semantik und das Produkt einer Belehrung (einer Indoktrination?). Keine außereuropäische Sprache also kennt den Syllogismus, weder eine der exotischen, noch kannte ihn das Chinesische vor dem Einfluß der griechischen Philosophie (der einzig erhaltenen, Hochkultur, deren genuine Philosophie gut bekannt ist).

Im Europäischen dagegen gilt das Maß seiner strikten Anwendung als Bildungsgrad und trotz seiner Mängel als die Grundlage jeglichen wissenschaftlichen Denkens. Das ist merkwürdig, denn daß es sich nicht mehr um eine Lehre vom richtigen Denken handeln kann, wird eingeräumt. Es handelt sich auch tatsächlich nur um eine Wissenschaft von den Bedingungen der formalen Richtigkeit des Umganges mit bestimmten Begriffen. Nicht die Widerspruchsfreiheit der formalen Syntax weist Mängel auf, sondern die Auswahl und Einengung der zulässigen Semantik, wenn die Suggestion erhalten bleiben soll, mittels der Logik unsere Gewißheiten über die außersubjektive Wirklichkeit überhaupt gewinnen und erweitern zu können.

System-Erhaltung und Kohärenz

Wie also wäre so etwas wie der Wahrheitsgehalt der Logik zu begründen? Erkenntnistheoretiker wenden ein, daß die Logik angesichts dieser Frage zwischen den Gefängnissen der Psychologie und der Metaphysik hin und her wanderte. Entweder beruft man sich auf Plausibilitäten, die ja nicht wahr sein müssen, oder aber auf Bedingungen jenseits des uns physisch Zugänglichen, woraus Wahrheiten noch weniger zu begründen sind. Mir scheint eine evolutive Teilbegründung möglich zu sein, indem man die Funktionen der Kohärenzen in äußeren Binnensystemen für die Systemerhaltung überhaupt in Betracht zieht.

Freilich hört sich dies zunächst zu allgemein an. Außerdem ist die Betrachtungsweise zwar kritisch, aber rein empirisch. Sie geht von der Evolutionstheorie aus und damit von der Erfahrung, daß alle Systeme, die sich erhalten haben, zureichenden Korrespondenz- wie Kohärenzbedingungen genügen müssen. Und da diese Logik unsere Kultur nicht zerstört hat, muß sie auch vorerst für die Kulturerhaltung zureichende Kohärenzen enthalten.

Konkreter wird dies, wenn man empirisch prüft, was diese Logik leistet und nicht leistet. Ihre Leistung ist abschätzbar, wenn man überlegt, um wie vieles unsere Prognostik über die außersubjektive Wirklichkeit an Möglichkeiten verlöre, wenn man auf die Logik verzichtete, und sofort erkennt man: Der Verlust wäre enorm. Von den Möglichkeiten des Kalküls über jede Kombinatorik bis zu den Notwendigkeiten der Verständigung bräche, in unserer Metaphorik, eine Welt zusammen (freilich nur die Welt unserer Kultur).

Man kann aber auch überlegen, was sie nicht leistet. Da stellen wir nun fest, daß unsere Logik erstens ein deduktives System geworden ist. Die zugelassenen Terme und Operationen müssen eindeutig begrenzt und festgelegt sein und sollen nicht mit der sich wandelnden Erfahrung an der außersubjektiven Wirklichkeit variieren. Ein deduktives System solcher Art kann darum nicht besser sein als jene Axiome, von welchen aus es extrapoliert. Vielmehr ist vorherzusehen, daß Mängel im Ansatz mit der Extrapolation zunehmen können.

Zweitens geht unsere Logik von Identitäten aus. Der Wiederkehr eines Gegenstandes oder Zustandes ebenso wie deren Repräsentationen in einer Klasse wird Identität zugedacht. Derlei wird durch die Struktur einer zwar gesetzlichen und hochredundanten Welt der Phänomene aber eben nur teilweise gestützt. „Nie steigst Du zweimal in denselben Fluß", das wußte aber schon KRATYLOS aus der Schule des HERA-KLIT. Denn: Werden und Wandel existieren immer und überall. Eine solche ‚Identitätslogik' (Abb. 35) setzt die Zulässigkeit einer Reduktion auf definitorische Begrenzbarkeiten voraus, eben jene Zerschneidung einer Landschaft von Übergängen (man erinnert sich an die Abb. 32, S. 144) und die Sortierung der Stücke in eine Art Laden-Ablage. Es mangelt ihr das Sensorium für Transitivität, während doch alles Komplexe in dieser Welt nicht minder durch die Arten seiner Übergänge gekennzeichnet ist. Demgegenüber ist beispielsweise das Chinesische durch eine Art ‚Transitivitätslogik' gekennzeichnet. Begriffe werden dort nicht durch definitorische Schärfung ihrer Ränder verdeutlicht, sondern durch Häufung weiterer Merkmale in deren ohnedies schon merkmalsreiche Mitte.

Drittens hat dieses deduktive System Schwierigkeiten, das Auftreten neuer Qualitäten wahrzunehmen. Es fehlt ihm schon das Sensorium dafür, daß, wie wir gesehen haben, allein quantitative Änderungen neue Qualitäten zur Folge haben können. Noch weniger sieht es die stets neuen Qualitäten vor, wie sie aus dem Zusammentreffen verschiedener Qualitäten notwendigerweise zu erwarten sind. Es bleibt bei der Beschreibung der Reisen einsamer, deterministisch unwandelbarer Terme, während uns doch die Wahrnehmung der Zeitachse und der Prozeß der Evolution über die Existenz einer Wirklichkeit von transitorischer Art belehrt.

Und viertens wird mit logischen Wahrheiten operiert; im Sinne von Gewißheiten über formale Beziehungen, die, sobald sie auf Gegenstände dieser Welt angewendet werden, keine solchen Gewißheiten enthalten können. Man rechnet mit Gewißheiten über das Wahre und Falsche und schließt die Prozesse des Kenntnisgewinns aus, die, wie wir sahen, in einer nicht vollständig deterministischen Welt stets von probabilistischer Art sein müssen. Mit diesen Mängeln wird ein solches wenn auch kohärentes System den Korrespondenzen der realen Welt nicht gerecht. Nimmt man die Logik, wie vereinbart, einfach als die Lehre von den formalen Beziehungen zwischen definierten, sprachlichen Ausdrücken, ja als eine weltabgehobene, selbstreferente Konstruktion, so würde alle angemeldete Kritik ins Leere gehen. Aber so wird sie in der Praxis unserer Bemühungen um eine Weltsicht eben nicht verwendet. Es liegt die Hoffnung zugrunde, daß aus logischen Wahrheiten etwas über die außerlogische Welt zu erfahren und die Vernunft über die Erfahrung zu stellen wäre, daß die Ratio Führerin und Richterin in allen Bereichen des Lebens sein könne sowie der Glaube an eine unbegrenzte Erkenntnisfähigkeit des Menschen.

Teilt man diese Hoffnung des Rationalismus nicht, dann verbleibt aus dem gewaltigen System der Logik, allein schon durch unsere sprachliche Ausstattung gestützt, doch die Disposition, zu glauben, mit definitorischer Schärfe, axiomatischen Grundlagen und deduktiven Operationen eine höhere und verläßlichere Sicht der Welt erreicht zu haben. Unsere Kultur schloß sich nicht der schon zum Teil transitiven Weltsicht des HERAKLIT an, sondern den vermeintlichen Sicherheiten, welche uns eine Weltsicht der Identitäten des PARMENIDES in Aussicht stellt. Und gemeinsam mit unserer Disposition, die analytisch deduktiven Prozesse in unserem Denken bewußt verfolgen zu können, fördert dieses große Analysesystem nochmals die deduktive Schlagseite unserer Zivilisation. Daraus folgt die Präsdisposition für das Trennende, Partikulierende und den Methodenmonismus in unserer Kultur, der, wie zu zeigen sein wird, Widersprüche von einiger Gefährlichkeit heraufbeschworen hat.

Kein System von Kohärenzen in einem Binnensystem, selbst wenn es gelänge, es widerspruchsfrei zu machen, kann die Erhaltung eines Systems garantieren, wenn es Widersprüche mit dem Außensystem nicht eliminiert und sich nicht als lernfähig erweist. In diesem Zusammenhang ist die sogenannte ‚pragmatische Wende‘ in der modernen Erkenntnistheorie von Bedeutung, die, nach STEGMÜLLER die ‚Wissens-Situation‘ für das jeweilige Problem zu beachten vorsieht. Im Konfliktfall zwischen der logischen und der empirischen Lösung wird man der Empirie vertrauen müssen.

Über Gesetz und Fälle

Einen ganz anderen Weg als den eben untersuchten, im Zuge der Evolution und den Constraints der Sprache, nimmt die Entwicklung des rein erfahrungsbezogenen Denkens und Sprechens. Er folgt den alten Dispositionen der Wahrnehmung. In ihm sind zwar die Bedingungen der Kommunikation und der Sprache auch eine Voraussetzung, aber in ganz anderer Weise.

Die Kommunikation ist Voraussetzung, weil der Kenntniserwerb, von dem hier die Rede sein soll, im wesentlichen ein kollektiver ist. Es handelt sich um Begrifflichkeiten, die zwar der einzelne erschaffen oder in der Entstehung introspektiv mitverfolgen kann, aber häufiger werden sie vom Individuum in einer Population erlernt und tradiert. Die Beständigkeit solcher Erfahrungsbegriffe jedenfalls ist generell aus dem Verständnis und dem Lernfortschritt im Bewußtsein einer Gruppe zu verstehen, einer Kultur und ihrer Sprache.

In diesem und fast nur in diesem Sinne folgt die Entwicklung der Erfahrungsbegriffe den Gesetzen und Constraints der Sprach-Universalien, der Semantik und der Syntax, von denen oben die Rede war. Kopula, Aussagesatz und Syllogismus spielen im Ansatz keinerlei Rolle. Das beweist schon der Umstand, daß die Erfahrungsbegriffe, wie gerade in der Systematik oder Taxonomie der Organismen, wo sie besonders zahlreich und hierarchisch gut gegliedert sein müssen, kulturunabhängig sind. Es zeigte sich, daß sowohl die Großsystematik als auch die Artengliederung etwa der Vögel bei manchen Naturvölkern unserer Ornithologie um nichts nachsteht.

Die Disposition zur Entwicklung der Individual- wie der Klassenbegriffe sowie einer Hierarchie von Oberklassen aus Unterklassen ist schon in der erblichen Ausstattung der Wahrnehmung, namentlich in der Prädisposition der beiden Hypothesen ‚vom anscheinend Wahren‘ und vom ‚Ver-Gleichbaren‘ anzutreffen (vgl. Abb. 17 und 19, S. 85 und 92). Aber auch das Prinzip der Invariantenbildung (Abb. 21, S. 98) trägt dazu bei. Wir haben den Erfolg dieser Programme bereits aus Isomorphien mit der außersubjektiven Wirklichkeit abgeleitet, und es zeigte sich, daß wiederholte Koinzidenzen selten von zufälliger Art und die Merkmale komplexer Gegenstände selten zufallskombiniert sind, daß also ihre Fassung zu Klassen von Invarianten in der Mehrzahl der Fälle die Prognostik verbessern wird. Diese Klassenbildung hat sich nicht nur in den schriftlosen Kulturen, sondern, wie Lernexperimente dies zunehmend bestätigen, schon im höheren Tierreich, bei Vögeln und Säugern, vorbereitet. Und es blieb lediglich der aufkommenden Einsicht in erkenntnisbildende Prozesse vorbehalten, sie in uns zu entdecken.

Bei den Vorsokratikern ist davon noch nichts Deutliches zu entdecken. Bei PLATON ist das erkennende Subjekt auch noch in der *methexis*, einer Art Teilhabe an Grundstrukturen der Welt, suspendiert. Das Einzelding ist als Abbild aus der Idee des Urbildes aufgefaßt. Aber bei ARISTOTELES' *epagogé* wird das einzelne bereits vom erkennenden Subjekt zum Allgemeinen, der Fall zur Regel, hinauf- oder hinzugeführt. So ist jene hierarchische und typologische Taxonomie, von der die Rede war, in ihrer ersten Ausformung aristotelisch. Der uns geläufigere Begriff der Induktion wurde von CICERO als *inductio* (nun: ‚Hineinführung‘) aus jener *epagogé* so übersetzt wie ARISTOTELES' *apagogé* zur *deductio*, zur Ableitung oder zum Beweis aus der Regel.

Die funktionellen Bürden der Induktion, dieser neuen und ganz entscheidenden Erweiterung der Erkenntnismöglichkeiten (Abb. 36), stammen aus den Constraints der Hypothesen vom ‚*anscheinend Wahren*‘ und vom ‚*Ver-Gleichbaren*‘; sie nehmen später auch noch die Hypothesen von den ‚*Ur-Sachen*‘ und dem ‚*Zweckvollen*‘ auf. Die dahinterstehende, angeborene Automatik schließt die Analogie vom Typ des ‚wilden Denkens‘ ebensowenig aus wie das Entstehen von Aberglauben und der selbsterfüllenden Prophezeiung. Die Anlage zur Invariantenbildung läßt auch noch Relevanzfilter, kulturelle Prägung und verengende Einstellungen, zu.

Der Constraint in dieser Anlage (Abb. 36) hat mit der suggestiven Unmittelbarkeit des Assoziations-Erlebnisses zu

160

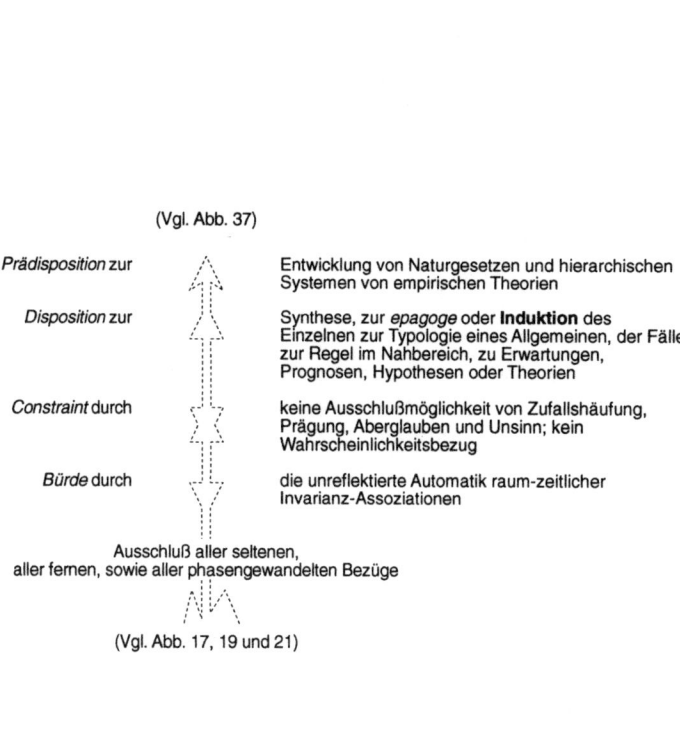

(Vgl. Abb. 37)

Prädisposition zur   Entwicklung von Naturgesetzen und hierarchischen Systemen von empirischen Theorien

Disposition zur   Synthese, zur *epagoge* oder **Induktion** des Einzelnen zur Typologie eines Allgemeinen, der Fälle zur Regel im Nahbereich, zu Erwartungen, Prognosen, Hypothesen oder Theorien

Constraint durch   keine Ausschlußmöglichkeit von Zufallshäufung, Prägung, Aberglauben und Unsinn; kein Wahrscheinlichkeitsbezug

Bürde durch   die unreflektierte Automatik raum-zeitlicher Invarianz-Assoziationen

Ausschluß aller seltenen,
aller fernen, sowie aller phasengewandelten Bezüge

(Vgl. Abb. 17, 19 und 21)

Abb. 36: BCD-*Serie zur Induktion*. Aus der Bürde zunächst unreflektierter Assoziation folgt der Constraint, der Vorbedingungen, Zufallshäufung und Wahrscheinlichkeiten nicht wahrnimmt, mit der Disposition sowie Prädisposition zur Typologie und Induktion sowie zur Bildung von Theoriesystemen.

161

tun. Er schließt nicht nur von Anbeginn alle seltenen und fernen Regelbedingtheiten aus; man denke allein an die Kometen-Aberglauben oder das vermeintliche Kopfstehen der Menschen an den Antipoden. Der Constraint hat auch zunächst kein Mittel, die Zufallshäufigkeiten auszuschließen; man denke an die Korrelation der Häufigkeit der Störche und der Geburten in Polen. Kurz, er reduziert auf das Unmittelbare des Nahbereichs und verleitet zu vermeintlichen Einsichten, wo Wahrscheinlichkeits-Überlegungen am Platz wären.

Dennoch läßt der Constraint noch die Disposition zu den induktiven Leistungen des Menschen offen. Und tatsächlich verdankt die gesamte empirische Wissenschaft dem Induktionsprozeß zwar nicht ihre Kontrollen, aber doch all ihre schöpferischen Materialien, auch wenn dies den Nahbereich wechselbestätigter Gestaltinterpretation noch nicht verläßt und man empirische Wahrheiten aufzuschließen meinte, wo erst Einzelbezüge auftauchen. Auch die Wahrnehmung in typologischen Zusammenhängen ist, wie wir aus der Wahrnehmungs-Psychologie wissen, schon in der Anleitung zum induktiven Denken vorbereitet.

Das Prinzip enthält zusätzlich noch Prädispositionen, nämlich die Anlage zu den großen Theoriengebäuden, wie diese besonders in der Physik eindrucksvoll formuliert wurden. Denn erst mit der Dichte und der Spannweite solcher, alle Phänomene auffangender Netze von Theorien und möglichen Prognosen nähern wir uns einer Korrespondenz zwischen Handlung und außersubjektiver Wirklichkeit, also dem, was wir empirische Wahrheit nennen.

Vom ‚Problem der Induktion‘, wie dies die erkenntnistheoretische Literatur der Neuzeit so reichlich enthält, war noch nicht die Rede. Es ist von anderer Art. Es liegt in der Konfrontation oder Kollision, in den Widersprüchen, die entstehen, wenn man Induktion logisch begründen will – eine Suggestion, die stets auftritt, wenn man logische Wahrheiten zur Stützung empirischer Erfahrung zu verwenden wünscht.

Dies ist aber erst Thema des dritten Buchteiles. Hier können wir mit jenem oft zitierten ‚bon mot‘ eines Philosophen schließen: „Induktion ist der Siegeszug der Naturwissenschaften und die Schmach der Philosophie". Der Grund für diese Diskrepanz soll uns noch beschäftigen, wie viele Widersprüche und Kollisionen im Denken unserer Kultur überhaupt.

Rückblick

Alle evolutionären Prozesse haben etwas Schicksalhaftes. Vielleicht gilt das sogar für alle geschichtlichen, irreversiblen Vorgänge insgesamt. Im Evolutionsprozeß der Organismen sind sie unserem Schicksalsbegriff lediglich näher, weil wir uns selbst in ihnen spiegeln, denn im Wort „Schicksal" schwingt das unverschuldet Unverdiente mit, ob nun dem einen das Schicksal übel mitspielte oder den anderen ebenso unverdient begünstigte. In jedem dieser Fälle meint Unverschulden, daß die Weichen für eine augenblickliche Bedingung längst, und weit vor allen Möglichkeiten einer Kreatur, gestellt waren. Dieser Einsicht folgend spann sich der Faden der Entwicklungen, die ich schildern wollte. In der Evolution gibt es keinen Punkt Null, keine Ausgangszustände, die nicht durch Vorbedingungen ebenso ermöglicht wie eingeengt wären. Nichts hat beliebigen Spielraum.

Naturgemäß gilt das für die ‚Kulturation', für die Kultur-Entwicklung, anders als für die Evolution, die Entwicklung der vorkulturellen Natur. In der Kultur sind Hybride aus Zivilisationen, Sprachen und Ansichten ebenso gegeben, wie sie Pluralität, Widersprüche und selbst den baren Unsinn dulden kann. Solches ist in der Evolution des Organischen fast völlig ausgeschlossen. Der klare Stammbaum der Organismen, aus dessen einem Seitenast wir entstanden, beginnt sich in der Kulturentwicklung nicht nur weiter zu verästeln, sondern zusätzlich zu verflechten.

Das durfte nicht übersehen werden, als wir die Bahnen der Bürde-Constraint-Disposition-Serien bis in die Kultur, den Beginn von Philosophie und Wissenschaft verfolgten. Aber wir gingen ihnen noch nicht bis in diese Pluralitäten und

Widersprüche nach. Dies soll Aufgabe des dritten Teiles sein.

Hier ging es darum, die Wurzeln der Anlagen unserer Ausstattung aufzuspüren und zu prüfen, wie diese Anlagen in unserem hell werdenden Bewußtsein auftauchen und zu welchen Formen diese Anlagen im Ansatz unserer Philosophie und Wissenschaft damals entdeckt und interpretiert werden mußten.

Stellt man die 23 B-C-D-Serien in ihren Verknüpfungen zusammen (Abb. 37), so ergeben sich zwei Hauptachsen der Entwicklung. Sie trennen sich gerade in der Weise, wie wir schon zu Beginn Anlaß hatten, Phänomene der äußeren von denen der inneren Binnensysteme nach ihren Entwicklungsbedingungen zu unterscheiden. Diese Teilung könnte man auch wie eine interindividuelle gegenüber einer intraindividuellen Abstimmung der Systeme beschreiben, geläufiger nach den Begriffen Kommunikation und Organisation. Der Unterschied, wie man auch im Rückblick nochmals bestätigt findet, liegt stets im Grad der Abgehobenheit von den Korrespondenz-Bedingungen, nach denen die Entwicklungen in den beiden Binnensystemen dem Außensystem, dem Milieu, zu entsprechen haben. Sämtliche Entwicklungen im inneren Binnensystem, der Organisation, so fest die funktionellen Bürden, Constraints und Folgebürden auch sein mögen, müssen dennoch, soweit es ihre Dispositionen zulassen, funktionell in erster Linie dem Milieu entsprechen. Die Selbstreferentialität, die Kohärenzbedingungen sind zwar nicht zu übersehen, aber Korrespondenzbedingungen gegenüber dem Milieu werden nach den Maßen der Erhaltungsbedingungen stets gefordert.

Das verhält sich bei den Bahnen des äußeren Binnensystems, der Kommunikation, anders. Hier dominieren die Bedingungen der Selbstreferentialität, der Kohärenzen, absolut. Es kommt auf den Erfolg der Verständigung zwischen Individuen an, von den Gameten bis zu unserer Syntax. Mit dem Milieu muß die Organisation der Individuen zurechtkommen. In diesem Fall lastet der Selektionsdruck auf Korrespondenz mit dem Außensystem, und zwar zunächst ganz auf dem

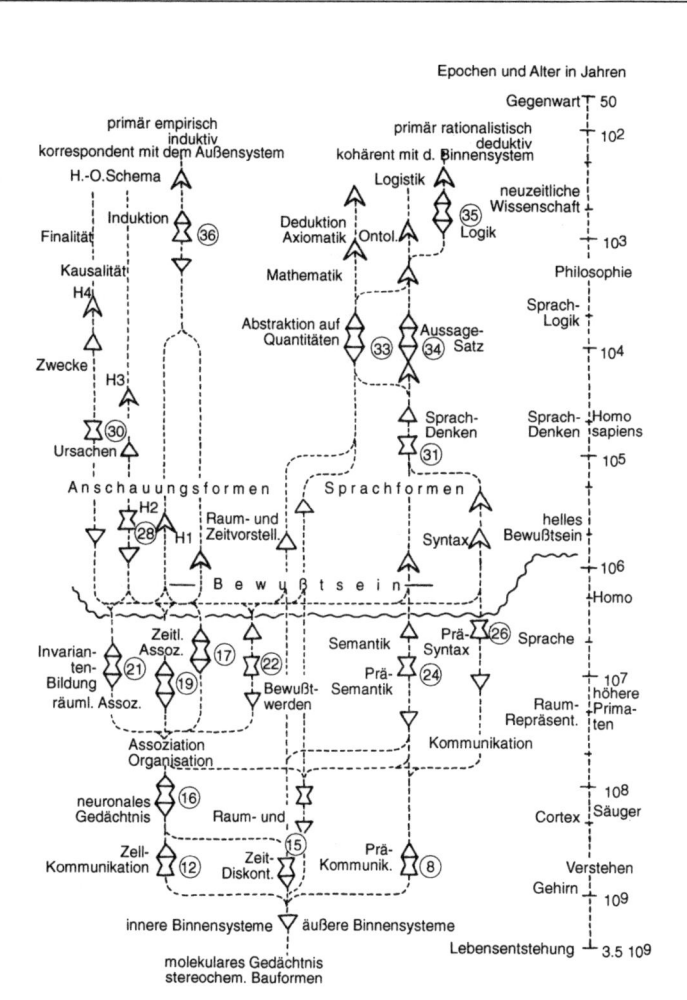

Abb. 37: *Übersicht des Zusammenhangs der BCD-Serien von der Lebensentstehung bis zum Werden von Philosophie und Wissenschaft.* Man beachte die Verflechtung bei Entstehung des Bewußtseins sowie die verbleibende Trennung der Bahnen von der Organisation und Assoziation zu den Anschauungsformen und den Folgen der kommunikativen Prozesse zur Sprache (Symbolik wie in den bisherigen BCD-Diagrammen; zur besseren Übersicht sind deren Abbildungsnummern hinzugefügt).

165

inneren und erst später und in zweiter Linie am äußeren Binnensystem.

In der Phase der Entwicklung, wenn das Bewußtsein hell wird, sind die Dispositionen der Bahnen auch schon festgelegt und getrennt. Die Organisation perpetuiert die Konsequenzen aus den angeborenen Formen von Assoziation und Anschauung, mit den Hypothesen H1 bis H4 zu unseren Induktionsleistungen und Kausalitätsvorstellungen; die Kommunikation perpetuiert die Konsequenzen aus den Eigentümlichkeiten unserer Semantik und Syntax über deren Satz- und Abstraktions-Dispositionen bis zu unserer Logik und Mathematik. Und so ergibt es sich, daß die großen Systeme, die unserer Kultur die Möglichkeit der Erkenntnis so wesentlich erweitert haben, zweierlei Wurzeln haben. Die Leistungen des typologischen Denkens, der Induktion und des Denkens in Ursachenformen verdanken wir dem Selektionsdruck auf die Korrespondenz unserer Organisation, die Leistungen von Mathematik und Logik dem Selektionsdruck auf Kohärenzen in unserer Sprache. So ist es nur zu natürlich, daß aus unserem inneren Binnensystem die Korrespondenzen empiristisch induktive Leistungen zur weiteren Folge haben werden, aus dem äußeren Binnensystem die Kohärenzen die rationalistisch deduktiven Leistungen. Es entstanden zwei Seelen in unserer Brust.

In diesem Buchteil sind wir von den Grenzen der Ausstattung unseres Käfers zu den Grenzen unserer eigenen Ausstattung weitergeschritten, mit der Erwartung, daß jene Bürden, Constraints und eigentümlichen Dispositionen zeigen werden, woher die Widersprüche und Limits unseres Weltbildapparates stammen. Wie also sind daraus die Widersprüche und Grenzen im Weltbild unserer Kultur zu erklären? Dies ist das Thema des dritten Teils.

3

Die Eigentümlichkeiten unserer Vernunft

Die Quellen der wissenschaftlichen Dokumente rücken nun weiter auseinander: Philosophiegeschichte und „Evolutionäre Erkenntnislehre". Erstere – empfohlen seien Neubearbeitungen von VORLÄNDER (1990) – ist traditionsgemäß an der Geschlossenheit der philosophischen Systeme interessiert, unser Thema hat dagegen die Tradierung erkenntnistheoretischer Grundpositionen im Auge. Solche Darstellungen liegen nur für kürzere Perioden oder spezielle Themen vor. Sie werden an den passenden Stellen zitiert. Im Ganzen werde ich aber auf Handbücher der Philosophie verweisen, weil dem Philosophen die originalen Quellen bekannt, dem Nichtphilosophen deren gesamte Lektüre nicht zumutbar sein mag.

In der Dokumentation der Geistesgeschichte werde ich mich daher vorwiegend auf Sekundärliteratur, die Sammelwerke von SANDKÜHLER (1990), MITTELSTRASS (1980–84) und besonders von RITTER (ab 1971) berufen und auf wenige ältere, wie von EISLER (1927–30) hinweisen.

Erkenntnistheoretisch ambitionierte Quellen im Rahmen der „Evolutionären Erkenntnistheorie" sind dagegen noch in übersichtlicher Zahl und im Original zu nennen. LORENZ (1941, 1973), POPPER (1970), CAMPBELL (1974, 1984), VOLLMER (1975), meine Bände (von 1980, 1985, 1987 und 1992), OESER (1987, 1988) und WUKETITS (1983) seien hervorgehoben. Die Sammel-, Symposien- und Referierbände zitiere ich an geeigneter Stelle.

Man erinnert sich unseres Käfers. Er sieht den rettenden Wald der Gräser und erreicht ihn nicht. Er krabbelt gegen ein Etwas, das seine Fernsinne nicht wahrnehmen, aber sein Marschprogramm das Ziel nie erreichen ließe, ähnlich der Fata Morgana, welche die Fernsinne dem Durstenden melden, seine Nahsinne aber, auch über endlose Wüstenmärsche, nie bestätigen würden.

Immer wenn unsere eigenen Wahrnehmungen einander widersprechen, trauen wir unseren Sinnen nicht, und zwar deshalb, weil sie längst ‚intermodal' zusammenhängen, die Kohärenz ihrer Nachrichten, ‚daß da etwas zu sein scheint', wechselseitig kontrollieren. Sogar Übelkeit kann wie eine Warnung bei Widersprüchen die Folge sein, im Spiegelkabinett wie bei Seegang. – Aber schon durch Kommunikation werden wir längst vorgewarnt; die Eigenarten, vom Spiegelkabinett bis zur Fata Morgana, sind tradiert; sie haben sich herumgesprochen.

In alledem sind wir dem Käfer überlegen. Aber gegenüber einer Wand, der weder die Stammesgeschichte unserer Anschauungsformen noch die der Logik unseres Kommunizierens begegnet sind, fänden wir uns in gleicher Weise unvorbereitet. Denn eine rigorose Selektion hätte alle, die an einer solchen Wand mit ihrem Lebensproblem scheiterten, physisch eliminieren müssen.

Als Halt bleiben uns nur die Widersprüche, nun nicht mehr der Sinne, sondern der Intermodalität, der Kohärenzen im ganzen Binnensystem unseres kognitiven Apparates. Unter Umständen hilft auch eine gewisse, warnende Übelkeit, aber auf diese ist kein Verlaß. Adaptierungswunder nämlich, wie wir Menschen es sind, pflegen sich auch trotz wahrnehmbarer Antinomien (besser: Antilogien) zu beruhigen, zumal dann, wenn uns eine Gruppe in die Geborgenheit ihrer nunmehr kollektiven Irrungen aufnimmt.

Wo mögen nun jene Antilogien, jene Widersprüche der uns vorgegebenen Lehren oder Dogmen, stecken? Und worin mögen sie sich äußern? Und, noch entscheidender: Sind uns solche Widersprüche bekannt, oder wären sie erst aufzufinden?

Zunächst: Die Geschichte menschlichen Reflektierens enthält, wie zu zeigen sein wird, eine Fülle solcher Widersprüche.

weiterzuführen, die Artikulation des Sprach-Denkens gegenüber der sensorischen Vorstellungswelt und beide innerhalb der von uns erwarteten außersubjektiven Wirklichkeit. Daraus wird sich das Verfolgen zweier Hauptströmungen ergeben.

In der Philosophie kommt diese Betrachtungsweise nicht oft vor. Der Philosoph schätzt die individuelle Darstellung des einzelnen Philosophen. Mehr aber noch mag ihn mein Zugang selbst befremden. Denn seit die Trennung der Philosophie von den einzelnen Erfahrungswissenschaften als etabliert gilt, hat sie sich selbst die Funktion einer Überschau über die letzteren zugedacht. Aber mein Thema läuft dieser Funktion entgegen.

Ich werde vielmehr aus der dargelegten Kenntnis der Constraints in der sensorischen wie in der sprachlichen Ausstattung des Menschen eine Überschau der aus diesen folgenden Diskrepanzen versuchen, wenn auch, wie es das Thema vorschreibt, in ‚verkürzter' Form. Die Geschichte der Erkenntnisfragen ist nur das Dokument. Dem Prinzip dahinter soll unser Interesse gelten.

Ich will zeigen, daß das Schisma der beiden widerstreitenden Hauptströmungen (1 und 2), wie sie sämtliche Erkenntnisfragen von Anbeginn der Philosophie durchzogen, aus jener Diskrepanz in unserer Ausstattung erklärt werden kann. Und ich will damit auch dartun, wie sehr jeder dieser einander scheinbar ausschließenden Standpunkte als notwendige, nicht aber als zureichende Erklärung des Erkenntnisprozesses zu betrachten ist und wie aus dieser Sicht deren Rechtfertigung, Synthese und Widerspruchsfreiheit zu erreichen sei. Die Lösung (3) aus evolutionärer Sicht werde ich jeweils anschließen.

Den Inhalt dieser Diskrepanzen werde ich gemäß den sechs Hauptproblemen schildern, von (A) der Herkunft unseres Wissens, (B) der primären Wirklichkeit, (C) der Wahrheit und (D) Erklärung, sowie in (E) den Problemen um die Induktion und (F) die Konstruktion. Darin ist eine gewisse Chronologie der Termini und Terminologien enthalten. Der Sache nach beginnt aber die ganze Problematik schon nahe am Beginn

171

der spekulativen Reflexion in unserer Kultur, beim Philosophieren der Vorsokratiker.

Das Problem der Herkunft des Wissens
(oder: Wodurch man etwas wissen könne)

Der Gegenstand hat mit den sogenannten Vorsokratikern, der
frühest dokumentierten Philosophie unserer Kultur, zu tun. Die
erhaltenen Quellen, die man noch für Originale hält, sind spärlich, in
einem Band von CAPELLE (1938, ⁵1968) zusammengefaßt und
interpretiert. Die Frage, woher das Wissen kommt, verschränkt sich
freilich bald mit den Fragen nach der primären Wirklichkeit und
Wahrheit, die ich anschließend darstellen werde. In weiterem Sinn
ist der Beitrag über ‚Erkennen, Erkenntnis' von H. KRINGS und
H. BAUMGARTNER (in RITTER 1976) zu empfehlen. Die Trennung in
unsere heuristisch induktiven Anschauungsformen und logisch deduktiven Denkformen, die zur Spaltung führte, wurde in meinen
Bänden von 1985, 1987 und 1992 untersucht. Erste experimentelle
Prüfungen finden sich in den Studien von RIEDL, HUBER und
ACKERMANN (1991), WAGNER und KRATKY (1992) und RIEDL,
ACKERMANN und HUBER (1992) in meiner Zeitschrift ‚Evolution
and Cognition".

Soweit die Anthropologie die Ur- und Frühgeschichte rekonstruiert, beginnt die Spekulation des Menschen mit der metaphysischen Frage seines physischen Woher? und Wohin? Und bei
allen Ethnien, so auch bei den Griechen, entwickeln sich daraus
mythisches Denken und Gebäude aus Dämonologie, Theogo-
nien und Kosmogonien, so bei HESIOD, der den Erzählungen
HOMERS zwar bereits mißtraut, an die Wahrheit gelangen will
und das Werden der Weltordnung genealogisch erklärt: das
Menschengeschlecht durch einen Abfall vom Göttlichen.

Damit liegt schon im 7. Jahrhundert v. Chr. ein Mythos vor,
der in unserer Kultur bis in die jüdisch-christlichen Vorstellun-

gen von den Weltaltern tradiert ist und sich festgesetzt hat (oder hat er sich bestätigt?) mit den Begriffen von einem physisch denkbaren Urstoff und vom Uranfang im Chaos. Aber schon hier wird sich eine Scheidung der Geister andeuten, die wir an zweierlei Achsen (1 und 2) durch unsere Geistesgeschichte verfolgen wollen.

Über das älteste Philosophieren

1) Noch nicht den böotischen ‚Bauerndichter' HESIOD, sondern THALES nennt ARISTOTELES den ‚Ahnherrn der Philosophie'. Denn mit ihm und ANAXIMANDER, dem wir schon begegneten, entsteht bei Anbruch des 6. Jahrhunderts mit der ionischen Naturphilosophie der Beginn einer Reflexion über den Kosmos, die Wendung von der Mythologie zu den Möglichkeiten der Erfahrung. Werden und Vergehen werden wie ein Ausgleich kosmischer Rechtsordnung, wie ein Verdichten und Verflüchtigen eines nun unstofflichen Urgesetzes gedeutet; Naturgesetzliches, das sich mit ANAXIMANDER bis ins 5. Jahrhundert auf die ‚ionischen Physiologen' tradiert. Im Urzustand der Weltordnung beispielsweise konnte der Mensch aufgrund seiner Hilflosigkeit als Kind wohl noch nicht existiert haben, findet ANAXIMANDER, sondern nur fischartige Wesen im Urschlamm.

2) Anders verlief gleichzeitig die Entwicklung im Westen ‚Großgriechenlands' bei den sogenannten Pythagoräern. Was im Kern der Legenden um diese Sekte erhalten scheint, ist die Vorstellung vom Beseelten, das beginnend bei den Göttern bis ins Tierreich reicht, und von der Seelenwanderung und einer Autonomie des Geistes ohne Wesensverbindung zum Körperlichen. Wahrscheinlich entdeckte PYTHAGORAS an den Saiten der Lyra Gesetze der Akustik und erste Gesetze der Mathematik, wie die Verdoppelung des Quadrates über dessen Diagonale, und damit Gesetze des reinen Denkens. Denn man wird zugeben, nachdem man nachgemessen hat, daß, wie wir heute sagen würden, der logische Beweis stets

um Dezimalen genauer sein wird als jeder empirische Nachweis. Über PHILOLAOS, ALKMAION und ARCHYTAS setzt sich die Schule in die ‚italischen Mathematiker' fort, und damit in die Zeit des PLATON.

Physiologen also und Mathematiker vertrauen bereits entweder auf die Wahrnehmung oder aber auf das Denken, auf eine Welt aus einem einzigen Urprinzip oder auf die Teilung in vergängliche Körper und wandernde Seelen. Der große Hiatus bereitet sich vor. Selbst die Spaltung in Natur und Kultur hat hier ihre Wurzeln, weil die Zahlenspekulanten sich ‚als Mitordner des Weltalls aufspielen', wie dies ARISTOTELES bald danach tadeln wird.

Die späteren Vorsokratiker

1) In der zweiten Hälfte des 6. Jahrhunderts, nach den ionischen Eroberungen der Perser (um 540), folgt eine Vertiefung des Problems durch das Nachdenken über das Denken, durch die Entdeckungen der Eleaten.

Der Wandel beginnt mit dem vertrieben wandernden Rhapsoden XENOPHANES, einem Religions- und Kulturkritiker, der die Grenzen unseres Vorstellungsvermögens aufzeigt und damit Lieblingsanschauungen der Griechen in Frage stellt. Wenn Rinder Hände zum Formen von Gestalten hätten, so belustigt er seine Zuhörer, sie würden wohl ihre Götter als Rinder bilden. Außerdem können Diebstahl und Betrug in der Götterwelt wohl nur einer Beschränktheit und Projektion des anthropomorphen Denkens entspringen. Der Welt der Vorstellungen und des Denkens ist also nicht zu trauen. Die Reflexion beschert eine erste Bürde (Abb. 38).

Um die Mitte des 5. Jahrhunderts wirken nun die ‚jüngeren Naturphilosophen' EMPEDOKLES und ANAXAGORAS, in der zweite Hälfte DEMOKRIT. In ihren Lehren finden sich sowohl solche der ‚ionischen Physiologen' als auch der Eleaten. Für unsere Fragestellung interessiert, daß damit zwar eine Lehre von den Sinnen und der Wahrnehmung entsteht, der

174

Dualismus aber erhalten bleibt. Die Wahrnehmung wird als eine Entsprechung der Teilchen der Gegenstände mit jenen in den Sinnen verstanden, woraus bei ANAXAGORAS ein qualitativer, bei DEMOKRIT ein materialistischer Atomismus entsteht. Demgegenüber bleibt der *nus*, eine Ordnungs- oder Vernunftskraft, als das Feinste oder Luftigste, das bewegt und beseelt; gleich nun, ob diese ‚warme Luft der Seele‘ wandert, eine Weltseele bildet oder beides nicht.

2) Anders wieder bei PARMENIDES, der im unteritalienischen Elea XENOPHANES, aber auch PYTHAGORAS begegnet sein mag. Die Einsicht in die Grenzen des Vorstellbaren verwandelt sich in Mißtrauen gegenüber den Kräften der Sinne. Sein großenteils erhaltenes Lehrgedicht, wohl aus der Wende zum 5. Jahrhundert, schließt eine gewaltige Expansion des Konzeptes ein: die Entdeckung der logischen Konsequenzen sprachlichen Denkens, wie wir sagen würden. Die Kopula wird substantiviert, das ‚Ist‘ wird zum ‚Sein‘, zum ‚Seienden‘ und die Negation zu einer Art Erkenntnisquelle. Zum Wissen könne nicht ‚der lärmende Haufen der Sinne‘ führen, sondern nur Vernunft und Denken, denn nur diese könnten das Seiende als notwendig, das Nichtseiende als unmöglich erkennen. Nun ist den Sinnen und der Wahrnehmung nicht zu trauen. Wieder tritt eine Bürde der Unsicherheit auf nun aber von gegensätzlicher Art (Abb. 39).

Das onto-logische Nachdenken ist vorbereitet, was ‚Seins-Wissenschaften‘ auch immer werden sollten. Bei PARMENIDES ist Denken und Sein zwar noch dasselbe, Subjekt und Objekt zwar noch so wenig getrennt wie Idealismus und Empirismus differenziert. Aber die Trennung bahnt sich an. ZENON von Elea fährt mit der Dialektik eines ‚Tausendkünstlers‘ fort (bekannt ist unter seinen Kunststücken ‚Archilleus und die Schildkröte‘), wie diese Künste zwar nichts lösten, aber die Aporien der Sprache aufzeigen und die Infinitesimalrechnung vorausahnen lassen.

In die Zeit von PARMENIDES gehört auch HERAKLIT, wenn auch nicht geographisch, zu den Eleaten. In Ephesos daheim, führt auch ihn das Nachdenken über das Denken nun zum

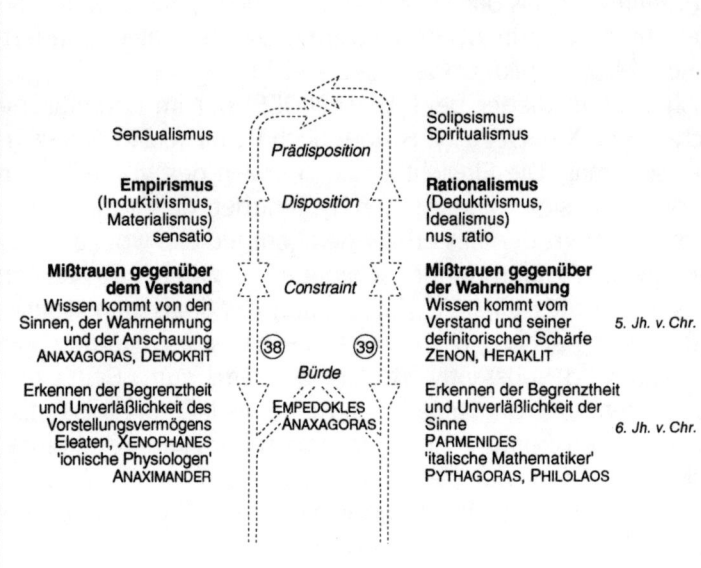

Abb. 38/39: BCD-Serien zum Problem der Herkunft des Wissens. Die Bürden wahrgenommener Begrenztheit der Vorstellung oder aber der Sinne führen bereits bei den Vorsokratikern entweder zu den Constraints eines Mißtrauens gegenüber dem Verstand oder aber der Wahrnehmung, mit den Dispositionen und Prädispositionen entweder zu Empirismus und Sensualismus oder aber zu Rationalismus und Spiritualismus.

logos, indem sich der Begriff von Wort, Rede und Sprache, über Begriff, Vernunft und Sinn zu etwas wie einer Weltvernunft wandelt, einer Gesetzmäßigkeit, die noch höher als die Götter thront. Der Zugang zum Denken erfolgt, wie bei PARMENIDES, also wieder über die Sprache. Was sie unterscheidet, ist bei HERAKLIT der Wandel, so daß ,wir in denselben Fluß steigen und doch nicht in denselben, sind und nicht sind'; das Transitorische der Übergänge, bei PARMENIDES das definitorisch Alternative, wenn auch stets aus dem Einen, Ganzen. Dieser Unterschied ist stets verschieden gewichtet worden. Ich erkenne in ihm aber die Vorbereitung zweier Möglichkeiten des Denkens und der späteren Logik.

Der Hiatus wird ausgeprägter. Das Denken über das Denken läßt einmal die Grenzen der Vorstellung, ein andermal über die Möglichkeiten des definitorischen Sprechens die Grenzen des *logos* entdecken, der bald in Form der klassischen Logik seine reinen Formen gewinnen wird. Darüber hinaus kündigt sich eine Trennung der Methoden an: einmal die Beschränkung auf die Vielfältigkeit der Gewichte der Anschauung, ein andermal eine Beschränkung auf die Schärfe definitorischer Bestimmbarkeit. Zweierlei Constraints sind entstanden.

Bei den Sophisten im ausgehenden 5. Jahrhundert von PROTAGORAS bis SOKRATES endet diese Epoche. Mit der Abwehr der Perser wandert das geistige Zentrum vom zerstörten Milet nach Athen und die Philosophie aus den stillen Gelehrtenkreisen in den Trubel der Marktplätze. Das Tun und Wollen des bunten Volkes wird zum Thema und führt zum Relativismus und zur Frage, ob es denn überhaupt eine allgemeingültige Wahrheit gebe.

Die Periode der Vorsokratiker hat aber in der Überwindung des Mythos mit der Suche nach der Wahrheit begonnen. Schon um 500 sagte der Geograph HEKATAIOS: „Ich schreibe, was meines Erachtens die Wahrheit ist", denn die Überlieferungen der Griechen waren ihm zu zahlreich und lächerlich.

In nur zwei Jahrhunderten war das Problem der Erkenntnis aufgerollt und in seinen Grundzügen deutlich geworden. Das

Wissen konnte von einer Weltordnung kommen, an der auch die Seele mit ihrem Denken teilhatte, oder aber aus einer Entsprechung der Sinne mit der Welt. Wenn aber das Wissen von den Sinnen kommt, woher stammten dann Verstand und Denken, die deren Daten ordnen? Und wenn das Wissen von Verstand und Denken kommt, mit welchen Daten würden diese operieren?

Daraus wird man später *ratio* und *sensatio* definieren, Vernunft und Erfahrung, Rationalismus und Empirismus, und dies bis in den Konflikt zwischen Spiritualismus versus Sensualismus, schon der Moderne, fortführen (Abb. 38/39). Und dieses Schisma wird die Konflikte zwischen den Formen dualistischer wie monistischer Weltsichten anleiten, zwischen Idealismus (besser: Ideeismus) und Materialismus (Realismus), sowie die noch darzustellenden Folgeprobleme um die primäre Wirklichkeit, Wahrheit und Realität. Wie zu zeigen sein wird, geschieht dies alles in den Formen eines transzendenten, und, nach KANT, auch eines transzendentalen Typus von Erkenntnistheorie.

Die Lösung nach der Evolutionären Erkenntnistheorie

(3) Die Lösung des Problems aus der Sicht der Evolutionären Erkenntnistheorie sieht anders aus. Sie ergibt sich aus unserer Kenntnis einer Verschränkung unserer sensorischen und sprachlichen Ausstattung. Die Spaltung wird als künstlich betrachtet. Zwar kognitiv naheliegend, fast eine Notwendigkeit, doch ohne verläßlichen Hinweis auf eine zweigeteilte Welt. Jede der beiden Achsen wird als notwendige, aber keine von beiden als zureichende Erklärung der Herkunft des Wissens betrachtet.

Wie aus den ‚Eigentümlichkeiten der Evolution‘ deutlich wurde (Teil 2), gehen die kybernetisch-induktiven Lösungen auf unsere angeborenen Formen der Anschauung zurück, die logisch-deduktiven dagegen auf die Evolution von Kommunikation, Sprachdenken und dessen Semantik und Syntax.

Beide tragen die Disposition in sich, entweder das Weltbild des Empiristen oder aber des Rationalisten anzuleiten.

In der einen Achse muß Vertrauen in die Anschauung, in der anderen ein solches in das Denken entstanden sein. Zutiefst beunruhigt durch den Beginn des kritischen Reflektierens mag man in jener Unsicherheit, die man noch an sich selbst erleben kann, sowie aufgrund der einander scheinbar ausschließenden, aber suggestiven Lösungsformen je nach Persönlichkeitsstruktur, einer der beiden mißtraut haben, vielleicht sogar sortiert nach der Hemisphären-Präferenz in diesen Denkern, sofern man die Differenzierung der heutigen Denker mit ihnen vergleichen darf.

Vielleicht mit der Ausnahme der ‚Jüngeren Naturphilosophen‘, wie EMPEDOKLES und ANAXAGORAS, die noch von beiden vorsokratischen Schulen beeinflußt waren, verfügte man sich, wohl wieder angesichts jener Unsicherheit, in den Schutz einer der alternativen Lehrmeinungen. Aber auch das Prägende der Schulenbildung darf nicht übersehen werden.

Bewundernswert ist der Umstand, daß beide Lösungsformen, wie wir sie heute für die Lösungsfindung nach der Ausstattung des Menschen beide als unentbehrlich für den Wissenserwerb erachten, auch schon von den Vorsokratikern entdeckt wurden. Und noch mehr bleibt zu bewundern, daß trotz des Konflikts aufgrund der Widersprüchlichkeit der alternativen Lösungsformen beide Haltungen unbeschönigt vertreten worden sind.

Das Problem der primären Wirklichkeit
(oder: Was in dieser Welt das Wirkliche wäre)

Dokumente zur Philosophie dieser Jahrhunderte findet man übersichtlich in VORLÄNDER (1990), ebenso in dem Beitrag von H. KRINGS und H. BAUMGARTNER in RITTER (ab 1971). Eine kennzeichnende Position von KANT (A 1781, B 1787) besagt: „ARISTOTELES kann als das Haupt der Empiristen, PLATO aber der Noologisten [Rationalisten] angesehen werden." Und davor: „Dieser Unterschied der Schulen . . . hat sich lange ununterbrochen erhalten. Die von der ersteren [Gruppe] behaupteten, in den Gegenständen der Sinne sei alle Wirklichkeit, alles übrige sei Einbildung; die von der zweiten sagten dagegen: in den Sinnen ist nichts als Schein, nur der Verstand erkennt das Wahre" (die Stelle bei B882, A854).

Aus evolutionärer Sicht hat sich diese Spaltung weiterhin erhalten. Meine Beiträge zur Lösung sind von LORENZ (1973) und CAMPBELL (1974) vorbereitet, argumentieren mit einem ‚hypothetischen Realismus' und einem ‚kognitiven Dualismus' (RIEDL 1985). Spezielle Studien zum Realismus-Problem (RIEDL 1988 a, 1988 b), verschränkt mit dem Bewußtseins-Problem (RIEDL 1992 a, 1992 b), schließen sich an.

Mit der ‚klassischen Philosophie der Griechen' im 4. und zu Anfang des 3. Jahrhunderts beginnen sich die vorbereiteten Alternativen des Denkens zu profilieren. Als deren Kern kann man das Problem der primären Wirklichkeit bezeichnen, auch wenn sich selbst dies schon bei den Vorsokratikern ankündigte. Ich werde darum vor allem die beiden einander ausschließenden Achsen, (1) die empiristische, (2) die rationalistische, nach zwei Zeitabschnitten vergleichend weiterverfolgen.

Die Zeit um Platon und Aristoteles

1) Die eine Achse, die man heute die empiristische, in bestimmter Hinsicht auch die materialistische nennt, schließt unter den Vorsokratikern noch am ehesten an die ‚ionischen Physiologen' an. Sie beginnt in der Zeit des PLATON mit dessen Schüler ARISTOTELES noch mitten im 4. Jahrhundert in Athen. KANT nennt ARISTOTELES ‚das Haupt der Empiristen', was man heute zwar differenzierter sieht, zumal wenn man an die Logik denkt, die er entwickelt hat. Was seine Betrachtung der Wirklichkeit betrifft, beginnt er jedenfalls kritisch gegenüber der Ideenlehre seines Lehrers, will weder eine überirdische Welt entwerfen noch von solch vorgegebenen Prinzipien ausgehen. Er will von der Welt der Ideen zu einer Welt der realen Dinge voranschreiten.

ARISTOTELES erforscht den Vorgang begrifflicher ‚Hinaufführung' von den Einzeldingen in Richtung auf das Allgemeine, das in seinem Verständnis auch das Ursprünglichere sein müsse, einen Vorgang, den wir seit CICERO Induktion nennen. Eine Idee, wie sie an diesem Vorgang mitwirken kann, soll nun als Bestimmungsgrund mit dem zu Bestimmenden verbunden sein. So teilt er Form und Stoff, wie Gestalt und Materie, Sehen und Auge, und ebenso steht die Seele als ein Formbegriff im Verhältnis zum rein Substantiellen des Körperlichen. Und aus der Form des griechischen Aussagesatzes entwickelt er, wie schon erwähnt, die Schlußfiguren zur formalen Logik, die Deduktion. Gott wird nun rein verstandesmäßig gefaßt und bleibt außerweltlich. Die betrachtbare Welt bleibt in diesem Sinne monistisch eine Einheit, und der Zugang zu ihr ist empiristisch.

Die primäre Wirklichkeit ist eine Form der Substanz, ist das erfahrbare Einzelding, ein Pferd, ein Mensch. Die Bürde, die diese Lösung belasten wird, liegt in der Suggestivität der Wahrnehmung (Abb. 40). Die sinnliche Wahrnehmung stünde in genauer Korrespondenz zum Wahrgenommenen; sie hinterläßt in der Seele Vorstellungen, Eindrücke, die das Gedächtnis aufbewahrt.

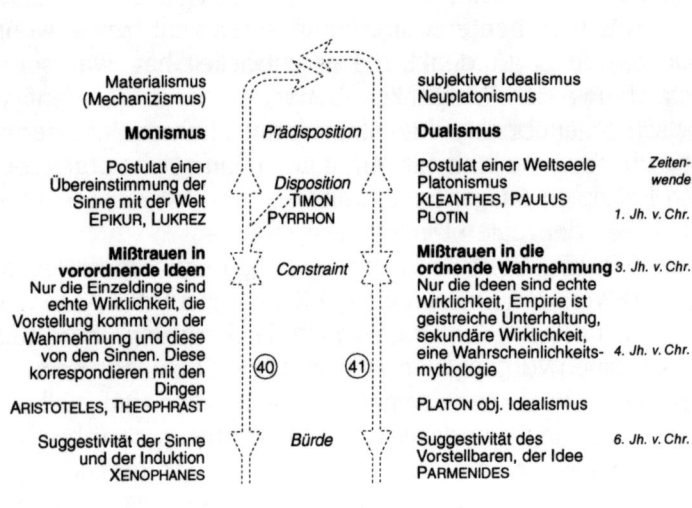

Materialismus (Mechanizismus)		subjektiver Idealismus Neuplatonismus	
Monismus	*Prädisposition*	**Dualismus**	
Postulat einer Übereinstimmung der Sinne mit der Welt EPIKUR, LUKREZ	*Disposition* TIMON PYRRHON	Postulat einer Weltseele Platonismus KLEANTHES, PAULUS PLOTIN	*Zeiten- wende* *1. Jh. v. Chr.*
Mißtrauen in vorordnende Ideen Nur die Einzeldinge sind echte Wirklichkeit, die Vorstellung kommt von der Wahrnehmung und diese von den Sinnen. Diese korrespondieren mit den Dingen ARISTOTELES, THEOPHRAST	*Constraint* ④⓪ ㊶	**Mißtrauen in die ordnende Wahrnehmung** Nur die Ideen sind echte Wirklichkeit, Empirie ist geistreiche Unterhaltung, sekundäre Wirklichkeit, eine Wahrscheinlichkeits- mythologie PLATON obj. Idealismus	*3. Jh. v. Chr.* *4. Jh. v. Chr.*
Suggestivität der Sinne und der Induktion XENOPHANES	*Bürde*	Suggestivität des Vorstellbaren, der Idee PARMENIDES	*6. Jh. v. Chr.*

Abb. 40/41: BCD-*Serien zum Problem der primären Wirklichkeit.* Die Bürde jener Suggestivität der Sinne oder aber der Vorstellung führt zu den Constraints eines Mißtrauens in die Vernunft oder aber die Wahrnehmung, mit den Dispositionen und Prädispositionen eines monistisch materialistischen oder aber dualistisch idealistischen Weltbilds. Wir sehen die Lösung in der Anerkennung eines lediglich kognitiven Dualismus.

Auch darin interessiert ARISTOTELES im Grunde die Entwicklung, wobei das Formprinzip ‚Seele‘, von der Pflanze zum Tier und zum Menschen die Höhe einer Vegetativ-, einer Sinnes- und einer Vernunft-Seele erreichen kann. Aber es ist gerade die Entwicklung, wie wir heute wissen, die uns das Einzelding wie das Vergängliche, wie ein Gleichnis des es formenden, nicht minder als ein reales Prinzip erkennen läßt.

Zweifellos sind damit Einsichten gewonnen, die wir heute als Einblicke in die Ausstattung der menschlichen Kreatur verstehen. Was ARISTOTELES beispielsweise als ‚Hinaufführung‘ beschreibt und später ‚Induktion‘ genannt wird, erkennen wir als ein biologisches Regulativ, das mit der bedingten Reaktion beginnt und als Assoziation und Abstraktion zu Invarianten-, Klassen-, und Begriffsbildung führt. Diese Phänomene sind kennzeichnend für die empiristische Achse und werden damit als Argumente für die ganze sich anschließende Diskussion um den Empirismus verwendet werden.

Die Wirkung dieses Empirismus bleibt erhalten. Zunächst über ARISTOTELES' Lieblingsschüler THEOPHRAST von Lesbos beeinflußt die Lehre der ‚Peripatetiker‘ die Stoa, z. B. über POSEIDONIOS, die jüdische und arabische Philosophie und namentlich durch sein ‚geistiges Werkzeug‘ (das Organon) das Christentum.

2) Die zweite Achse, wir nennen sie heute die idealistische, in bestimmter Hinsicht auch die rationalistische, beginnt mit PLATON. Schon als junger Mann wird er von den Pythagoräern und Eleaten beeinflußt und er gewinnt bekanntlich durch seine Ideenlehre das erkenntnistheoretische Profil, auch wenn er nur deren Ansatz fortführt.

PLATONs Konzept von der Idee steht ebenso zentral, wie es in unserer heutigen Sprechweise kein Äquivalent besitzt. Man kann mit dem Begriff der eindeutigen und klaren Vorstellung, im Sinne eines Schauens mit dem geistigen Auge beginnen, wenn man bedenkt, daß ein solcher, geistiger Akt nicht als individuelle Kreativität, sondern als eine ‚Teilhabe‘ an den Gegenständen, wie ein Wiedererinnern, an eine der Welt vorgegebene Ordnung verstanden ist. Ideen sind somit nicht Produkte der

Erfahrung, im Sinne unserer Invarianten-, Klassen- oder Typus-Bildungen, zwar denknotwendig, aber als Vorbedingung jeder möglichen Erfahrung und aus dieser folglich nicht begründbar, in diesem Sinne transzendent und jenseits der Erfahrung gelegen; metaphysisch wird man es später nennen. Es sind Prinzipien, die vom Demiurgen, vom Weltenschöpfer, auf uns ,herübersteigen'! Zudem könne es nur reine, gute Ideen geben. Auch diese Bestimmung ist aufschlußreich. Dies Schöne und Gute der Ideen bleibt zunächst dunkel; es löst, wie PLATON findet, Schwindelgefühl aus und wird mit heiligem Schauer vorgetragen. Die Idee wird später den Vernunftsgründen verwandt und vom älteren PLATON mathematisch illustriert, etwa durch den ,guten Kreis', fehlerhafte und falsche Vorstellungen ausschließend. Nun also ist es das Mißtrauen gegenüber der ordnenden Wahrnehmung, welche diese Achse als Bürde begleiten wird (Abb. 41).

Ideen sind für PLATON mit dem wahren ,Sein' verwandt. In ihnen ist die ,primäre Wirklichkeit' enthalten, und wenn auch eine Unsterblichkeit der Einzelseele bezweifelt wird, aus welcher sich die Idee äußert, eine Weltseele wie auch die der Menschheit müsse dagegen existieren; sie ist ungeworden, unsterblich und unveränderlich; sie ist die primäre Wirklichkeit. Die Beschäftigung mit ihr ist Wissenschaft. Was wir dagegen heute unter empirischer Wissenschaft verstehen, selbst Naturphilosophie (philosophy of science), ist für PLATON vielmehr eine Art geistreicher Unterhaltung an einer sekundären Wirklichkeit und führt nach ihm lediglich zu einer Vielfalt von Wahrscheinlichkeits-Mythologien. Dies bringt den entscheidenden Constraint für die weitere Entwicklung (Abb. 41).

Ich mußte das, wie zu sehen, nochmals ausführlicher behandeln. Denn es liegt nicht nur das erste System einer transzendenten Begründung und Etablierung unseres Erkenntnisvermögens vor; es hat sich auch im wesentlichen unverändert bis in unsere Tage erhalten. Gott hat es zugelassen. Ihn daraus zu beweisen bleibt eine Möglichkeit; ihn selbst aber zu begründen ist eitel.

Auch damit sind Einsichten gewonnen, die wir heute ebenso als Einblicke in die Ausstattung des Menschen verstehen. Die Idee, jenes ‚innere Auge‘, das, ähnlich einem Wiedererinnern der Weltordnung, teilhaben soll an den Gegenständen, ist den angeborenen Formen der Anschauung verwandt, deren Korrespondenz mit der Welt wir als Anpassungsprodukt aus unserer Stammesgeschichte verstehen. Diese Vorbedingungen für jede Vernunft sind kennzeichnend für die rationalistische Achse, und sie werden damit auch Argumente abgeben, nunmehr für die ganze sich anschließende Diskussion um den Rationalismus.

Das Problem um die Zeitenwende

1) Die empiristische Achse, die wir mit ARISTOTELES und THEOPHRAST verlassen haben, verlängert sich besonders deutlich in die gesellige Lebenswelt der Epikureer, im 3. Jahrhundert. In der ‚Gartenphilosophie‘ des EPIKUR in Athen gilt nun ganz der Augenschein, gelten die sinnlichen Wahrnehmungen als primäre Wirklichkeit, als Norm der Erkenntnis und als Kriterium der Wahrheit. Denn nur aus deren Versammlung sollen die Vorstellungen folgen und aus diesen unmittelbar die Vernunft. Ein Constraint entsteht durch das Mißtrauen in die ordnende Vernunft (Abb. 40). Es entsteht, was wir heute einen Sensualismus nennen und als naiven Realismus abwertend kritisieren. Freilich muß auch dieses Erkenntniskonzept ein Festes im Wandel annehmen, aber die Verläßlichkeit der Wahrnehmung wird ganz materialistisch verstanden in dem atomistischen Sinn, daß Teilchen von den Oberflächen der Dinge als Abbilder in die Sinnesorgane eingingen.

Welt und Denken sind eins; die Disposition zu einer monistischen Philosophie ist entstanden und die Prädisposition zum Materialismus. Erst die späteren Epikureer, wie ZENON von Kition und PHILODEMUS würdigten schließlich wieder die speziellen Leistungen der ordnenden Vernunft.

Übergehen wir vorerst die folgenden Skeptiker, so finden

wir, hinein ins 2. römisch dominierte Jahrhundert, in dieser Achse das Interesse verflachen; bis im 1. Jahrhundert vor Chr., mit LUKREZ wieder eine profilierte Gestalt auftaucht, die mit großer Kraft ‚die Natur der Dinge' rein kausal sogar nach Entstehungs- und Entwicklungsgeschichte darstellt. Sogar die Prinzipien von Anpassung und Selektion tauchen schon bei LUKREZ auf. Wenn nicht das Christentum und das Mittelalter zunächst die Tradition unterbrochen hätten, die empirischen Wissenschaften der Moderne hätten direkt daran anknüpfen können.

Das Bild von den beiden Achsen bliebe aber unvollständig, wenn ich die Bewegung der ersten Skeptiker unerwähnt ließe. Schon an der Wende vom 4. zum 3. Jahrhundert, also nach den Klassikern PLATON und ARISTOTELES, als in der einen Achse schon KLEANTHES, in der anderen noch EPIKUR wirkte, war aufgefallen, was wir als eine Spaltung des Erkenntnisproblems verfolgen. Zunächst ist es der Dogmatismus, mit dem die Lehren vorgetragen werden, die PYRRHONs und TIMONs Spott herausfordern. Bald aber wurden auch die Mängel der beiden Positionen sichtbar: Vernunft oder Sinne? Logik oder Erfahrung?

Kämen Wissen und Gewißheit von den Sinnen, so wie sich das darstellt, dann wohl nicht von den Sinnen des Pavian, sondern von jenen des Weisen. Wie aber wüßtest du, daß der Weise weise ist? Also zurück zur Vernunft? Ist im logischen Schluß Gewißheit? Aber das Prädikat des Schlusses kann nicht gewisser sein als das, was der Satz selbst beweisen soll, die *petitio principii*, die Beanspruchung (Erschleichung) des Beweisgrundes. Also zurück zur Erfahrung, doch dann mit welcher Logik? Diese Fragen stammen schon von den älteren Skeptikern. Das Thema wird uns begleiten.

2) In der Folgegeschichte, nunmehr der rationalistischen Achse, vollziehen sich einige Wendungen. In den großen Schritten, die ich mir für die Schilderung des transzendenten Erkenntniskonzeptes vorschreiben muß, begegnen wir zunächst im 2. Jahrhundert KLEANTHES, im Zeitalter der nun hellenistisch-römischen Philosophie, nachdem die Stoiker

diese Bühne schon betreten haben und die Skeptiker sie eben betreten.

KLEANTHES, Taglöhner aus der Troas, Schüler des ZENON aus Kition (auf Zypern) und Lehrer des CHRYSIPPOS, repräsentiert mit seinem pantheistischen Hymnos auf Zeus die ältere Stoa. In ihr sind zeitgemäß Körper und Geist zwar wieder eins und das Weltbild fast monistisch, materialistisch geworden, allein die Weltseele ist erhalten und unsterblich. Die Einzelseele dagegen gilt als sterblich, beziehungsweise sie erhält sich nur in dem Maße, als der dauerhafte Stoff des Guten ihr innewohnt. Eine Gewichtung also der hinterbliebenen Seele deutet sich an. Wie auch immer; die Disposition zu einem dualistischen Weltbild ist nun etabliert, und die Prädisposition zu einer idealistischen Philosophie (Abb. 41, S. 182).

Bei den späteren Schulhäuptern der Stoa, unter dem Einfluß römischer Philosophie, ändert sich daran wenig. Die Stoa wird eine Art Ethik der Volksreligion. Im 1. Jahrhundert nach der Zeitenwende wird für unser Thema aber PAULUS aus Tarsos wichtig. Die Philosophen seiner Zeit interessiert er aufgrund seiner geringen theoretischen Bildung weniger; ein Wanderlehrer, mit den Stilformen hellenistischer Synagogenprediger. Aber allein sein Wirken in der Dirnen- und Kaufmannsstadt Korinth wird zu einem Brückenpfeiler der Geistesgeschichte. Zum Gewichtungsproblem der Seelen tritt nun ein Weltenrichter. Und wie sehr dies auch den Spott der gebildeten Griechen inmitten des kulturlosen Treibens der Römer auf ihn lenkte, die Wirkung, die dieser Apostel damit auslöste, ist bekannt. Das gewichtende Prinzip wurde hypostasiert zum Gericht Gottes und ein idealistischer Anker für das Christentum gesetzt.

Neben dem frühen Christentum entsteht zunächst in Alexandrien, dann im Rom des 3. Jahrhunderts, ein Neuplatonismus. PLOTIN, sein bedeutendster Begründer, versteht nun die Seele, Welt- wie Einzelseele, als Mittlerin zwischen geistiger und körperlicher Welt. Der Geist selbst tritt in einer Zweiheit auf und setzt Erkennendes wie Erkanntes, Bewußtsein und seine Gegenstände bereits voraus, alles Teile des Ur-

Einen. Ob nun das Ur-Eine oder Gott selbst Wurzel des Leib-Seele-Dualismus wäre, die primäre Wirklichkeit liegt im Geistigen, oder doch im Denken, Grundlage eines transzendenten Idealismus oder doch transzendenten Rationalismus, als die Achse einer Weltsicht, die uns nun bis auf unsere Tage begleiten wird.

Die evolutionäre Lösung

Die evolutionäre Lösung (3) akzeptiert zunächst das Monismus-Dualismus-Problem, allerdings nur in der Form eines ‚kognitiven Dualismus'. Nichts spricht dagegen, daß uns die Welt in Leib und Seele getrennt erscheint. Es gibt aber auch keinerlei Befund aus der Erfahrung, daß die Wirklichkeit nicht eine Einheit wäre.

Vielmehr kann verstanden werden, aus welchem Grunde unser denkender Zugang dualistisch ist. Schon sinnlich werden Zustände oder Formen anders perzipiert und verrechnet als Vorgänge und Funktionen. Dies läßt sich durch alle immanenten Bereiche der Wahrnehmung bis in die Enden der theoretischen Abstraktionen verfolgen; im Mikrobereich steht uns das Phänomen als Teilchen-Welle-Dualismus vor unserem Vorstellungsvermögen, als Partikel oder als Energie, als Form und Funktion im ganzen Mittelbereich, als Körper und scheinbar körperloses Wirken im Makrobereich unseres Existierens.

Diese Trennung in ein monistisches und dualistisches Weltbild (Abb. 40/41, S. 182) ist aber im Zusammenhang mit der Zerlegung in die Wirklichkeit des Empirismus und des Rationalismus zu sehen. Für die Empiristen, deren Strömung sich vorbereitet, liegt eine einheitliche Welt-Interpretation nahe, für die Rationalisten eine geteilte. Sie müssen dazu neigen, Vernunft und Seele einen immateriellen Rang einzuräumen.

Und wieder ist beides naheliegend. Wieder sind Empirismus und Rationalismus notwendige Erklärungen, aber wieder enthält jeder der Zugänge keine zureichende Erklärung des

Erkenntnisprozesses. Die Empiristen haben mit der Behauptung recht, daß alles Wissen nur der Erfahrung entspringen kann. Sie irren aber, wenn sie den Erfahrungsgewinn nur auf die Lebenserfahrung des Individuums beschränken. Weder sind unsere Sinne noch ist unser Denken ein unbeschriebenes Blatt. Eine Fülle stammesgeschichtlicher Kenntnis ist uns erblich bereits appliziert.

Auch die Rationalisten haben mit der Behauptung recht, daß es für jeglichen Wissenserwerb bereits des Vorwissens bedarf. Aber sie irren, wenn sie meinen, daß dieses Vorwissen nicht auch durch Erfahrung gewonnen werden konnte. Noch aber war keine Vorstellung vom stammesgeschichtlichen Kenntnisgewinn möglich, ‚Kenntnis' allerdings in dem weiteren Sinne, Funktionen und Interpretationsweisen aus der Mutabilität entstanden, von welchen die Selektion jene ausgelesen hat, welche Reaktionen und Handlungen von lebenserhaltender Art anleiten. In diesem Sinne enthalten sie Kenntnis von der außersubjektiven Wirklichkeit.

Die Frage nach den primären Quellen der Wahrheit
(oder: Woher Gewißheiten kämen)

Das folgende Thema, so komplex es sein mag, ist in der wissenschaftlichen Literatur kompakt und übersichtlich dokumentiert. Die Standpunkte in der neueren Philosophie sind von PUNTEL (1983) systematisch zusammengefaßt, ein mir naher Standpunkt von RESCHER (1973) dargestellt. Historisches findet man in EISLER (1927–30), zum Teil auch in MITTELSTRASS (1980–84), sowie in KRINGS und BAUMGARTNER (in RITTER: 1976) und in diesen Arbeiten die gesamte einschlägige Literatur.

Die evolutionäre Bearbeitung einschließlich der empirischen Untersuchungen enthält mein 1992 erschienener Band.

Die Kulturgeschichte dieses dritten Problems führt uns nochmals zurück zu den Vorsokratikern. Dabei ist der Begriff ‚wahr', nicht im Sinne von ‚echt' (ein ‚wahrer Freund', die ‚wahre Kunst') zu nehmen, sondern als ‚glaubend' oder ‚vertrauend', erkenntnistheoretisch im Sinne eines Beurteilungs-Prädikators für Handlungen, wahr und falsch, wie zutreffend und unzutreffend – letzteres in einem engeren und weiteren Kontext: enger, weil die Diskussion um die Definition oder die Kriterien der Wahrheit, fündige Themen für die Philosophie, für unsere Frage nicht so aufschlußreich sind wie die Diskussion um die Quellen der Wahrheit. Ich werde deshalb der Frage nachgehen, woraus sich Wahrheit ergäbe. Und dies wird uns nun zum drittenmal durch die Spaltung des Weltbildes unserer Kultur führen.

Die Philosophen haben allerdings früh begonnen, die Begriffe ‚wahr und falsch' verengt nur noch auf Sätze zu beziehen, jedenfalls ausschließlich auf die Sprache, und das konnte sogar in den Zweifel münden, ob es eine sprachunabhängige Wirklichkeit überhaupt gibt. Dies nun muß aus der Evolutionären Erkenntnistheorie in einem erweiterten Rahmen gesehen werden. Ich kann Sprache nur als einen symbolischen, wenn auch tüchtigen Mittler für intendierte oder folgende Handlungen betrachten. Denn es steht außer Frage, daß das Zutreffen oder Nichtzutreffen, sei es nun das eines Urteils, einer Erwartung oder Handlung, eines Verhaltens oder bloß einer Reaktion, nicht an Sprache gebunden sein muß, ja nicht einmal immer Bewußtsein voraussetzt.

Man erinnere sich nur an das ‚Handeln im gedachten Raum', das wir bei den Primaten kennenlernten und welches bereits zutreffendes Folgehandeln intendiert; von dort aus bleiben nur noch gleitende Übergänge nachweisbar, hinunter bis zum Zutreffen oder Nichtzutreffen der einfachsten Reaktionen. Da kann, wie zu erwarten, das Nichtzutreffen sowohl auf Fehler der korrespondenten Bezüge, nämlich zwischen Erwartung und intendiertem Gegenstand zurückgehen als auch auf Mängel der Kohärenz, auf Fehler der Verrechnung im System.

Sogar die Lüge hat, als Schwindel, als aufkommende intendierte Irreführung, vorsprachliche Wurzeln: Der Schimpanse, der so tut, als wüßte er nicht, wo er sein Futter versteckt hat; der müde Dackel, der lahmt, wenn er getragen werden will. Man denke auch an das Totstellen und an die schon genetisch verankerte Mimikry.

Die Faszination der Sprache, die Festnagelbarkeit ihrer Produkte und ihre Intentionalität mögen die Philosophen zu dieser Verengung der Fragestellung verleitet haben, aber auch Unkenntnis und später Unterschätzung der Bedingungen ihrer Herkunft. Jedenfalls haben nur ganz wenige Denker die Hintergründe der Sprache befragt, zum Beispiel WITTGENSTEIN, und schon wurde sein Versuch als ‚mythologische Vorbemerkung‘ abgetan. Hier jedenfalls bedarf es der erweiterten Perspektive. Für eine evolutionäre Betrachtung hat der Zweifel an einer außersprachlichen und selbst an einer außermenschlichen Wirklichkeit keinen Sinn.

Im ganzen ist das Wahrheitsproblem für unsere Fragestellung besonders zum Beginn der Neuzeit so aufschlußreich, daß es lohnt, etwas ausführlich zu werden. Ich werde wieder in (1) die empiristische und (2) die rationalistische Achse trennen und (a) die klassische Zeit, (b) Mittelalter und Renaissance sowie (c) die Moderne aus Gründen der Übersicht abschnittsweise darstellen. In (3 a) referiere ich einen Ansatz zur Lösung und in (3 b) die evolutionäre Sicht.

Das Problem im Altertum

1) Wann die Frage nach den Quellen der Wahrheit auftauchte, wissen wir natürlich nicht. Ihre Problematisierung, wie man es nennt, ist erst eine Angelegenheit der Moderne, ebenso der Begriff von den Theorien der Wahrheit. Aber schon vor der Zeit des SOKRATES sind zwei Strömungen wahrzunehmen. Zunächst nimmt man Wahrheit als eine Übereinstimmung des Denkens, des Vorgestellten, mit der Welt als Ganzem, man sagt: mit dem ‚absoluten Sein‘, auch insofern die Welt wie ein Pflanzenkeim die Gewißheit der Entwicklung in sich trägt und

erkennen läßt. Man erinnere sich an die Kosmogonie des ANAXIMANDER. Aber was leitet dieses Erkennen an?

Da warnten nun schon Eleaten vor der Beschränktheit des menschlichen Denkens, man denke an den Spott des XENOPHANES. So erscheinen dann bei den ‚ionischen Physiologen' und den ‚jüngeren Naturphilosophen' Sinne und Wahrnehmung als das entscheidende Korrektiv, und in der klassischen Zeit, bei ARISTOTELES, „wird etwas wahr, nicht weil wir es denken ... sondern weil es dem Seienden entspricht". Die *adaequatio*-Formel kündigt sich an. Es ist aber möglich, daß ARISTOTELES dabei *sensatio* und *ratio* noch in ihrer gemeinsamen Wirkung dachte. ARISTOTELES' Grundlegung der Logik hat dabei zwar dünne Wurzeln in der Rhetorik, im Widerspruchs-Begriff und der Dialektik aus der Achse PLATON, HERAKLIT, ZENON, PARMENIDES. Aber ihre Begründung ist von empirischer Art. Logisch ist, wie alle denken. Bei EPIKUR, zwei Generationen danach, wird die sinnliche Wahrnehmung als die wichtigste Quelle der Wahrheit genannt und ihre Korrespondenz mit den Dingen zur Vorbedingung von Vorstellung und Vernunft. Und vieles davon setzt sich später in der körperlichen Wirklichkeits-Vorstellung der Stoa fort. Wahr bleibt ein Urteil, das durch die Wirklichkeit provoziert wird. Man erinnert sich der Bürden (Abb. 40, S. 182), die hier übernommen werden.

2) Anders vollzog sich nun die Entwicklung, die von den Pythagoräern ihren Anfang nimmt. Bei PARMENIDES gilt dann als Wahrheit das als das wahrhaft Gedachte und, trotz skeptischer Bedenken, ebenfalls bei HERAKLIT oder ANAXAGORAS. In der Klassik, bei PLATON, ist schließlich das durch das reine Denken Erkannte wahr und das Wahre dessen Erkenntnisgegenstand. Die Wahrnehmung erkennt nichts Dauerndes; nur Begriffe, wenn sie einmal richtig gebildet wurden, sind unwandelbar und geben Gewißheit. Sie entsprechen den Ideen, und die Teilnahme der Seele an ihnen beweist ihre Unsterblichkeit; hin zur höchsten Wahrheit, die sich damit vorbereitet: Gott. Die Quelle der Wahrheit ist die Vernunft. Dies nun die Bürde (Abb. 41, S. 182) von der ande-

ren Art. Die Folgewirkung wird ebenso wie durch ARISTOTE-
LES und EPIKUR enorm sein.

Die Skepsis, die darauf folgte, war nur zu verständlich. Die
Argumente konnten zu einem Zirkelschluß geführt werden.
Denn welche Vernunft interpretierte das Wahre aus den
Wahrnehmungen, und welche Wahrnehmung lenkte die Vernunft zur Wahrheit? AENESIDEMOS wollte dem Zirkel entkommen, indem er annahm, wahr sei wohl, was allen gleichermaßen als wahr erscheine. Was wäre aber, wenn alle gleichermaßen irrten? Dieser Lösungsversuch wird ebenfalls bis in die
Moderne hinein wiederkehren.

Mittelalter und Renaissance

1) Gegen die Zeitenwende verstummt diese fast tumultuöse
Auseinandersetzung. Mit dem Christentum gelangt aus der
Weite des römischen Imperiums eine ganz andere Auseinandersetzung ins Abendland. Von den Errungenschaften vorchrist-
licher Zeit erwähne ich nur noch KARNEADES aus dem 2. Jahrhundert. Von ihm wird berichtet, er habe die Möglichkeit von
Wissen und endgültigem Beweis ganz geleugnet und Wahrheit
durch drei Stufen möglicher Wahrscheinlichkeit ersetzt.

Nach der Zeitenwende scheint die Achse, welche der Wahrnehmung den Primat der Wahrheitsfindung einräumt, ganz zu
verschwinden, und das für 15 Jahrhunderte. Aber sie verschwindet im Grunde nur aus dem akademischen Disput.
Schon die Etymologie von ‚wahr‘ aus dem ahd. *wara*, Treue
(lat. *verus*) ‚wahrnehmen‘, ahd. *bewaron*, aufmerken und bewah-
ren (engl. *beware*), und ‚wahrscheinlich‘, dem nl. *waarschijnlijk*
nachgebildet, eine Lehnübersetzung (von lat. *verisimilis*, frz.
vraisemblable) zeigt, wie eng in der lebendigen Sprache ‚wahr‘,
‚wahrscheinlich‘ und ‚greifbarer Erfolg‘ verknüpft waren.

Trotz der Wiederbelebung des Aristotelismus durch AVER-
ROES und ALBERTUS MAGNUS und einer Wandlung des
Wirklichkeits-Begriffes wie bei PARACELSUS bleibt die Ge-
genachse in Fragen von Glauben und Wahrheit dominierend.

Erst in der Hochrenaissance, mit der Begründung der modernen Naturwissenschaft, belebt sich wieder die empiristische Achse. Während KOPERNIKUS die Harmonie kosmischer Phänomene noch für einen Beweis ihrer wahren Existenz betrachtete, rückt GALILEI bereits die Erfahrung vor die Gründe der Vernunft. Deren Logik könne zwar Gedankengänge prüfen, schaffe aber keine neuen Wahrheiten. So sieht dies auch FRANCIS BACON, der Begründer des englischen Empirismus. Für ihn sind Logik und nun sogar Mathematik nur Mägde der Wissenschaft, und der Syllogismus trage nichts zum Finden der Wahrheit bei. Nur die Wahrnehmung, namentlich am Experiment, führt zu ihrer Entdeckung. Ganz ähnlich sein Zeitgenosse THOMAS HOBBES.

Als Wegbereiter der Aufklärung wird nun in England JOHN LOCKE Gewährsmann für den aufkommenden Sensualismus. Angeborene Ideen, will er nachweisen, könne es nicht geben; die Seele sei ein unbeschriebenes Blatt. Unmittelbare Anschauung bedürfe keines Beweises. Schon die Intuition überzeuge uns von der Wahrheit mathematischer Sätze und der Wahrscheinlichkeit der Naturgesetze. In Frankreich setzt vor allem ETIENNE BONNOT DE CONDILLAC diese Achse fort. Wieder gehen, man erinnert sich, alle Ideen auf Empfindungen der Sinne zurück, und Wahrheiten entstehen aus der Relation zwischen den Ideen. Aber auch CONDILLAC ist wie seine Vorgänger noch immer gläubiger Katholik und ‚rettet‘ sein sensualistisches Weltbild im Rahmen eines christlichen Spiritualismus.

Die entstehende aristotelisch-korrespondenztheoretische Achse bereitet dann in der Zeit HUMEs, KANTs und GOETHEs die Problematisierung von heute vor. Dabei wird nicht die *adaequatio* in Frage gestellt, sondern deren erkenntnistheoretische Begründung gesucht. Der Constraint (Abb. 42, S. 196) aus der induktionistisch-empirischen Schule wird deutlich. Er beruht auf einem Mißtrauen in die Verläßlichkeit des reinen Denkens, einer methodischen Inadäquatheit der Logik, denn sie läßt keine neue Wahrheit finden oder Schlüsse auf kommende Ereignisse zu.

Insgesamt interessiert diese Empiristen das Wahrheitsproblem wenig. Als Problem soll das eine Sache der Sprache oder der Sätze sein. Wirkliche Wahrheit trennt LOCKE von der bloßen Wort-Wahrheit. Und die göttliche, so DAVID HUME, kann nicht bewiesen, sondern bestenfalls geglaubt werden (Abb. 42).

Aus DAVID HUMEs sensualistischer Skeptik macht sich schließlich KANT mit der Erklärung frei: „Die Namenserklärung der Wahrheit, daß sie nämlich die Übereinstimmung der Erkenntnis mit dem Gegenstand sei, wird hier geschenkt und vorausgesetzt." Das Formale der Wahrheit aber ergebe sich aus der Übereinstimmung aller Gedanken und der Gesetze des Denkens untereinander. Der vorangesetzten Kohärenz tritt, wie man es später nennt, die Bedingung einer logischen (semantischen?) Kohärenz kontrollierend hinzu. In ähnlichem Sinn fasse ich GOETHEs Formel auf: „Kenne ich mein Verhältnis zu mir selbst und zur Außenwelt, so heiße ich's Wahrheit." Wenn man an GOETHEs Überzeugung von einer sich harmonisch entfaltenden Natur denkt, mag auch mitschwingen, was ich eine Kohärenz auch ‚der Dinge' nennen werde.

2) Anders dagegen verläuft die Achse, die an den frühen Platonismus anknüpft. Die Erkenntnisfragen des Christentums beginnen mit dem Denken der ‚Väter', der Patristik, jenen geistigen wie geistlichen Autoritäten in den ersten Jahrhunderten nach der Zeitenwende. Zunächst tauchten sie als Apologetik mit Verteidigungsschriften auf, verfaßt von in den antiken Lehren gebildeten und zum Christentum bekehrten Philosophen. Ihnen folgt die Gnostik mit ihren Auseinandersetzungen nun innerhalb der christlichen Lehren.

Nun war schon SOKRATES einer Art christlichen Denkens und Handelns voraus gewesen, und nach PLATON war Philosophie das Wissen und das Erkennen des Wahren schlechthin. Die Vorbereitung des Christentums geht weit zurück, und schon die christliche Philosophie aus ATHENAGORAS' in seiner an MARK AUREL verfaßten Apologetik sucht Auferstehung, Seelenwanderung und den Körper als Gefängnis der Seele aus Vernunftgründen zu beweisen.

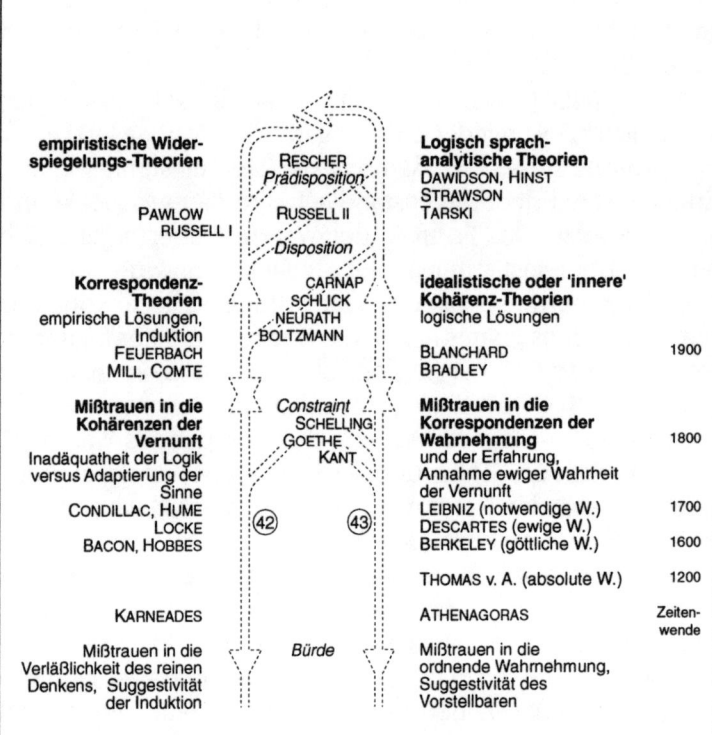

Abb. 42/43: *BCD-Serien zur Frage nach den primären Quellen der Wahrheit.*
Aus den Bürden eines Mißtrauens entweder in die Vernunft oder aber in die Wahrnehmung folgen die Constraints, entweder den Kohärenzen der Vernunft oder den Korrespondenzen der Wahrnehmung nicht zu trauen, mit den Dispositionen und Prädispositionen entweder für Korrespondenz- und Widerspiegelungs-Theorien oder idealistische Kohärenz- und sprachanalytische Theorien.

196

So bereitet sich noch in der Patristik mit AUGUSTINUS die Scholastik vor. Da ist nun Wahrheit ewig, unwandelbar und unbedingt und Gott ist die Urwahrheit. Ein christlicher Platonismus füllte die geistige Szene.

Die schulmäßige Diskussion der Scholastik wird in der Zeit KARLS DES GROSSEN durch die Stabilisierung der politischen Verhältnisse und des Bildungswesens in Klosterschulen eingeleitet. Sie wird Wissenschaft schlechthin, eine Suche nach Gewißheit auf der Grundlage der Reflexion. Bekannt ist aus der Scholastik der Universalienstreit um den ontologischen Status der Allgemeinbegriffe, der schon auf die Diskussion zwischen ARISTOTELES und PLATON zurückgeht, um die Bedeutung der Logik und die Grenzen der reflektierenden Vernunft. Autoritäten sind dabei die Heilige Schrift, die Kirchenväter und die antiken Philosophen.

Dies schließt auch die arabische Philosophie des Mittelalters ein. In Bagdad werden Abschriften antiker Texte aus Byzanz besorgt, übersetzt und kommentiert, und es entsteht ein Neuplatonismus, wie man es nennt, auf aristotelischer Grundlage, untermischt mit pythagoräischen Gedanken. Aus dem Osten des Islam wirkt vor allem AVICENNA, aus dem Westen der schon erwähnte AVERROES auf das christliche Hochmittelalter, wie auf THOMAS VON AQUIN. Die Wahrheiten gliedern sich in absolute und akzidentelle, und die Vernunftwahrheiten sind ewig im göttlichen Geist; fortgesetzt im sogenannten ‚älteren Thomismus' der Hochscholastik.

Die Spätscholastik endet im Disput im wesentlichen dreier Schulen, von deren Gegenständen hier die Frage interessiert, ob die Prinzipien der Logik auch für die Theologie gelten. WILHELM VON OCKHAMs Ontologie schließt dabei direkt an THOMAS an, und sein Einfluß reicht bis LEIBNIZ und KANT: Philosophische und theologische Wahrheit sind zweierlei, doch in beiden sind es Wahrheiten der Vernunft.

Dies bereitet das Denken des Humanismus vor und damit die Renaissance. Buchdruck, Entdeckungen, Erfindungen weiten den Gesichtskreis eines neuen Menschen, der sich nun selbst gegenüber den Dingen, verstehen will. GIORDANO

BRUNO ist nur die eindrucksvollste dieser neuen, genialen Individualitäten. Zunächst Dominikaner, dann wegen seines Eintretens für KOPERNIKUS in ganz Europa gejagt, vertritt er eine Emanationslehre ähnlich PLOTIN. Dabei geht es im Grunde um die Grenzen zwischen jenen beiden Wahrheiten. In Venedig wird er deshalb von der Inquisition gefaßt und nach Jahren der Plagen bekanntlich in Rom verbrannt.

Hier schließen die großen, rationalen Systeme des 17. Jahrhunderts an (Abb. 43). RENÉ DESCARTES in Frankreich unterscheidet die von Gott festgesetzten, ewigen Wahrheiten, wie sie sich in der Mathematik äußerten, von den bloß bedingten Wahrheiten aus der Erfahrung; aber auch sie sind nichts, was außerhalb des Denkens existierte. Schließlich, bei dem Deutschen GOTTFRIED WILHELM LEIBNIZ, findet sich die Unterscheidung zwischen zufälligen Tatsachen- und notwendigen Vernunftwahrheiten, welch letztere ursprünglich, gewiß und sogar angeboren sein sollen, weshalb sich von ihnen allerdings keine Rechenschaft geben lasse. Die ewigen Wahrheiten werden säkularisiert. Oder aber Wahrheiten bedürften wie bei BARUCH SPINOZA keines Kriteriums, weil sie in Gott ruhen. Bei GEORGE BERKELEY sind schließlich nur die von Gott uns eingeprägten Vorstellungen wahr, ja es existierte außer der Substanz des Geistes, der Seele und des ‚Ich' überhaupt nichts, nicht einmal eine außersubjektive Wirklichkeit. Nun ist es das Mißtrauen in die Korrespondenz der Wahrnehmung mit der Welt und in die Erfahrung, welche einen ganz anderen Constraint (Abb. 43) entstehen läßt.

Diese rationalistischen Systeme sind typisch dualistisch, die Wahrheiten zweigeteilt. Von THOMAS VON AQUIN über DESCARTES und LEIBNIZ bis BERKELEY werden absolute, ewige, notwendige oder göttliche Wahrheiten, als die primären, den akzidentellen oder bedingten Wahrheiten aus der Welt der Erfahrung gegenübergestellt (Abb. 43).

Wo nun in der Folge des 18. Jahrhunderts die empiristische Achse wie bei KANT und GOETHE in einem Relativismus endet, entfaltet sich die rationalistische Achse, man vergebe mir die Verkürzung, im deutschen Idealismus. Bei SCHELLING ist wahr, was in sich recht und schön und seiner Natur nach ewig ist. Für HEGEL zählt die Übereinstimmung der Vorstellung mit den Dingen nur zum Richtigen. Die Idee ist die Wahrheit, sie ist im Gedanken enthalten, in der göttlichen Idee des Universums. Nach SCHLEIERMACHER ist es die Übereinstimmung des Idealen mit dem Realen. Nur bei JOHANN GOTTLIEB FICHTE findet sich eine Relativierung auf unsere Ausstattung. Objektiv wahr wären unsere Vorstellungen dann, wenn die Art, in welcher uns Dinge unserer Natur nach erscheinen müssen, mit deren Erkenntnisarbeit übereinstimmen. Dennoch, diese Wahrheit bleibt von der Welt abgehoben.

Aber genug der großen, spekulativen Entwürfe. Sie sind trotz ihrer hohen Differenzierung für die gegebene Fragestellung von geringerem Gewicht. Mit dem wissenschaftlichen 19. Jahrhundert wird dagegen das erkenntnistheoretische Interesse wach. Die Theorien der Wahrheit werden, wie gesagt, problematisiert, und vielfach tritt damit ein ganz anderer Typus von Denkern in die Diskussion ein.

Die Moderne

Zunächst sind drei Theorien von Interesse, weil sie dem Problem eigentlich zu entkommen trachten. Die Intersubjektivitätstheorie faßt das Ganze der Forschergemeinschaft ins Auge, ist dem Pragmatismus zunächst nicht fremd und vertritt mit CHARLES SANDERS PEIRCE die Ansicht, daß das Gerede um die Wahrheit im Konsens der Wissenschaftler liegen müsse, welcher sich in einem Optimierungsprozeß der wahren Einsicht wohl stets annäherte. Der Gedanke ist natürlich alt. Er gehört in den Deutschen Idealismus, war aber, wie man sich erinnert, schon in der Spätklassik von AENESIDEMUS vorgeschlagen worden. Er setzt sich auch aus dem 19. Jahrhundert, etwa durch JÜRGEN HABERMAS, bis in unsere Tage fort; mit der Vermutung, daß Tatsachen doch nur in der Kommunikation zur Sprache kommen. – Aber Irren ist wohl jedem, auch außersprachlich, möglich. Doch gewichtiger noch: die Phlogiston-Theorie vom ‚Feuerstoff' hat viele Jahrzehnte, das ebenso falsche Ptolemäische Weltbild jahrhundertelang als optimierter Konsens gegolten.

In der zweiten, der Evidenztheorie nach EDMUND HUSSERL, die ebenfalls aus dem 19. Jahrhundert stammt, wird die Ansicht vertreten, das Evidenzerlebnis zwischen dem erlebten Sinn einer Aussage und dem erlebten Sachverhalt könne als Bestimmung der Wahrheit genügen. In gewisser Hinsicht geht dies auf DESCARTES zurück und setzt sich, durch FRANZ BRENTANO, MARTIN HEIDEGGER und HANS-GEORG GADAMER variiert, wieder bis heute fort. – Die Skeptiker hätten gefragt, von wessen Evidenz die Rede sei, von der des Pavians oder der des Weisen. Man sieht, daß auch mit dieser Wendung dem Problem nicht zu entkommen ist.

Die dritte, die Redundanz-Theorie der Wahrheit ist die amüsanteste. F. P. RAMSEY stellte nun schon in den zwanziger Jahren fest, daß der Satz: „Es ist wahr, daß CAESAR ermordet wurde" nicht mehr aussagt, als daß CAESAR ermordet wurde. Die Floskel sei redundant. Die Wirkung war beträchtlich. Sprachkritisch wird dies von A. J. AYER fortgesetzt und von P. F. STRAWSON weiter elaboriert. Damit sind wir wieder in der Gegenwart angelangt. – Da wir hier Sprache nur als einen Mittler anerkennen, wäre RAMSEY freilich zuzustimmen. Da wir aber das Wahrheitsproblem verwenden, um nach den Quellen der Erkenntnis zu fragen, löst auch dieses Aperçu das Problem nicht.

1) Folgen wir trotz der Diversifikation und der Überschneidungen der neuen Lösungsversuche weiter den genannten Achsen, so ist wieder mit der empiristischen zu beginnen. Hier spricht man heute von einer Korrespondenz-Theorie der Wahrheit. So neu das klingt, ihre Wurzel reicht nochmals bis zu den Vorsokratikern. Man erinnert sich wiederum des Spotts des XENOPHANES, der Formulierung in der klassischen und hellenistischen Periode bei ARISTOTELES und EPIKUR, an die mittelalterliche Aristotelik namentlich des AVERROES und ALBERTUS MAGNUS, sowie weiter an GALI-

200

LEI und BACON und schließlich an den Sensualismus gegen die Zeit der Aufklärung bei LOCKE und CONDILLAC.

Nun erst, im 19. Jahrhundert, wird aus jenem klassischen, dann englischen Empirismus eine auf die Psychologie reduzierende Erkenntnistheorie, der Positivismus, für den AUGUST COMTE und eindeutiger noch JOHN STUART MILL stehen. Aber auch LUDWIG FEUERBACH und EUGEN DÜHRING schließen hier an. Erkenntnisgegenstand könnten nur positive Tatsachen, Erkenntnisquelle kann nur die Erfahrung sein und die Methode ihrer Prüfung die Induktion. Auf diese komme ich speziell zurück. Die Disposition für eine Korrespondenz-Theorie der Wahrheit (Abb. 42, S. 196) ist nun komplett.

Erst im 20. Jahrhundert vollzieht sich eine Wendung, die nicht übersehen werden soll. Zunächst ist es der ‚frühe‘ BERTRAND RUSSELL, der die Korrependenz-Theorie vertritt und vor allem der Physiologe IWAN PAWLOW, der die Theorie ausbaut und auch bei dieser bleibt. Nach dem MACHschen Sensualismus und aus der Diskussion des Empiriokritizismus des RICHARD AVENARIUS und der naiven Widerspiegelungstheorie des frühen Dialektischen Materialismus wandelt sich aber der Positivismus durch eine grundsätzliche Einbeziehung der Logik zum logischen oder Neopositivismus, dies durch den sogenannten ‚Wiener Kreis‘ mit MORITZ SCHLICK, OTTO NEURATH, zum Teil mit LUDWIG WITTGENSTEIN und anderen, welchen sich der spätere BERTRAND RUSSELL und die Deutschen RUDOLF CARNAP und HANS REICHENBACH, wenn auch mit Abweichungen, anschlossen. Die Prädisposition der Widerspiegelungstheorie führt zur logisch-empiristischen Bildtheorie.

Die Konsequenz aus dieser Verknüpfung der Empirie mit der Logik führt zu einem Problem, das sich zwar schon angedeutet hatte, nun aber zum Prüfstein des ganzen Zugangs wurde: das Induktionsproblem mit der Frage, ob neben dem deduktiven Vorgang auch der induktive, nämlich ein Urteil von Fällen auf ein Gesetz, logisch begründet werden könne. Doch davon, wie gesagt, später. Hier rundet sich die

Schilderung dieser empirischen Achse mit der Feststellung, daß dieses Problem bis dato noch umstritten ist. CARNAP z. B. unternahm bedeutende Anstrengungen, eine induktive Logik zu begründen. WOLFGANG STEGMÜLLER und die ganze anschließende ‚Analytische Philosophie' rückte davon ab, und im Rahmen des ‚Falsifikationismus' nach KARL POPPER gilt induktive Logik als eine Unmöglichkeit.

2) Gegenüber der Achse der Empiristen, die in eine Korrespondenz-Theorie der Wahrheit mündete, wandelt sich die Achse der Idealisten zur Disposition ‚*Innerer Kohärenz-Theorien*' (Abb. 43, S. 196). Zunächst schließt, noch aus dem 19. Jahrhundert, mit dem Neuhegelianer FRANCIS HERBERT BRADLEY, aber auch mit neuplatonischen, selbst platonischen Ansätzen eine ‚Idealistische Kohärenztheorie' an. Wieder blickt man damit zurück über die ganze Achse dieser Entwicklung. Wahr ist nämlich eine Aussage, wenn sie auch im umfassenden Zusammenhang verständlich ist und sich in nichts widerspricht. Von England setzt sich dies in die USA der Moderne fort. B. BLANCHARD fügt noch die Selbstevidenz hinzu, sogar etwas wie mystische Einsicht in die Ansicht von Autoritäten, aber auch den Erfolg der Handlung, die aus der Absicht einer Aussage folgt, daß sie in die Welt hineinpaßt. Hier deutet sich etwas wie die Erwartung auch einer kohärenten Wirklichkeit an, wird aber als Bedingung noch nicht ausgeführt.

Ausgebaut werden vielmehr semantische und sprachanalytische Theorien, die sich alle um Rechtfertigungen der uns möglichen Weise des Ausdrucks bemühen. Große Wirkung übte A. TARSKIs semantische Wahrheits-Theorie schon in den dreißiger Jahren aus, insbesondere auf Logik, Mathematik und Sprachphilosophie im Rahmen der analytischen Philosophie und des kritischen Rationalismus. Und dies geschah sehr folgerichtig. Denn obwohl TARSKI überzeugt war und POPPER dies bestätigt, den Intentionen des ARISTOTELES zu entsprechen, wird das Problem der *adaequatio*, die Frage, wie es zu verstehen sei, daß Begriffe (und in welcher Weise sie) der Welt entsprechen können, gar nicht untersucht. Die Korrespondenz wird vorausgesetzt. Vielmehr bemüht sich TARSKI um ein Kontrollsystem wissenschaftlicher, formaler Semantik; die Kontrolle besteht aus der Prüfung geschlossener Kohärenzen mit logischer Widerspruchsfreiheit am Sprachgebrauch. Korrespondenzen werden nur innerhalb seines rationalen Systems untersucht, indem die Prüfung jener wissenschaftlichen Sprachen den Nachweis der Übereinstimmung mit einer jeweils zu konstruierenden Metasprache vollzieht, eine Sprache also, mit deren Hilfe über wissenschaftliche Sprachen gesprochen werden kann.

Man hat eingewendet, daß Begriffe, die für den einen annehmbar wären, für andere unannehmbar sein könnten, daß das System nur für den formal-deduktiven, nicht aber für den ‚voranalytischen' Wahrheitsbegriff gelten könne oder daß seine Metasprache von einer Meta-Metasprache zu kontrollieren wäre, was in einen unendlichen Regreß liefe und daher wieder keine Lösung brächte. Wie dem auch sei, man wird den Wert einer rationalistischen Prüfung nach Kohärenzen im System nicht verkennen. Mit empiristischen Prüfungen der Korrespondenz zwischen Begriff und Welt hat dies nichts zu tun. Breite Differenzierung findet eine solche rationale Prüfung als Prädisposition in den Formen der sprachanalytischen Theorien der Wahrheit seit den vierziger Jahren (Abb. 43, S. 196).

Im Strome der Tradition FREYE, WITTGENSTEIN, TARSKI, CARNAP entsteht eine ‚formal-semantische Wahrheits-Theorie'. Nach D. DAWIDSON werden saubere Bestimmungen der Wahrheit nur möglich, wenn von den Tatsachen abgesehen wird. Argumentationsstrategien, die sich auf Tatsachen stützen, machten eine philosophisch schlechte Theorie. Die Achse nähert sich einem Ende; nur noch die ratio machte vertretbare Philosophie. Auch bei ERNST TUGENDHAT geht es in seinem Verifikations-Konzept um Verifikationen zwischen Sätzen. Der empirisch-gegenstandstheoretische Ansatz wird peinlich vermieden.

In der ‚performativen Theorie der Wahrheit', von der die Diskussion um RAMSEY und TARSKI ausging, verlangte P. F. STRAWSON, daß eine Aussage vollziehend, performativ zu verstehen sei, und die Bestätigung liege im Handeln. Wie nahe sind wir hier wieder dem ‚Handeln im gedachten Raum'. Aber STRAWSON hat den Ansatz aufgegeben. Ähnlich operiert die ‚fundamental-semantische Theorie' mit P. HINST als Gewährsmann, als ein sprachtechnisches Unternehmen, doch mit der Lösungsmöglichkeit, im Sinne des späten WITTGEN-STEIN, die Bedeutung eines Ausdrucks auf seine Verwendung in einer Handlung zu beziehen. Diese Position kennen wir schon. Man müßte nun auf Kohärenzen mit der Welt zurückgreifen. Das aber müßte entlang der ganzen rationalistischen Achse wie ein Verrat an den errungenen Einsichten erscheinen.

Lösungsansätze und evolutionäre Lösung

Erst seit den siebziger Jahren wird eine Strömung deutlich (3 a), die von der Suggestion der beiden traditionellen Achsen abzuheben beginnt. Wir verlassen damit die Geschichte der getrennten Strömungen, die wir durch zweieinhalb Jahrtausende verfolgten. Das Folgende hat zum Ziel, den Weg zu ihrer Vereinbarkeit zu zeigen.

Diese ‚kriteriologische Theorie der Wahrheit' geht von NICHOLAS RESCHER aus. Er betrachtet Wahrheit als Korrespondenz einer Ansicht mit Tatsachen und fragt, was man rationaler- wie berechtigterweise als wahr zu betrachten habe. Dabei unterscheidet er außerlogische oder Tatsachen-Wahrheiten von logischen Wahrheiten. Die Quelle der ersteren muß wohl die Erfahrung sein; als Quelle der letzteren bedarf es pragmatischer Gesichtspunkte des Erfolges der Logik in der Lebenspraxis. Das ist ein kritischer Punkt. Aber auch Datenmaterial entspricht noch nicht dem Kriterium der Wahrheit. Erst Erwartungen aus Daten werden sich der Wahrheit nähern, wenn sie sich in einem weiteren, systematischen Zusammenhang als in sich kohärent und widerspruchsfrei erweisen. Das setzt eine in sich ebenso kohärente wie widerspruchsfreie Welt voraus. Dies ist der zweite kritische Punkt.

Aber eine widerspruchsvolle Welt anzunehmen, sagt RE-
SCHER sehr zu Recht, wäre selbstzerstörerisch.

Wir müssen nach RESCHER „die orthodoxe Auffassung
aufgeben ... daß im Voraus eine (erste) Wahrheit anzunehmen wäre". Vielmehr wird nun, ganz holistisch gesehen, die
Annehmbarkeit eines jeden Elements von dessen Fähigkeit
abhängen, in ein wohlgeordnetes Ganzes interpretiert zu
werden. Das ist Pragmatik. Aber „der Mensch ist nicht nur ein
theoretisches Wesen, das nur auf Begreifen aus ist, sondern
ein praktisches Wesen, das in der Welt handelt." Und, so füge
ich hinzu, dessen erfolgreiches Handeln über alle Generationen seiner Herkunft die Vorbedingung ist, daß er auch ein
theoretisches Wesen werden konnte.

Freilich ist auch hier noch nicht alles ausgestanden, wie
LORENZ BRUNO PUNTEL so eindrücklich nachweist. Das
betrifft vor allem die Begründung der Logik, von der ULRICH
BLAU jüngst feststellte, daß diese die Kohärenztheoretiker
entweder blind oder mit schlechtem Gewissen verwenden.
Aber auch er räumt ein, daß sie wohl nicht vom Himmel
gefallen ist. Wir sind zurück bei unserem Thema. Was begründete die Wahrheit in der Logik?

Daß nun alle jene bedeutenden Denker, die wir hier be-
schworen, so lupenreine Empiristen oder aber ebensolche
Rationalisten waren, wie dies die beiden Achsen suggerieren,
ist nicht wahrscheinlich. Ich glaube vielmehr, daß es die
Schulen im jeweiligen Zeitgeist waren, welche sie vor den nur
zu offensichtlichen Schwierigkeiten einer Synthese in die sich
anbietenden alternativen Lösungen drängten, wie widersprüchlich diese auch waren. Daß es aber immer wieder
große Geister gab, welche die Synthese ahnten, ist nicht zu
verkennen. Ich konnte dies für KANT und GOETHE feststellen
(Abb. 42/43, S. 196). Selbst bei ARISTOTELES' Ansicht war
nicht auszuschließen, daß er *sensatio* und *ratio* als gleichermaßen notwendige Quellen dessen betrachtete, was wir Wahrheit nennen. Dies hatte sich sogar schon bei den Vorsokratikern, in der Diskussion um die Herkunft des Wissens, Mitte
des 3. Jahrhunderts v. Chr. angekündigt; die sogenannten ‚jün-

geren Naturphilosophen', EMPEDOKLES, ANAXAGORAS und DEMOKRIT waren bestrebt, die extremen Standpunkte der ‚ionischen Physiologen' und der Eleaten zu vereinen. Aber die Synthese hielt nicht, im Gegenteil; mit der Differenzierung des Erkenntnisproblems liefen die Standpunkte nur wieder auseinander.

Entsprechend tat solcherart Bemühung auf unsere Geistesgeschichte kaum eine Wirkung. Vielmehr werden wir die Folgen der Spaltung in zwei Strömungen in unserer Kulturgeschichte, und dort in schmerzlicher Weise, wiederzufinden haben.

Die Lösung, die sich aus evolutionärer Sicht anbietet (3 b), hat eine Bedingung zu begründen, welche der entscheidenden These RESCHERs entspricht: eine kohärente, in sich widerspruchsfreie, außersubjektive Wirklichkeit. Die Annahme einer widerspruchsvollen Welt wäre nicht nur selbstzerstörerisch, sie ließe auch den an dieser Welt entwickelten und uns eingebauten Lernmechanismus nicht verstehen.

Dieser ratiomorphe, iterative Mechanismus ist von einer Art, die nur an einer widerspruchsfreien Welt, oder doch ihren kohärenten Phänomenen, entstanden sein kann. Es gibt allerdings bislang auch noch kein Phänomen im Rahmen verläßlicher, empirischer Erfahrung, das auf die Existenz inkongruenter Reste hinweist. Mit zunehmender Kenntnis dieser Welt wird es auch zunehmend unwahrscheinlich, daß solche Reste existieren. Das gilt besonders dann, wenn man sich die Grenzen des Anschauungs- und Vorstellungsvermögens unserer erblichen Ausstattung vor Augen hält. Freilich ist uns der vierdimensionale, in sich zurückgekrümmte Raum sinnlich nicht abbildbar, und der Welle-Teilchen-Dualismus erschien wie ein Widerspruch, bis man einsehen mußte, daß dies wieder nur an unseren Sinnen liegt. Aber auch die Erdrotation widersprach der sinnlichen Wahrnehmung, ebenso wie die Antipoden, die wohl auf dem Kopf stehenden Menschen, der Vorstellung zu widersprechen schienen.

So ist auch unser Vorstellungsvermögen herausgefordert, wenn es gilt, zwei, ja sogar drei Formen des Wahren zu akzeptieren. Was wir als empirische oder aber als rationale oder logische Wahrheit erleben, ist zweierlei.

i) Wie in Teil 2 dargelegt, entsteht das, was wir nun empirische Wahrheit nennen, als Anpassung des inneren Binnensystems an das Außensystem, das Milieu, und führt zu einem induktiv-kybernetischen Prinzip. Dabei greift dieser Prozeß von einer Anpassung an relevante Milieubedingungen auf die Adaptierungen von Theorien über die uns erreichbare außersubjektive Wirklichkeit weiter. Das primäre Selektionsprinzip strebt die widerspruchsfreie Korrespondenz mit dem relevanten Außensystem an, denn von diesem kommt der Selektionsdruck. Erst in zweiter Linie wird nach den Kohärenzen im inneren Binnensystem selegiert, also nach den Möglichkeiten der Organisation, die an der Kreatur schicksalhaft haftet.

Dies ist ein Optimierungsprozeß, der zunächst zwischen Bestärkung und Enttäuschung, dann zwischen Bestätigung und Widerlegung pendelt. Doch nicht die einzelne Kette von Bestätigungen sichert die Näherung an die Gewißheit. Wir befänden uns dabei, wie wir schon von BERTRAND RUSSELL zitierten, in der Lage eines Huhnes, das mit jedem Tag der Fütterung seinen Fütterer mehr für seinen Wohltäter halten muß, ohne wissen zu können, daß es gefüttert wird, um im Suppentopf dieses Wohltäters zu landen. Denn die einzelne Kette der Beobachtungen hat auch die Phlogiston-Theorie vom Feuerstoff jahrzehntelang und das ptolemäische Weltbild sogar jahrhundertelang bestätigt.

Was allein auf einen Prozeß der Optimierung hoffen läßt, ist die Forderung widerspruchsfreier Kohärenz unserer Erwartungen und Theorien und der lückenlose Erfolg der auf ihnen beruhenden Handlungen. Je dichter dieses Netz geflochten wird, je weiter es diese Welt umfaßt und je lückenloser es sich bestätigt, um so näher mögen wir der empirischen Wahrheit kommen.

ii) Dies ist mit den rationalen oder logischen Wahrheiten anders. Wieder wird man sich aus Teil 2 erinnern, daß das, was wir nun logische Wahrheit nennen, als Abstimmung der inneren Binnensysteme, im Rahmen ihres äußeren Binnensystems, also der Individuen in ihrem Umfeld der Kommunikation, entsteht, und es führt zu einem deduktiv-logischen Prinzip. Dabei greift dieser Prozeß vom wechselseitigen Erkennen von Gameten über die Körper- und Lautsprache in die formalen Sprachen weiter. Das primäre Selektionsprinzip ist die Kohärenz, zunächst die Eindeutigkeit der Verständigung und später die Widerspruchsfreiheit im System, die bis in die formalen Sprachen das einzige Kriterium der Wahrheit bleibt. Von dort kommt der Selektionsdruck.

Erst in einer zweiten Linie geht es um Korrespondenz mit dem Außensystem, welche von den in der Stammesgeschichte spät entstehenden Mitteilungen über das Milieu bis zur Applikation der Mathematik führt.

Auch dies ist ein Optimierungsprozeß, der zunächst von einer Adaptierung der Semantik und einer Säuberung der Syntax in den europäischen Kulturen zu den verschiedenen Formen der Logik führt, insofern diese wie die Quanten-Logik etwas mit der Welt zu tun haben wollen. Und dennoch bleibt die Kohärenz, die Widerspruchsfreiheit im System, auch die letzte Selektionsbedingung.

Beide Wahrheiten erweisen sich als notwendige und keine der beiden als zureichende Bedingung für eine der Wahrheit sich annähernde Erkenntnis der Welt. Die Verschränkung beginnt zwischen individueller Erfahrung und Kommunikation, zwischen Weltverständnis und Semantik und endet zwischen Naturgesetz und dessen formaler Schreibung.

Was sich bewährt, das ist ein kohärentes Binnensystem in seiner Korrespondenz mit einem als kohärent zu postulierendem Außensystem. Bei Experimenten mit ernster Selektionsbedingung, also der Möglichkeit personeller Elimination, verlassen wir uns stets auf ein Zusammenwirken beider Wahrheiten. Wenn man auf den Mond und wieder heil zurückkommen will, dann ist es ratsam, der Empirie der Gravitationsgesetze ebenso zu vertrauen wie der Logik der Algorithmen im Bordcomputer.

iii) Wie angedeutet, darf auch eine dritte Wahrheit nicht übersehen werden: eine kollektive Pseudowahrheit von einigem Einfluß auf die Lebenspraxis. Sie tritt für den Fall auf, daß in einer Sache niemand etwas wissen kann, und man richtet sich dann nach der Meinung aller. Was da aber so leicht gesagt ist, war und bleibt wohl für immer das Problem aller reflektierenden Kreaturen. Es beruht auf dem Bedürfnis, in einem Meer von Ungewißheiten überall, und sei's in Form eines Strohhalms, bescheidene Gewißheit zu finden, denn nach wie vor bedeutet Gewißheit der Prognostik Lebenserfolg.

Da bietet bereits die Schulenbildung, wie man hoffte, einen Ankerplatz, oder doch das solide, geistig-soziale Nest. Die Fülle der Dinge, die niemand wissen konnte, aber ein Urteil zu verlangen schienen, hat unsere Geistesgeschichte geleitet. Und im Prinzip wird sie diese auch nie verlassen.

Die Frage nach den Ursachen der Dinge
(oder: Woraus sich die Welt erklären ließe)

Zum Kausalproblem und seiner Geschichte in der traditionellen Philosophie gibt es große Dokumentationen, wie in LANG (1904), neuerdings von STEGMÜLLER (1974), kurze Darstellungen in RITTER (ab 1971) und MITTELSTRASS (1980–84) und in diesen die weitere Literatur. Meine evolutionäre Betrachtung des Problems wurde durch das Studium von ARISTOTELES angeregt und durch die Einsicht in einen doppelten kognitiven Dualismus. Dazu verfaßte ich 1978/79, 1981 und 1994 Aufsätze; auch meine Publikationen von 1980 und 1985 befassen sich zu einem Gutteil mit dem Kausalitätsproblem. Man vergleiche auch die von WUKETITS 1981 vorgelegte Arbeit.

Ähnlich unserer Kulturgeschichte von der ‚Herkunft des Wissens' beginnt auch unser Fragen nach den Ursachen der Dinge in ur- und vorgeschichtlicher Zeit aufzutauchen. Die erhaltenen Kultstätten und Figurinen belegen dies, und offenbar wollte man sich mit dem Beweger dieser Welt verständigen, Dioskuren beschwichtigen oder schon in jener Frühzeit das beeinflussen, was wir Schicksal nennen.

Mit den ersten schriftlichen Dokumenten finden wir uns zum viertenmal am Beginn der griechischen Philosophie, in der Welt der sogenannten ‚Hylozoiker‘ THALES, ANAXIMANDER und ANAXIMENES, Vorsokratiker des 6. Jahrhundert v. Chr. „Wie die Luft als unsere Seele uns zusammenhält", ist von ANAXIMENES überliefert, „so umfaßt Hauch und Luft die ganze Welt." Alles in diesem Weltbild war als belebt, in einem Sinne sogar als beseelt gedacht, „daß die Materie nie ohne Geist, der Geist nie ohne Materie wirksam sein kann", wie dies GOETHE formuliert.

Mit dem kritischen Fragen wurde diese Art eines Pantheismus der ionischen Naturphilosophen verlassen. Die Auffassungen von den Ursachen der Welt begannen sich einzuengen und dann bald zu spalten. Könnten wir jene Begriffe ‚Seele‘ und ‚Geist‘ einfach als oberste, formierende Prinzipien auffassen, so müßten wir diese Verengung schon an dieser Stelle bedauern. Denn die folgende Auseinandersetzung hat unsere gesamte Kulturgeschichte begleitet. Und sie ist durchaus noch nicht ausgestanden.

Jene Naturphilosophen unterschieden auch bereits drei Arten von Ursachen, was man später *causa efficiens, materialis* und *finalis* nennen wird, etwa Antriebe, Materialien und Ziele. ARISTOTELES wird eine vierte hinzufügen. Und wenn man sich Ursache und Wirkung auch in dem Sinne vorstellte, wie eine Schuld die Sühne nach sich zieht, dachte man sich diese durchaus als Umstände der außersubjektiven Wirklichkeit, gewissermaßen immanent, und sah kein Rätsel darin, diese auch wahrnehmen zu können. All dies wird sich später wandeln.

Von der Antike zum Mittelalter

1) Der Anfang der Achse des Denkens, die zur materialistischen Kausalbetrachtung führen wird, reicht ins 5. Jahrhundert v. Chr., in das Weltbild der ‚antiken Atomisten‘, wahrscheinlich zu LEUKIPP und, wie bekannt, zu DEMOKRIT. Man setzte sich die Welt aus mehreren materiellen Prinzipien zusammen, durch Antriebe deterministisch bewegt, und bedurfte keines göttlichen Eingreifens. Das Pandämonium wurde säkularisiert. Über EPIKUR und LUKREZ läßt sich dieses Konzept zunächst bis in die Zeitenwende verfolgen, wo es allmählich im frühen Christentum verblaßt.

Eine bedeutende Rolle kommt insbesondere in dieser Achse ARISTOTELES zu, der, wie erwähnt, den drei Ursachenformen noch eine weitere, die *causa formalis*, hinzufügte, ein form- und strukturgebendes Prinzip, welches neben jenen Kräften, Materialien und Zwecken, die, wie er es illustriert, notwendige Voraussetzungen für einen Hausbau sind, nun dem Bauplan entspräche. Sie ist gewissermaßen eine selegierende und ordnende Bedingung, die dem Ungeformten die Form gibt, die entscheidet, welches zu wählende Material in welche Lage gehört. Auch entdeckte er eine Symmetrie, indem er die *causa efficiens* und *finalis* der *causa materialis* und *formalis*, wie Wirkungen von außen solchen von innen, gegenüberstellte. Die *causa finalis* ist dabei dem Aristotelischen Begriff der Teleologie verwandt, insofern ein System sein Ziel in sich trägt, ähnlich dem heute belegten chemisch kodierten Programm, das ein Hühnerei zielgerecht fast immer zum Küken und zum Huhn werden läßt, also als ein durchaus materielles Wirken.

Diese Symmetrie des Aristotelischen Konzepts ist aufschlußreich, weil die ARISTOTELES-Interpretationen, wie sie von der Scholastik bis in unsere Tage reichen, diesen Denker zu Unrecht zur Stützung idealistischer Konzepte hinüberinterpretieren. WOLFGANG KULLMANN hat dies in mehreren Schriften jüngst nochmals nachgewiesen.

In der auf ARISTOTELES und die dieser Sicht verwandten

Geister EPIKUR und LUKREZ folgende Zeit des frühen Christentums tritt eine Skepsis auf, die vor allem durch den griechischen Arzt SEXTUS EMPIRICUS aus dem 3. Jahrhundert n. Chr. vertreten ist. Freilich wirkt hier bereits die zweite Achse aus den Platonisten und Apologeten herein. Aber diese Skepsis wird namentlich seit dem 17. Jahrhundert in beiden Achsen subjektivistische Seitenlinien entstehen lassen, so daß auch dies schon an dieser Stelle zu beachten ist. An sich wurde nicht mehr entdeckt als der dialektische Widerspruch, daß die Ursache einer Wirkung erst dann vorherzusehen ist, wenn sie bereits existiert. Dies wurde aber als logischer Widerspruch mißverstanden und nochmals irrtümlich gegen das noch übliche objektive Kausalitätskonzept verwendet.

Noch wird Kausalität als eine Eigenschaft der außersubjektiven Wirklichkeit betrachtet, und inmitten der Hochrenaissance, als die Kirche große Macht entfaltet, entsteht eben auch eine Renaissance der materiellen Kausalbetrachtung durch die irdische Mechanik und die Himmels-Mechanik von GALILEI und KEPLER; eine Galileische Revolution mit ebenso bedeutenden wie fatalen Wirkungen auf die Wissenschaften bis in die Moderne.

Aus dem breiten Konzept des ARISTOTELES bleibt nur mehr die *causa efficiens* Gegenstand der Forschung und wird von da an zur vermeintlich zureichenden Erklärung der Naturdinge. Was war geschehen?

Nun ist es zunächst der Gegenstand, der bei beiden eine mechanistische Sicht nahelegte. Es waren neue Begriffe aus der reduzierten Betrachtung entstanden, die nicht anders als metrisch sinnvoll beschreibbar blieben; was die nichtmetrischen Begriffe auch gleich zu unwissenschaftlichen machte. Und noch etwas anderes geschah. Der Ort der Ursachen verengte sich. Wo noch PARACELSUS überwiegend an ‚innere Ursachen‘ dachte, waren nur mehr ‚äußere Ursachen‘, also Wirkungen von außen, verblieben. Die Beschränkung erscheint eindeutig.

Bedenkt man aber die Bedeutung ebenso wie die Wachsamkeit, die Macht und den Rechtsanspruch der damaligen Kirche, dann wird man noch ein weiteres Argument nicht ausschlagen. Sowohl die Gläubigkeit, jedem Frevel ferne Haltung dieser beiden Heroen, GALILEI und KEPLER, welche einerseits die Gemeinde der Gläubigen lediglich an der Würde einer noch viel größeren Welt CHRISTI teilhaben lassen wollten, und andererseits die Gefährlichkeit, sich in die Dogmen von der materiellen form- und zielgebenden Weltschöpfung zu verstricken mußten auf diese Beschränkung gewirkt haben. Schon was die *causa efficiens* an Neuem brachte, war, wie man weiß, für das Wohlergehen der beiden gefährlich genug. Das Ende des SAVONAROLA ist uns bekannt.

Es zählt wohl zu den Paradoxien dieser Kulturentwicklung, daß es eines idealistischen Lagers bedurfte, um ein anderes materialistisch werden zu lassen, und, wie wir finden werden: dasselbe umgekehrt. Damit ist eine Bürde übernommen und ein Constraint vorbereitet (Abb. 44, S. 214), welche die materialistische Achse zum szientistischen Positivismus lenken werden.

2) Die zweite Achse reicht ebenso bis in die Zeit der Vorsokratiker zurück. Man erinnert sich an die Sicht schon des PARMENIDES. Von ihm ausgehend finden wir das erste große System idealistischer Kausalauffassung der Antike von PLATON ausgearbeitet. Für ihn leiten die Ideen zu den wahren Ursachen der Dinge.

Wir sind dieser Ideenwelt schon begegnet. Gemeint ist ja nicht individuelle Kreativität, wie das der Terminus ‚Idee‘ heute nahelegt, vielmehr eine Teilhabe unseres Verstandes an der Welt der Dinge, wie ein Wiedererinnern an eine der Seele wie den Dingen vorgegebene Weltordnung. Gemeint sind somit die als vernünftig wirkenden Gründe und erst als ‚Mitursachen‘ die materiellen, die blind und vernunftlos sind, aber von der Vernunft geleitet werden können.

Damit liegt auch ein prinzipiell anderes Teleologie-Konzept vor, eine universell transzendente Teleonomie. Dagegen verwandte der auf ihn folgende ARISTOTELES ein universales, aber noch immer immanentes Teleonomie-Konzept. Bei ihm

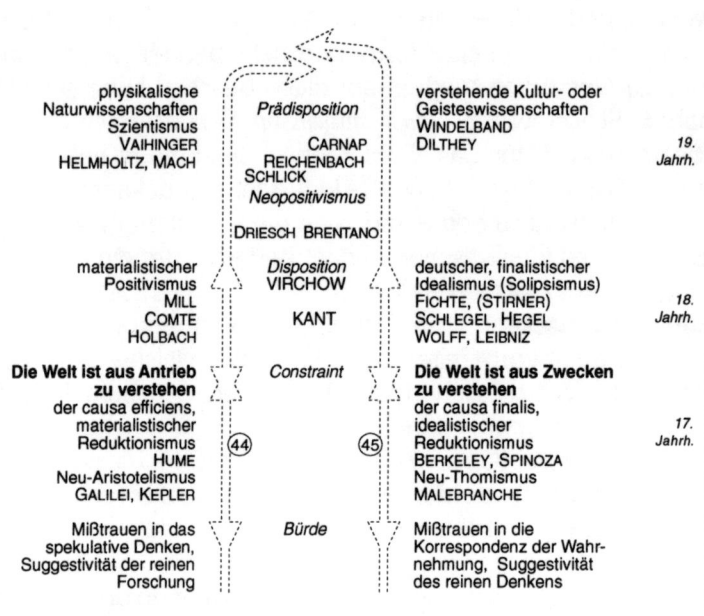

physikalische Naturwissenschaften Szientismus VAIHINGER HELMHOLTZ, MACH	*Prädisposition* CARNAP REICHENBACH SCHLICK *Neopositivismus*	verstehende Kultur- oder Geisteswissenschaften WINDELBAND DILTHEY

DRIESCH BRENTANO

physikalische
Naturwissenschaften
Szientismus
VAIHINGER
HELMHOLTZ, MACH

Prädisposition

CARNAP
REICHENBACH
SCHLICK

Neopositivismus

DRIESCH BRENTANO

materialistischer
Positivismus
MILL
COMTE
HOLBACH

Disposition
VIRCHOW

KANT

verstehende Kultur- oder
Geisteswissenschaften
WINDELBAND
DILTHEY

deutscher, finalistischer
Idealismus (Solipsismus)
FICHTE, (STIRNER)
SCHLEGEL, HEGEL
WOLFF, LEIBNIZ

**Die Welt ist aus Antrieb
zu verstehen**
der causa efficiens,
materialistischer
Reduktionismus
HUME
Neu-Aristotelismus
GALILEI, KEPLER

Constraint

(44)   (45)

**Die Welt ist aus Zwecken
zu verstehen**
der causa finalis,
idealistischer
Reduktionismus
BERKELEY, SPINOZA
Neu-Thomismus
MALEBRANCHE

Mißtrauen in das
spekulative Denken,
Suggestivität der reinen
Forschung

Bürde

Mißtrauen in die
Korrespondenz der Wahr-
nehmung, Suggestivität
des reinen Denkens

19.
Jahrh.

18.
Jahrh.

17.
Jahrh.

Abb. 44/45: BCD-*Schema zum Problem von den Ursachen der Dinge.* Aus den Bürden eines Mißtrauens entweder in das spekulative Denken oder aber in die Korrespondenz der Wahrnehmung mit der Wirklichkeit folgen die Constraints, die Welt aus den Antrieben oder aber aus ihren Zwecken zu verstehen, mit den Dispositionen und Prädispositionen entweder zum materialistischen Positivismus und dem Szientismus der ‚erklärenden' Naturwissenschaften oder zum finalistischen Idealismus und den ‚verstehenden' Geisteswissenschaften.

214

liegen die Ursachen in den Dingen der Welt selbst, bei PLATO liegen sie außerhalb der Dinge und selbst der Welt. Die pantheistische Welt der Hylozoiker war einer abstrakt theistischen gewichen.

Man wird verstehen, daß auch in diesem Zusammenhang der sich anschließende Platonismus seine Wirkung auf das darauf entstehende Christentum nicht verfehlte. Die theistische Konzeption hatte Anlage, monotheistisch zu werden. Sie führte schon in den ersten Jahrhunderten zum Neuplatonismus. Und so sehr auch die Kirchenväter und die Scholastiker ARISTOTELES als Gewährsmann beanspruchten, PLATONs transzendente Sicht ließ die *causa finalis* zur ersten Ursache aller Ursachen werden und von jenseits auf die Welt wirken. Sie wurde zu den Absichten Gottes, den *causae exemplares*. Mit der folgenden Autorität eines THOMAS VON AQUIN entsteht eine Hierarchie der Ursachen in einer Weltordnung, die auf Gott ausgerichtet ist.

Dies ist dann die Lehre, die bis in die Zeit der Reformation als der sogenannte ‚ältere Thomismus' die Welt bestimmte. Gegen diese mußten GALILEI und KEPLER sich mit ihren Entdeckungen abgrenzen. Die Bürde führt nun zum Constraint, die Welt aus ihren Zwecken begründen zu wollen, mit der Disposition zu einem finalistischen Idealismus.

Das Problem in der Neuzeit

1) Die materialistische Achse, die wir mit beginnender Neuzeit, mit GALILEI und KEPLER, verließen, setzt sich zunächst zeitgleich in den ‚englischen Empiristen', zuerst mit FRANCIS BACON danach mit THOMAS HOBBES fort. Die mechanisch-materialistische Kausalbetrachtung erhält ihre philosophische Legitimation. Es geht um Stoß und Druck, wie man später sagen wird: um Kraftübertragung, mit dem Ziel, allen Wunderglauben aus der Wissenschaft zu bannen. Wissenschaft wird wieder säkular, und der Vorgang der Erkenntnis der Ursachen gewinnt an Interesse. Wir werden dem

Thema im Rahmen des ‚Induktionsproblems' noch näher kommen.

Man sieht damit das Aufkommen einer neuen Skepsis voraus; anders zwar, als wir sie von SEXTUS EMPIRICUS kennen, führt nun die Skepsis im 18. Jahrhundert mit DAVID HUME nicht minder zur Frage, ob es das, was wir mit ‚weil' beantworten, in der außersubjektiven Wirklichkeit überhaupt gebe. HUME kommt zu dem Ergebnis, daß dies nicht zu beweisen sei. Nur das ‚wenn-dann' ist beobachtbar, das ‚weil' muß in die Welt hineingelegt werden.

Aus der objektivistisch immanenten Kausalbetrachtung entsteht eine subjektivistisch relative. Das ‚weil' erscheint als individuelles ‚Bedürfnis der Seele' und der erreichbare Gewißheitsgrad der Einsicht als eine Bedingung der Art der Beobachtungen. Die Wirkung ist beträchtlich.

Wir werden zur gleichen Zeit auch in der idealistischen Achse einen Wandel zum Subjektivismus noch bedeutsamer finden: neben dem Schotten HUME durch den Iren GEORGE BERKELEY. Die Zeit hat sich gewandelt.

Großen Einfluß hatte HUME auf IMMANUEL KANT. Auch für diesen ist dann kausale Verknüpfung nur der Beobachtung zu entnehmen. Deshalb könnte ich mich schon in dieser Achse auf ihn beziehen. Aber er gibt HUMEs Position eine entscheidende Wendung: Nicht ein bloßes Bedürfnis der Seele lasse sich vermuten, ein Wissen, ein A*priori* des Verstandes garantiere uns, unsere Vorstellungen nach Ursache und Wirkung zu ordnen. Die Lösung ist in den Bedingungen der Erkenntnismöglichkeit unseres Verstandes zu suchen. Deshalb werde ich auf KANT in der zweiten Achse noch einmal zurückkommen.

Unmittelbarer als über HUME setzt sich der englische Empirismus im ‚französischen Materialismus' des 18. Jahrhunderts fort. Hier entsteht, etwa mit PAUL HOLBACH, ein mechanistisch physikalisches Weltbild deterministischer Kausalität, antitheologisch und antifinalistisch, das nicht einmal den objektiven Zufall anerkennt. Und da es auf soziale Fragen hinausläuft, gewinnt es fatalistische Züge.

des älteren Thomismus. An der Spitze der Hierarchie der Ursachen stand Gott. Und, auffallend genug, an dieser Lösung hat sich, trotz aller Profilierung der großen Geister der folgenden Jahrhunderte, bis heute nichts geändert.

Noch fast als Zeitgenosse GALILEI und KEPLER tritt in dieser Achse ein Revolutionär auf, der auf die Moderne etwa den gleichen Einfluß ausübte, wie gut hundert Jahre später HUME auf der Gegenseite: RENÉ DESCARTES, von den Idealisten ‚Vater der modernen Philosophie' genannt. DESCARTES geht von Gründen aus. Das sind nun Urteile oder Gedanken, introspektiv vollziehbar, metaphysisch oder logisch zu begründen. Entsprechend teilt DESCARTES in Real- und Idealgründe, denen die Ursachen der Welt und die Ursachen der Seele entsprächen: Seins- und Denk-Gesetze. Erstere sind ausgedehnt, letztere haben ihren Sitz in einem ausdehnungslosen Punkt im Gehirn. Ein Dualismus von extremer Art ist damit entstanden.

Die Hierarchie bleibt dabei erhalten. Da Gott die Welt ins Dasein gerufen hat, bleibt sie von seinem Willen abhängig. Folglich ist Gott auch der letzte Realpunkt, sei es für die Gesetze des Verharrens, die der linearen Bewegung, wie die der Veränderung. Die Zwecke Gottes sind die ersten aller Ursachen. Und da auch alle, wie wir heute sagen würden: Antriebe der Dinge, auf ihn zurückgehen, ließe sich daraus auch seine Existenz beweisen.

Die Cartesianer standen dann angesichts eines solchen Dualismus vor der Frage, wie sich die Entsprechung der Seins- und Denkgesetze begründen ließe, ohne daß Leib und Seele, wie sich doch gelegentlich zeigte, aufeinander wirken könnten. Die Bewegung des ‚Okkasionalismus' wie bei NICOLAS MALEBRANCHE, ist die Folge und mündet mit BARUCH SPINOZA in eine ‚Pantheisierung' der Kausalvorstellung. (Wir sind noch im 17. Jahrhundert.)

An der Wende zum 18. Jahrhundert gibt GOTTFRIED WILHELM LEIBNIZ auch dem Problem eine neue Wende. Sein Bemühen kreist um die Systematik einer geschlossenen, widerspruchsfreien Wirklichkeit. Dies verlangt die Annahme

219

einer prästabilierten Harmonie der Welt und eine Theorie des erkennenden Bewußtseins, die freilich nicht empirisch synthetisch, sondern in der Nachfolge DESCARTES' nur logisch, analytisch sein kann. Für diese Annahme werden nun die Gründe aufgesucht, welche gedanklich aus der Notwendigkeit der Erwartung von Realgründen die Wirkursachen folgen lassen sollen: Denknotwendigkeiten. Erste Wirk-Ursache sind seine Monaden, die letzte Wirk-Ursache Gott.

Mit der Theorie des Bewußtseins wird zwar der Substanz der Geschöpfe der Charakter selbständigen Wirkens zurückgegeben, aber ein Subjektivismus, gegenüber HUME nun idealistischer Art, ist entstanden, der nach der Jahrhundertwende BERKELEY zu der Behauptung veranlaßt, eine vom Denken unabhängige Außenwelt existiere real gar nicht, sondern nur die uns durch den göttlichen Geist eingegebene Substanz unserer Seelen.

LEIBNIZ' Schüler CHRISTIAN WOLFF führt, wenn auch mit Einmengung aristotelischer, stoischer und scholastischer Züge, das idealistische Konzept in eine weitere Systematik. Diese wird zur herrschenden Lehrmeinung, er selbst zum Begründer des deutschen Rationalismus und zum letzten vorkantischen Philosophen dieser Achse. Auf diese Serie großer dogmatischer Systeme folgt eine Periode des Kritizismus, allen voran mit IMMANUEL KANT, und mit noch größeren Systemen.

KANT hat den HUMEschen Phänomenalismus, sogar Prä-Positivismus, nicht nur anerkannt, sondern seiner Lehre sogar vorausgesetzt und gerade deshalb die alleinige Aufgabe einer kritischen Philosophie darin gesehen, den Kausalbegriff als *apriori* Bedingung möglicher Erfahrung zu beweisen. Ihm geht es also um den hohen Anspruch von Beweisen. Gründe, wie diese bei DESCARTES wichtig wurden, verlangen zwar auch schon, für alles Bestehende einen Grund anzugeben, aus dem es abgeleitet oder gefolgert werden kann, aber Denknotwendigkeiten mögen dafür genügen. An Beweise stellt man strengere Ansprüche. Der Begriff kommt auch entsprechend von der frühen Jurisprudenz und über die Mathematik in die

Philosophie. Von einem Beweis wird verlangt, die Gewißheit einer Erkenntnis aus Sätzen abzuleiten, die aufgrund der Vereinbarungen als gewiß gelten (ob nun diese Vereinbarung, wie wir heute sehen, selbst wieder auf gemeinsame Intuition, Logik oder auf Transzendenz zurückführt und man also eine vereinbarliche Annahme jenseits des Erfahrbaren annimmt).

Der bedeutende Schritt, den KANT unternimmt, beruht darauf, daß er weder einer empirischen Lösung vom Typus HUMEs noch einer rational-transzendentalen vom Typus DESCARTES' oder LEIBNIZ' Beweisbarkeit zuerkennt; der empirischen nicht, weil aus Beobachtung nichts zwingend zu folgern ist, der rationalen nicht, weil Denknotwendigkeiten keine ‚Seins-Notwendigkeiten' sein müssen.

Er zeigt dagegen, daß die Annahme von Kausalität *apriori*, also im vorhinein, die Vorbedingung einer jeden Möglichkeit ist, einschlägige Erfahrung überhaupt machen zu können. Ohne sie könnte Kausalerfahrung nicht gewonnen werden. Da wir eine solche Erfahrung aber machen, muß diese Annahme unserem Verstand vorgegeben sein. Die transzendente Lösung wechselt, wie man sich nun ausdrückt, zur transzendentalen.

Verweilen wir noch etwas bei diesem bedeutenden Schritt. Die Lösung muß sich also nicht mehr auf ein Erfahrungsjenseitiges berufen, wie es in den Ideen auftritt, die der Welt wie dem Denken gemeinsam vorgegeben sein müssen oder sich, wie wir sahen, später in Gott personifiziert. Vielmehr wird das Prinzip aus den Bedingungen des reinen Verstandes des Menschen (europäischer Bildung und Sprache) abgeleitet.

Insofern KANTs Prinzip auf die Bedingungen der Erfahrung rekurriert, gleicht es einer empiristisch-rationalistischen Synthese. Entsprechend hat man, wie es z. B. ALBERT LANG tat, bei KANT mangelndes Interesse an Philosophiegeschichte vermutet und gemeint, er hätte seine Lösung im Prinzip schon bei ARISTOTELES finden können. Aber ARISTOTELES' primäre Wirklichkeit ist, wie wir fanden, durch die Sinne aus den Einzeldingen vermittelt, und erst diese hinterlassen in der Seele Vorstellungen, mit denen die Welt wiedergesehen wird. KANT dagegen verläßt sich auf die Gegebenheiten unseres Verstandes und analysiert diese Ratio bis auf ihre nicht mehr zerlegbaren Voraussetzungen. Dabei nimmt er nicht an, daß diese aus der Erfahrung gebildet sein könnten; er meint vielmehr, daß diese Bedingungen den erfahrbaren Dingen auferlegt werden.

Gegenüber HUME, der nicht erklären kann, warum wir trotz aller Irrtümer auf die Erwartung von Zusammenhängen nicht verzichten, kann KANT das Postulat einer universellen Gültigkeit seiner Apriori nicht aus der Erfahrung bestätigen. Darum betrachte ich ARISTOTELES als einen Vorläufer vorwiegend des Empirismus, KANT eher als einen Nachfolger des deutschen Rationalismus.

Die an KANT anschließende Zeit der Romantik zu Beginn des 19. Jahrhunderts ist als ‚Deutscher Idealismus' bekannt, mit einer Restaurierung transzendenter Lösungen. Als ethischer, ästhetischer und logischer Idealismus wird er von JOHANN GOTTLIEB FICHTE, FRIEDRICH SCHLEGEL und GEORG FRIEDRICH WILHELM HEGEL vertreten, insbesondere bei letzterem deutlich mit dem Anspruch, KANT zu überwinden. Da ist bei FICHTE die dingliche Welt nur ein Produkt unserer Vorstellung, Unterwerfung unter die kirchliche Wahrheit bei SCHLEGEL und bei HEGEL die Renaissance einer *causa sui*, Selbstbestimmung der Welt Gottes.

Der Reigen schließt vorerst gegen die Jahrhundertmitte mit einem nicht mehr fortsetzbaren, nun individualistischen Idealismus MAX STIRNERs (vulgo KASPAR SCHMIDT). Hier wird der äußerste Rand des Idealismus berührt. Einzige Realität bleibt das Denken des Ich. Wir sind einer ähnlichen Randlage mit BERKELEY schon begegnet und werden ihr mit dem ‚Radikalen Konstruktivismus' wiederbegegnen.

Durch das 19. Jahrhundert bis zur Gegenwart findet sich wie in der empiristischen Achse eine vielfältige Differenzierung der Standpunkte, die aber für unser ‚Problem von den Ursachen' nicht mehr sehr ergiebig ist. Es sind Proliferierungen bekannter Positionen, wie Neukantianismus versus Neuscholastik und Neuthomismus, antimetaphysischer gegen metaphysischen Idealismus.

Aber ebenso wie in der empiristischen Achse zu Beginn der

Moderne logisch-rationalistische Züge, wie sie zum Neopositivismus und zum Kritischen Rationalismus führten, hinzutraten, sind auch gegenläufige Einflüsse erkennbar. Die Dispositionen aus dem finalistischen Idealismus (Abb. 45, S. 214) führen die Entwicklung weiter an.

Der metaphysische Zweig bleibt finalistisch, gottbezogen. Der antimetaphysische differenziert sich rationalistisch, einmal wertphilosophisch bis positivistisch, wie mit WILHELM WINDELBAND und WILHELM DILTHEY, und konsolidiert mit der Kreation einer finalistischen Kultur-Wissenschaft, eine Grenze gegen die nicht finalistische Naturwissenschaft. Eine sensualistische wie fiktionalistische Interpretation wirkt dagegen bei HERMANN HELMHOLTZ und ERNST MACH, sowie bei HANS VAIHINGER weiter; und die Phänomenologie, die bei KANT noch eine Lehre von den empirischen Erscheinungen war, bei HEGEL eine Metaphysik des Bewußtseins, setzt sich bei FRANZ BRENTANO als deskriptive Psychologie, bei EDMUND HUSSERL als Sinnforschung fort.

Doch im großen und ganzen bleibt es bei den beiden Achsen. Was mit Gott, seinen menschlichen Kreaturen, deren Artefakten mit Bewußtsein zu tun hat, bleibt zweckgelenkt verstanden, der Rest aus säkularen Antrieben. Die Wissenschaften von den Antrieben, so klagte Lord CHARLES SNOW, haben bedenkenlos die Welt verändert, und jene von den Zielen außer Lamenti nichts beizutragen gehabt. Man war entrüstet. Doch dabei ist es auch geblieben.

Die evolutionäre Lösung

Die vorzuschlagende Lösung nimmt einen systemtheoretischen Ansatz und geht von einem zweifachen, kognitiven Dualismus aus, mit der Einsicht, daß zwar nichts dagegen spricht, daß uns Ursachen in vielerlei Art erscheinen, daß es aber gleichzeitig gar nichts in der empirischen Erfahrung gibt, was für eine in ihren Ursachen gevierteilte Welt spräche. (Ich muß darum etwas ausführlicher werden.)

Der kognitive Dualismus gegenüber einer in sich durchaus einheitlichen Welt ist uns schon wiederholt begegnet. Oben war schon die Rede von Teilchen und Welle, Form und Funktion, oder von Substantiv und Verb, Dualitäten, die uns aus den Eigentümlichkeiten unserer sinnlichen Ausstattung verstehbar werden konnten.

Im Zusammenhang mit unseren Ursachen-Vorstellungen ist nun eine doppelte Symmetrie, eine zweifache Dualität wahrzunehmen. Eine von beiden, wie schon angemerkt, kannte bereits ARISTOTELES. Er unterschied innere und äußere Ursachen. Zu den inneren zählte er die *causa materialis* und *formalis* (Abb. 46).

Und tatsächlich wird man feststellen, daß Materialbedingungen, in der hierarchischen Zusammensetzung der komplexen Dinge, Schicht für Schicht eine andere Begrifflichkeit nahelegen. Quanten, Atome, Moleküle, Zellen, Gewebe, Organe, Organismen und Sozietäten erscheinen als Materialien von jeweils durchaus anderer Art. Und wenn man auch erkennt, daß sich jegliche Schicht aus ihren Unterschichten zusammensetzt, ist doch jeweils ein anderes Substantiv empfohlen, und zwar deshalb, weil Zellen nicht nur Häufungen von Molekülen und Organismen nicht nur Häufungen von Organen sind. Neue Systemeigenschaften kommen stets hinzu.

Dies begründet nun auch den Schichtenbau der Formbedingungen sowie deren begriffliche Differenzierung. Diese Auswahlbedingungen, welche darüber bestimmen, welche Materialien in welcher Lage stabile Verhältnisse konstituieren, sind schichtweise von einer entsprechenden Verschiedenheit. Welche Quanten in welcher Lage und mit welchem Spin um einen Atomkern zugelassen sind, z. B. bestimmt durch das sogenannte PAULI-Verbot, wird von Gesetzlichkeiten bestimmt, die von ganz anderer Art sind, als jene, welche die Moleküle für eine lebensfähige Zelle oder die Organismen für eine stabile Lebensgemeinschaft auslesen.

Demgegenüber erscheinen die äußeren Ursachen im Sinne von ARISTOTELES, Antriebe oder Kräfte (das englische ‚power' entspricht seinem Konzept heute am besten) und

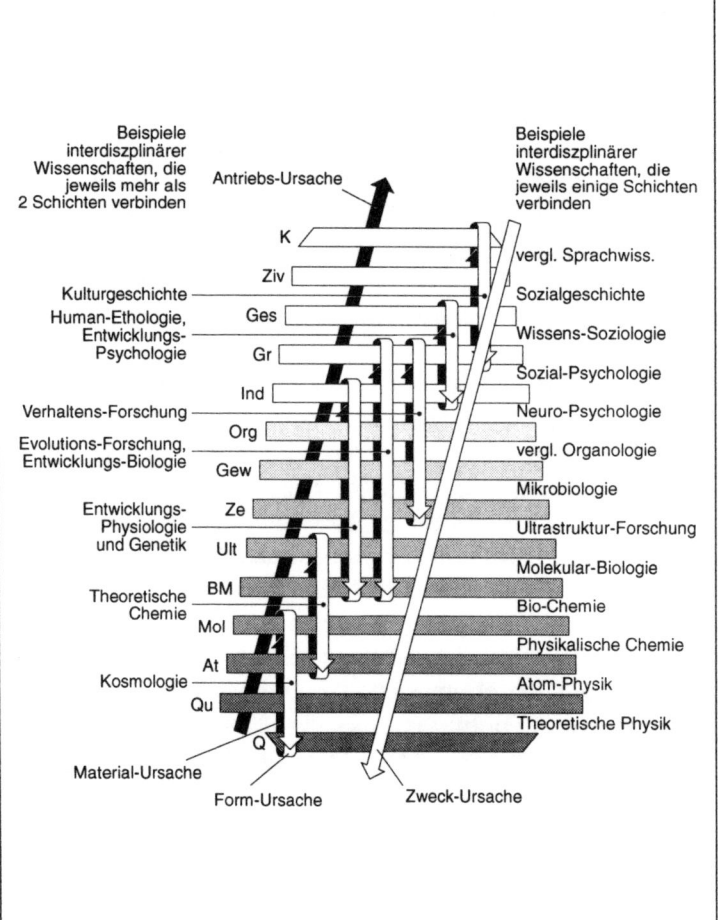

Abb. 46: *Die doppelte Symmetrie der Ursachenformen*, bezogen auf den Schichtenbau der Natur. Hinzugefügt sind einige Wissenschaften, die mehr als eine Schicht zu ihrem Gegenstand haben (aus RIEDL 1985).

225

Zwecke (nun im Deutschen) für unser Vorstellungsvermögen als in allen Schichten einheitliche Begreifbarkeiten. Ob Macht oder Kapital, all dies läßt sich auf Arbeitskraft, weiter auf Geistes- oder Muskelkräfte, chemische Bindungskräfte und letztlich Quantenkräfte zurückführen.

Und nicht anders erscheint uns gleichermaßen zweckvoll, ob nun Kapital richtig angelegt, die Organe eines Organismus oder selbst bestimmte Molekülgruppen in der Erbsubstanz ihre lebensfördernden Funktionen erfüllen (Abb. 46).

Dies ist nun nicht ARISTOTELES-Interpretation, sondern meine zusätzliche Begründung der von ihm gesehenen Symmetrie. Was er bemerkte, war die nicht minder in dieser Symmetrie gegebene Dualität, die darin besteht, daß uns Material- wie Formbedingungen stets, wie es nun auch begründbar wird, in die Schichten der Systeme konfirmiert erscheinen, wogegen die Kräfte und Zwecke offenbar von außen auf uns zukommen. Und tatsächlich beziehen wir unsere Kräfte ebenso aus dem Milieu, wie die Zwecke aus diesem auf uns zukommen. Außerdem erscheinen uns die letzteren abstrakter und rein funktional gegenüber den greifbareren Materialien und selegierten Formen.

Die zweite Dualität und Symmetrie setzt die Kenntnis vom hierarchischen Bau der Dinge voraus, eine Systembetrachtung, mit der ich eben auch die ARISTOTELES-Symmetrie, nach heutigen Kenntnissen zusätzlich begründet habe. Sie ist einfach zu definieren, aber ihr kognitiver Dualismus ist schwerer mitvollziehbar zu machen. Sie ist formal einfach dadurch gegeben, daß die *causa efficiens* und *materialis* von den jeweiligen Untersystemen auf das Einzelsystem wirken, die *causa formalis* und *finalis* von den Obersystemen.

Fast ist die Feststellung trivial, daß alle Materialien Bauteile sind, alle Formbedingungen vom Ganzen her diese auslesen, daß alle Kräfte auf die der Quanten, alle Zwecke auf einen Gesamtzweck zurückgehen. Dies ist nicht zu bezweifeln. Was aber macht es, daß sie uns über diese Symmetrie als unvermischbare und unverwechselbare Qualitäten erscheinen? Soweit sich dies deuten läßt, mag ein Unterschied in unserem

Erleben liegen, welches die Bedingungen von ‚unten' als verfügbar, vom System ausgehend, jene von ‚oben' als erleidend, auf das System zukommend ‚mitfühlbar' macht.

Dies wird einsichtig, wenn man sich zunächst selbst als das fragliche System betrachtet. Man wird dann bemerken – ein Rest Hylemorphismus? –, daß man sich, wie bei sich selbst, beim Hineinversetzen in andere Schichtebenen genauso in bewirkenden wie erleidenden Begriffen wiederfindet. Und man wird sich erinnern, daß Ursache und Wirkung anfangs wie Schuld und Sühne verstanden wurde. Im ganzen aber bleibt die Herkunft dieser Dualität noch ein Gegenstand der Erforschung der Begriffsgeschichte.

Was nun diese vier Ursachenformen betrifft, so steht außer Zweifel, daß für ein volles Verständnis aller historisch gewordenen, komplexen Systeme keine entbehrt werden kann. Jede ist zur Erklärung notwendig, keine ist zureichend. Der Erfolg der Physiker, allein mit der *causa efficiens*, der Erfolg der Kulturwissenschaftler, allein mit der *causa finalis* bereits Bedeutendes erklärt zu haben, ist darauf zurückzuführen, daß die übrigen *causae* für die Fragestellungen als marginal betrachtet werden konnten. Füglich werden sie an den Rand gestellt und entsprechend als statisch gedachte Randbedingungen bezeichnet.

Die *causa finalis*, der deutsche Zweckbegriff, verursacht dabei kognitiv noch eine Sonder-Schwierigkeit. Allgemein formuliert erleben wir als zweckvoll solche Substrukturen oder Subfunktionen, von denen wir erwarten, daß sie zum Zustandekommen oder zur Erhaltung jener Oberstruktur oder Oberfunktion beitragen, zu der sie gehören, dies allerdings eingeschränkt auf unsere eigenen Funktionen oder auf solche, denen wir in Analogie noch eine Vergleichbarkeit mit unserem Tun und Handeln zubilligen.

Ich habe mich in anderen Veröffentlichungen ausführlicher zu diesem Gegenstand geäußert und muß mich hier aus Gründen der Proportionen beschränken. An dieser Stelle ist aber auch die Erfahrung zureichend, daß uns die auf einen Endzustand zulaufenden Vorgänge und Entwicklungen schichtenweise in vielerlei Weisen verschieden erscheinen, und das soll uns nicht mehr verwundern.

Das gilt, wenn anorganische Bedingungen zur Erklärung genügen, wenn dieselben in Lebensvorgängen ihre Bewährung finden, wenn sich solche Lebensvorgänge gedanklich verselbständigen und wenn diese Verselbständigung nochmals zur Annahme der Welt vorgegebener Zwecke abhebt. Sinngemäß spricht man dann von gerichteten Prozessen, biotischen Programmen und Funktionen, von Absichten und Zielen, wie von den *causae exemplares*, den letzten Zwecken Gottes.

Die Spaltung der anorganischen und kulturhistorischen Erklärungsweisen der Welt kann man als ‚pragmatische Reduktionismen' verstehen, sich aus Gründen der Handhabung hier auf die Kräfte, dort auf die Zwecke zu beschränken. Dies ist auch durch eine Polarisierung der Interessen angeleitet. Die anorganischen Naturwissenschaften strebten eine Nachahmung der Naturvorgänge an und mußten daher den reversiblen und in engen Grenzen ahistorischen Vorgängen zuneigen; die historischen Vorgänge sind in menschlichen Zeitspannen nicht nachzuahmen. Die Kulturwissenschaften dagegen waren an Geschichte interessiert, nun eingeschränkt auf Beispiele in der Zeitspanne der Handlungen und Ziele von Menschen und deren Kulturen. Zweierlei Erklärungen der Welt entstanden.

Was trotz dieses wohl erkannten Widerspruchs zwischen den beanspruchten Welterklärungen die beiden Achsen dennoch stabilisierte, muß nochmals in einer kognitiven Schwierigkeit seine Wurzeln haben. Wenn man den doppelten kognitiven Dualismus nicht kennt oder ihn nicht anerkennen will, dann fällt es tatsächlich schwer, viererlei Einzelursachen für eine Erklärung der Welt annehmen zu sollen. Sie müßten doch in irgendeiner Weise zusammenhängen. Die Welt müßte schließlich eine große Einheit sein. Unter solchen schon bald nach ARISTOTELES erdachten Voraussetzungen war die Vermutung naheliegend, sie nicht auf kognitive Symmetrien, sondern jeweils alle auf eine einzige zurückzuführen. Wie aber wäre zu erkennen, auf welche? So machten die einen die Kräfte zur Ur-Ursache der Welt, die anderen die Zwecke.

Heute erkennt man immer deutlicher, daß auch alle anorganischen Prozesse und Zustände, der ganze Kosmos zureichend nur historisch zu verstehen ist. Und man erkennt auch, daß zum vollen Verständnis des absichtsvollen Handelns des Menschen die Spanne der Kulturgeschichte nicht genügt.

So sehr der pragmatische Reduktionismus eine notwendige Vereinfachung gewesen ist, der aus den Erfolgen der einander ignorierenden Schulen sich jeweils anbietende ‚ontologische Reduktionismus' ist eine Irreführung. Zu behaupten, daß die Welt hier aus den Kräften, dort aus den Zwecken vollständig zu verstehen wäre, enthält nicht nur einen Widerspruch, es kann nicht richtig sein. Es läuft sogar auf eine gefährliche Irreführung hinaus, denn in einer so gespaltenen Kultur können die einen die Verantwortung, die anderen den Platz des Menschen im Kosmos mißverstehen. Auf die Gefährlichkeit dieser Folgen komme ich zurück.

Das Problem von Induktion und Deduktion
(oder: Erkennen aus dem Einzelnen oder aus dem Ganzen)

Beide Begriffe haben in Philosophie und Erkenntnis- und Wissenschaftstheorie eine umfangreiche Literatur nach sich gezogen, einmal, weil die Deduktion zum Thema der Formen der Logik wurde, ein andermal, weil versucht wird, die Induktion logisch zu begründen. Man vergleiche etwa die Werke von POPPER (1973), CARNAP (1961) und VON WRIGHT (1974) und findet in knapper Form gute historische Übersichten unter den Stichworten ‚Induktion', ‚Deduktion' und den Formen der ‚Logik' in RITTER (ab 1971). Aus der evolutionären Perspektive bilden induktive und deduktive Prozesse dagegen einen notwendigen Zusammenhang in allen genetischen, assoziativen wie kulturellen Lernprozessen. Ich habe diesen Zusammenhang in den Bänden von 1980 und 1985 und in Einzelstudien dargestellt, OESER (1987, 1988), WAGNER (1983, 1984) und WUKETITS (1978) haben sich meiner Lösung angeschlossen.

Nochmals kehren wir mit diesem Thema zu ARISTOTELES zurück und zu seinen Vorläufern, vor allem SOKRATES, und nochmals zu den Vorsokratikern. Ihrer Weltdeutung ist zweifellos zu entnehmen, daß sie induktiv dachten, daß sie aus Fällen der Erfahrung jeweils eine geschlossene Vorstellung synthetisch abstrahierten. Ebensowenig ist zu bezweifeln, daß sie logisch dachten, zumindest ihre Ableitungen nach den Regeln der griechischen Semantik und Syntax vornahmen, was vorerst noch trivial erscheinen mag.

Freilich wurden schon Entdeckungen gemacht, wie bei PARMENIDES der ‚Satz vom Widerspruch' in einer Frühform: Etwas könne nicht gleichzeitig sein und nicht sein. Die inneren Konsequenzen des reinen Umgehens mit Begriffen tauchten auf. Und SOKRATES' behutsame Kunst des Gesprächs, seine Dialektik, bereitete schon Grundformen der Logik vor. Aber die intuitiv richtige Verwendung der Mittel herrschte vor. Erst

230

die Reflexion über diese Mittel selbst führte zu den Erkenntnisfragen und deren Vergleich zum Erkenntnisproblem. Nun kreisen auch schon PLATONs Gedanken um Formales; die Notwendigkeit etwa der Beziehung des Zwei- und Dreiseins zum Gerade- und Ungeradesein. Aber den großen Schritt bringt die Formalisierung logischen Denkens durch ARISTOTELES, welcher der griechische Aussagesatz mit der Kopula und den Möglichkeiten der Negation Pate steht.

Eine Logik von solcher Art, die übrigens noch ‚Analytik' heißt, wird methodisch als apodiktische ‚Herbeiführung' verstanden, ein Schließen und Beweisen vom Allgemeinen, dem gesicherte Voraussetzungen zugedacht werden, mit verläßlichen Folgerungen auf das einzelne.

Damit grenzt sich ein Anderes ab, das wir heute Induktion nennen, weiterhin der Herkunft nach als ‚Dialektik' bezeichnet, methodisch verstanden als ein ‚Heranbringen' oder als die Heranführung des Einzelnen zum Allgemeinen mittels einer Art von Wahrscheinlichkeits-Schlüssen.

Ein Problem der Erkenntnis tritt noch nicht in den Vordergrund. Die Differenzierung ist noch nahezu symmetrisch. Hier wird vom Speziellen zum Allgemeinen, dort vom Allgemeinen zum Speziellen geführt. Und hier wie dort sind es Schlüsse, wenn auch von etwas verschiedener Art. Zudem bleibt beides durch die ‚Topik' der Rhetoren verbunden, bei ARISTOTELES mit der Anweisung, wie sich Wahrscheinliches und Schlüssiges verbinden läßt, ohne widersprüchlich zu werden.

Der Gegenstand wandelt sich vom Phänomen zum Problem des Erkenntnisprozesses bei den Skeptikern und führt von der Symmetrie zur Alternative, mit der Frage, welcher der beiden Methoden zu vertrauen oder sogar zuzubilligen wäre, die andere zu begründen oder zu widerlegen. Wieder entstehen zwei Achsen, Probleme und Historien.

Denn von den frühen bis zu den späten Skeptikern, von der klassischen Zeit mit PYRRHON, danach mit ARKESILAOS und KARNEADES, bis ÄNESIDEMUS und SEXTUS EMPIRICUS nach der Zeitenwende werden die Probleme sichtbar.

231

Von der Antike zur Renaissance

1) Die eine Achse, die später eine induktivistische genannt wird, kündigt sich mit den Epikureern an, die Wahrscheinlichkeitslösungen großen Raum geben. In der Folge gestützt durch die skeptische Frage, ob denn die Voraussetzung eines Schlusses überhaupt gesichert werden kann.

Wer könnte sicher sein, daß alle Menschen sterblich sind, auch die Halb- und die Viertelgötter? Und wer könnte wissen, ob SOKRATES nicht doch ein Halbgott war? Ist im logischen Schluß nicht eine *petitio principii* verborgen, eine Erschleichung des Beweisgrundes? Damit sind Bürden übernommen (Abb. 47), die wir schon aus der Diskussion um die primäre Wirklichkeit (Abb. 40, S. 182) kennen.

Neues Interesse an den Folgeproblemen gewinnt die Scholastik. Aus den Schulen wie der des ALBERTUS MAGNUS und des THOMAS VON AQUIN gewinnt die Teilung in vollständige Induktion Gewicht, mit der Aufzählung aller Fälle, gegenüber einer unvollkommenen oder Wahrscheinlichkeits-Induktion, aber beide mit dem Privileg, die Voraussetzung des Erkennens, der ‚ersten Universalien‘, zu sein. Und so bleibt von der Frühscholastik mit JOHANNES VON SALISBURY über DUNS SCOTUS bis zu WILHELM VON OCKHAM die Auffassung erhalten, daß die unvollkommene Induktion erste Quelle der Erkenntnis und Teil der Logik sein müsse.

In der Renaissance sinkt das Thema zur Rhetorik dialektischer Argumentation, zu einer enumerativen Induktion herab, die sich im Aufzählen von Teilen erschöpft, was schon FRANCIS BACON als kindisch und GALILEI als unnötig erkennt. In der Revolution, die sich anbahnt, verblaßt das Interesse an der Psychologie der kenntnisgewinnenden Prozesse. Ich komme darauf in der zweiten Achse zurück.

2) Die Achse, die zum Deduktivismus führen wird, hat dagegen ihre Anfänge in der rationalistischen Stoa, wieder mitten im 3. Jahrhundert v. Chr. Diese Schule ist bereits ausgesprochen anti-induktionistisch. Sie ist durch die Einsicht der Skeptiker gestützt, daß eine vollständige Induktion trivial und

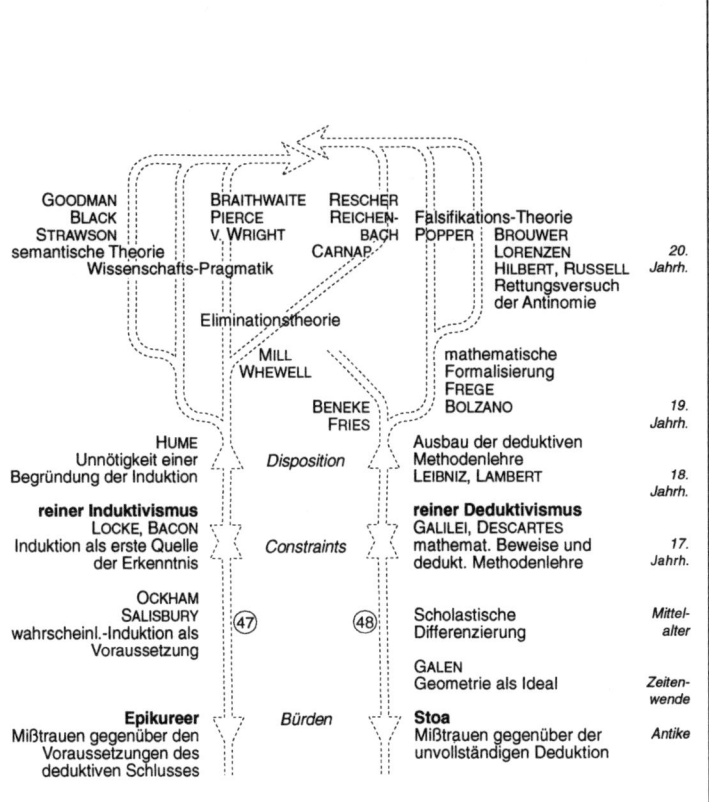

GOODMAN	BRAITHWAITE	RESCHER	Falsifikations-Theorie		
BLACK	PIERCE	REICHEN-	POPPER · BROUWER		
STRAWSON	V. WRIGHT	BACH	LORENZEN		20.
semantische Theorie		CARNAP	HILBERT, RUSSELL		Jahrh.
Wissenschafts-Pragmatik			Rettungsversuch		
			der Antinomie		
	Eliminationstheorie				

MILL
WHEWELL

mathematische
Formalisierung
FREGE
BENEKE BOLZANO *19.*
FRIES *Jahrh.*

HUME Ausbau der deduktiven
Unnötigkeit einer *Disposition* Methodenlehre
Begründung der Induktion LEIBNIZ, LAMBERT *18.*
Jahrh.

reiner Induktivismus **reiner Deduktivismus**
LOCKE, BACON GALILEI, DESCARTES
Induktion als erste Quelle *Constraints* mathemat. Beweise und *17.*
der Erkenntnis dedukt. Methodenlehre *Jahrh.*

OCKHAM
SALISBURY (47) (48) Scholastische *Mittel-*
wahrscheinl.-Induktion als Differenzierung *alter*
Voraussetzung

GALEN
Geometrie als Ideal *Zeiten-*
wende

Epikureer *Bürden* **Stoa** *Antike*
Mißtrauen gegenüber den Mißtrauen gegenüber der
Voraussetzungen des unvollständigen Deduktion
deduktiven Schlusses

Abb. 47/48: BCD-*Serien zum Induktions-Deduktionsproblem.* Die Bürden eines Mißtrauens entweder gegenüber den Voraussetzungen des logischen Schließens oder aber gegenüber der unvollständigen Induktion führt zu den Constraints des reinen Induktivismus oder aber Deduktivismus, mit den Dispositionen zu den Rechtfertigungs-Theorien (oder aber Rettungs-Theorien).

233

unnötig, die unvollständige dagegen keine zwingenden Schlüsse auf das noch Unbekannte zuläßt. Das wird man viel später einen wahrheits-erweiternden Schluß nennen. Nimmt man ihn deduktiv, liegt tatsächlich eine logische Unmöglichkeit vor. Da liegt nun ein Mißtrauen gegenüber der ordnenden Wahrnehmung vor, welche uns auch schon bekannt ist (Abb. 41, S. 182). Auch diese wird als Bürde übernommen (Abb. 48).

Jenseits der Zeitenwende ist uns GALEN, Leibarzt des Kaisers MARK AUREL, Gewährsmann für die Neigung dieser Achse in Richtung auf einen beweisenden, gereinigt deduktiven Aufbau der Logik; etwa nach dem Vorbild der Geometrie des EUKLID. Zum großen Thema wird die Logik bekanntlich in der Scholastik. Das hat mit dem Auftauchen weiterer Schriften des ARISTOTELES zu tun, aber auch mit dem schulischen Betrieb und der Neigung zu rationalistischen Systematisierungen. Die Formenfülle, die entsteht, ist für unser Thema wenig von Belang, mehr dagegen das Überwiegen des Spekulierens in deduktiven Konstruktionen.

Dies beeinflußt das Denken in der Zeit der Renaissance. Nicht nur verblaßt das Interesse an induktiven Prozessen, mehr noch, die aufkommenden Einsichten in Gesetze der irdischen und der Himmelsmechanik mit GALILEI und KEPLER erweisen sich als nicht geeignet, die Erforschung der Induktion zu fördern. Im Gegenteil, die Nähe zur Mathematik, zur Geometrie idealer Körper und die geringe Möglichkeit, an Kugeln oder Planeten sein schöpferisch-heuristisches Vorgehen zu beobachten, lassen die Induktion ganz in den Hintergrund treten. Vielmehr bieten sich zahlreiche Gelegenheiten, vermutete Zusammenhänge deduktiv, von der Hypothese aus, an den Fällen prüfend zu erhärten. Eine weitere Paradoxie der GALILEIschen Revolution wird deutlich. Die induktiven Wissenschaften der Neuzeit beginnen mit einem deduktiven Ansatz.

Von der Renaissance zur Gegenwart

1) Die induktionistische Achse, die wir in der Renaissance verließen, wird in der Neuzeit weiter entwickelt und gewinnt vor allem mit den englischen Empiristen, speziell mit WILLIAM WHEWELL, neue Beachtung. Zunächst wirkt noch FRANCIS BACONs Eliminationstheorie der Induktion. Eine empirische Verallgemeinerung, so beruhigt sie uns, werde ohnedies durch ein einziges Gegenbeispiel widerlegt. Dieser Ansatz wird sich als Constraint (Abb. 47, S. 233) im heutigen Denken wiederfinden, und zwar im Rahmen der Bemühungen um eine Begründung des Vorganges der Generalisierung.

Davor schließt noch eine Konzeption an, nach welcher die Induktion keiner, jedenfalls keiner logisch-deduktiven Begründung bedürfe und doch als unentbehrlich erklärt wird. In der zweiten Hälfte des 17. Jahrhunderts vertritt dies JOHN LOCKE, im 18. DAVID HUME. LOCKE stellt den Nutzen der Syllogismen, der logischen Schlüsse, überhaupt in Frage, zumal man sich auch mit den Deduktivisten einig wurde, daß neue Wahrheiten durch Syllogismen gewiß nicht zu gewinnen sind. So bleibt für den Kenntnisgewinn nur die Induktion, auf welche, wie HUME ausführt, nur ein Narr verzichten könne, weil sie ohnedies intuitiv verfaßt und angewendet wird. Auch dies hat Konsequenzen, diesmal mit einer Prädisposition in Richtung auf die semantischen Zugänge zum Problem in unserer Gegenwart.

Für jene Bemühungen um eine Begründung der generalisierenden Induktion ist bezeichnend, daß sie Mitte des 19. Jahrhunderts mit einer Disposition (Abb. 47) zu starken Argumenten beginnen, aber die Argumente werden im Laufe der Auseinandersetzungen um dieses Problem bis zum heutigen Tag immer schwächer, gewinnen aber dafür an Akzeptanz.

JOHN STUART MILL schließt an die Eliminationstheorie an. Er argumentiert empiristisch-induktiv mit der Annahme, daß da es wohl nur eine endliche Anzahl von Ereignissen geben könne, eine gefundene Ursache ohnedies als faktisch zureichende Bedingung analysiert werde. Dies setzt sich im modernen Pragmatismus, etwa bei H. VON WRIGHT und CHARLES SANDERS PEIRCE fort. Ebenso empiristisch und mit Effektivität, aber nur mehr probabilistisch argumentiert R. B. BRAITHWAITE, und das ist schon ein schwächeres Argument.

Noch schwächer werden die analytisch-deduktiven Begründungen, also Versuche, der Sache logisch beizukommen. Hier ist RUDOLF CARNAPs Entwicklung einer ‚induktiven Logik' bedeutsam, schon deshalb, weil ihre Widerlegung zu zeigen scheint, daß alle deduktiven Lösungsversuche zum Scheitern verurteilt sein dürften. Ein schwaches Argument schließt mit HANS REICHENBACHs komparativer Methode an, der mit Näherungen an den Grenzwert einer Lösung operiert, und das schwächste Argument ist ein possibilistisches. NICHOLAS RESCHER beschränkt es auf bloße Anfangs-Rechtfertigung, warum Induktion sich überhaupt empfehle.

Kehren wir zurück zu HUMEs Intuitionismus? Bleibt die Induktion der Siegeszug der Wissenschaften und die Schmach der (rationalen) Philosophie? Hier setzt der semantische Lösungsversuch von heute an. Wenn jemand, so argumentieren z. B. M. BLACK, P. F. STRAWSON und N. GOODMAN, nach hinreichender Evidenz eine Hypothese nicht anerkenne, dann handle er nicht besonders vorsichtig, sondern folge einfach nicht unserem sprachlichen Übereinkommen. Eine andere Begründung erübrige sich. Kann aber, so kritisieren die Rationalisten, ein sprachliches Übereinkommen bestimmen, was wahr sei? Sehen wir also hinüber zur weiteren Entwicklung der Logik.

2) Die deduktive Achse der Neuzeit beginnt mit RENÉ DESCARTES. Ich sprach schon von der grundsätzlichen Kritik durch JOHN LOCKE, daß deduktives Vorgehen ohnedies keine neuen Wahrheiten erbringe, darum also eher schädlich sei. Diese auf den logischen Schluß bezogene Attacke verliert ihre Wirkung mit dem zunehmenden Einfluß der mathematischen Beweisfindung, an deren Analytik DESCARTES wirkt, und noch mehr mit dem Aufkommen methodischer Überlegungen zum formgerechten Beweisgang durch LEIBNIZ.

Formalisierung überführt die Logik damit in eine ‚Universal-Mathematik‘, mit der notwendigen Übernahme des Begriffes des Unendlichen aus der Infinitesimal- (Differential- und Integral-Rechnung), mit welcher NEWTON und LEIBNIZ die höhere Mathematik begründen. Dies wird zusammen über JOHANN HEINRICH LAMBERT und später BERNHARD BOLZANOs ‚Algebra der Logik‘ bis auf GOTTLOB FREGEs ‚Begriffsschrift‘ und die Begründung der modernen Logik wirken. Die Logik hebt mit einer Zeichensprache von der ‚schmutzigen Wirklichkeit‘ ab. Ein Constraint von ganz anderer Art beginnt sich zu entfalten (Abb. 48).

KANT führt nun den Begriff der ‚formalen Logik‘ ein; auch um diese von seinem Konzept einer ‚transzendentalen Logik‘ abzugrenzen. Erstere soll es lediglich mit der logischen Form der Erkenntnis zu tun haben, mit dem Denken, letztere wird dagegen den Vorbedingungen, den A *priori* der Vernunft, vorbehalten.

Diese transzendentale Logik ist antimetaphysisch konzipiert, was sich in der Folge des Deutschen Idealismus wieder verwischt. Denk- und Seinsformen werden identifiziert, die Logik wird wieder transzendent hergeleitet zu einer Art Universalwissenschaft. Die neuen Begründungsprobleme, die damit herausgefordert werden, lassen Anfang des 19. Jahrhunderts Gegenbewegungen entstehen.

Versuche psychologischer Begründung werden unternommen. Sie stehen in einer gewissen Symmetrie zu den späteren Versuchen, die Induktion logisch zu begründen, wie das oben schon geschildert wurde. Dies kommt z. B. in den Lehrbüchern der Logik von F. E. BENEKE und J. FR. FRIES zum Ausdruck. Wenn eine transzendente Begründung der Deduktion nicht möglich ist, dann muß es wohl eine psychologische sein (Abb. 48). Denn was bliebe sonst?

Aber wie könnte die sich wandelnde und noch dazu verschiedenartige Psyche der Menschen die als unwandelbar gedachten Gesetze der Logik begründen? Die Mehrzahl der Logiker lehnt einen ‚Psychologismus‘ als Übertretung ab. Zurück also zu weiterer Formalisierung?

Gegen Ende des 19. Jahrhunderts wird durch GOTTLOB FREGE dieser bedeutende Schritt getan. Es entsteht die moderne Logik. Der Funktionsbegriff der Logik wird mit dem der Mathematik auf eine gemeinsame Grundlage gestellt, Sinn und Bedeutung werden unterschieden. Unter anderem wird eine vollständige Axiomatisierung der Logik und eine logische Definition der Zahl weitgehend erreicht. Ziel und Prüfstein ist ein widerspruchsfreies System logischer Mathematik und mathematischer Logik.

Aber bald folgt aus dem Constraint die Disposition zu einem ganz anderen Problem (Abb. 48). Denn bald erweist sich das System doch nicht als widerspruchsfrei, so in der ,Menge aller Mengen, die sich selbst nicht als Element enthalten'. Diese Entdeckung BERTRAND RUSSELLs, die hier wie eine Spitzfindigkeit klingt, bringt jedoch eine ,Kathedrale zum Einsturz'. Man kann sich das Problem mit der Unbeweisbarkeit des Begriffes des Unendlichen verdeutlichen, auf welchen die Logik nun vereint mit der Mathematik auch nicht verzichten mag.

Rettungsversuche kennen wir von höchster Stelle. RUSSELL selbst räumt ein, daß der hinter dem Konzept stehende Platonismus nicht mehr allgemein, sondern nur mehr auf Spezielles bezogen werden kann. DAVID HILBERT läßt die endliche Vernunft von der Unendlichkeit wenigstens einen fiktiven Gebrauch machen. L. E. J. BROUWER sieht in dem Widerspruch nur das Symptom einer tiefer liegenden Krankheit; die Anwendung der Aristotelischen Logik auf das Unendliche ist überhaupt unbegründet. Und PAUL LORENZEN empfiehlt, auch auf den Beweis zu verzichten. Da wir nicht wissen, was als Beweis gelten könne, soll der strenge Dialog entscheiden, mit Erweiterungen auch zur intuitionistischen Lösung. Wir sind im Reigen der Fragen an den Ausgangspunkt zurückgekehrt.

Oder doch nicht? Kann man nicht, nun symmetrisch zu HUME, welcher die Deduktion für unnötig und irreführend erklärte, nun auch die Induktion als unnötig, ja für irreführend erachten? Wir kennen dies von GALILEI. Noch in der Physik

EINSTEINs ist der induktive Prozeß undurchsichtig, die deduktive Kontrolle aber von ausschlaggebender Bedeutung. Aus dieser Sicht ist KARL POPPERs ‚Falsifikationismus' zu verstehen: Das einzige, was rational und deduktiv als sicher gelten kann, ist das Scheitern an der Prognose. Zuerkannt sei noch die positive Bewährung.

Dies ist auch der Grund, warum die induktiv inklinierten Biologen, auch KONRAD LORENZ, dem POPPERschen Deduktionismus schlecht folgen konnten. Denn es ist fast trivial, daß in der Evolution der Organismen vieles durch Widerlegung am Milieu eliminiert wird. Nicht trivial dagegen ist das induktiv Schöpferische, wie denn die Natur zu ihren stets neuen Lösungen findet. Dort aber löst sich das Problem der Deduktion wieder nicht.

Man muß sich behelfen. Als Beweis der Rechengesetze etwa, den man in der Zahlentheorie benötigt, gilt das mathematische Prinzip der ‚vollständigen Induktion', obwohl man die Induktion als alt, anrüchig und als verschwunden erklärt. Dabei gilt: Wenn eine beliebige natürliche Zahl ‚wahr' ist, dann ist auch jede nächstfolgende ‚wahr' (möglich und existent). Das Unendliche schlüpft wieder herein.

Die evolutionäre Lösung

Die Lösung aus der Sicht der Evolutionären Erkenntnistheorie (3) nimmt einen anderen Weg. Sie schließt dort in unserer Kulturgeschichte an, wo auch mit ARISTOTELES das Gewinnen des Allgemeinen und dessen Kontrolle am Speziellen noch in einer pragmatischen Symmetrie stand. Sie nimmt, nun noch erweitert, einen pragmatischen Ansatz am Lebenserfolg der Generationen der Organismen, und zwar über eine Zeitspanne von mehr als drei Jahrmilliarden. Hier werden weder die induktiven Prozesse durch eine sich selbst kaum begründende Deduktion begründet noch die deduktiven durch eine sich selbst kaum begründende Induktion.

Das Wechselspiel von Induktion und Deduktion, Versuch

und Prüfung, mit Bestätigung oder Widerlegung begründet sich im Verlauf eines fast unendlichen Schrauben-Prozesses aus dem Erfolg seines Wechselbezugs. Jede Hälfte des Kreislaufes ist ein notwendiger, keine ein zureichender Teil des Kenntnisgewinns.

Zudem liegt kein Zirkel vor, vielmehr ein Schraubenprozeß, der Umlauf für Umlauf nie in sich zurückkehrt, dessen oft auch nur winzige Steigung als Maß für den Kenntnisgewinn genommen werden kann, und dieser zieht als ein iterativer Prozeß durch alle Schichten hindurch. Denn was im kenntnisgewinnenden Prozeß der Gene Mutation und Selektion heißt, setzt sich im assoziativen Lernprozeß als Erwartung und Erfahrung und im Erkenntnisprozeß der Wissenschaft als Induktion und Deduktion fort (Abb. 49).

Beide Seiten der Kreisläufe sind in uns angelegt. Die Induktion entwickelt sich von der Invarianten-, Klassen- und Begriffsbildung, durch die lebenserhaltenden Antriebe von Neugier und explorativem Verhalten, zur Bildung von Erwartungen, Hypothesen, Prognosen und Theorien, denn zutreffende Prognostik bedeutet Lebenserfolg.

Die deduktiven Kontrollen einer Struktur, Leistung oder Appetenz, Erwartung oder Prognose werden rigoros vorgenommen: durch das Milieu an den Genen, durch die Umwelt am Verhalten und durch die außersubjektive Wirklichkeit an unseren Prognosen, und zwar stets tausendfältig an allen Individuen der Generationen, an allen Wiederholungen im Spiel, und allen physischen und letztlich intellektuellen Übungen, solange es ernstlich um Lebenserfolg und Überleben geht. Versuch hat ohne Kontrolle keinen Erfolg, ebensowenig wie Kontrolle, ohne etwas zu versuchen.

Auffallend genug ist dies auch in den Grundstrukturen unserer Sprache vorbereitet. Es ist nicht zu bezweifeln, daß alle unsere Klassenbegriffe versuchsweise, heuristisch und induktiv entstanden sind, unter steter Kontrolle an den zu- oder wegzurechnenden Fällen. Zweieinhalb Millionen davon zählt schon das System der Organismen.

Von deduktiver Art ist dagegen schon unser Begriff der

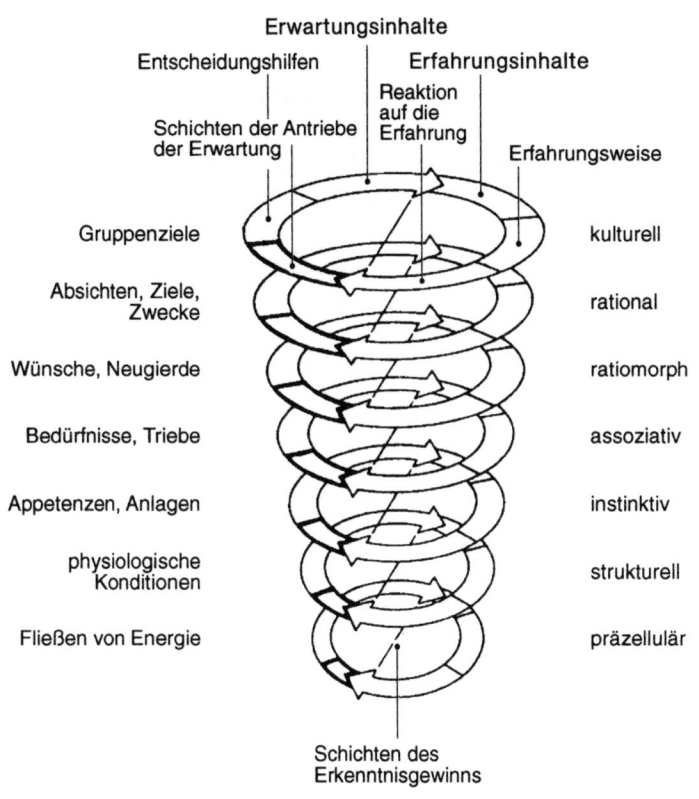

Erwartungsinhalte

Entscheidungshilfen   Erfahrungsinhalte

                                    Reaktion
            Schichten der Antriebe   auf die
              der Erwartung   Erfahrung
                                              Erfahrungsweise

Gruppenziele   kulturell

Absichten, Ziele,   rational
    Zwecke

Wünsche, Neugierde   ratiomorph

Bedürfnisse, Triebe   assoziativ

Appetenzen, Anlagen   instinktiv

physiologische   strukturell
  Konditionen

Fließen von Energie   präzellulär

                    Schichten des
                    Erkenntnisgewinns

Abb. 49: *Die Kreisläufe des Kenntnisgewinns,* zerlegt nach den Ebenen.
Hervorgehoben ist zur Illustration der Begriffewandel in den Ebenen
der Sektoren der Antriebe und Erwartungen bei gleichbleibendem
Grundprinzip (aus RIEDL 1985).

241

Kopula. Denn diese suggeriert die gewünschte Erwartung über alle Repräsentanten einer gedachten Klasse etwas mit Gewißheit wissen zu können. Freilich ist es wahrscheinlich, daß alle Menschen sterblich sind. Als zwingend gilt dies allerdings nur als Setzung: ‚für den Fall alle Menschen sterblich sind . . .folgt.' Erst die Setzung erlaubt die Deduktion, die sich in der Kopula versteckt.

Freilich hat sich die Kopula durch den Erfolg in unserer Sprechweise durchgesetzt. Die Merkmale der Gegenstände dieser Welt erweisen sich eben als nicht beliebig kombinierbar. Die Gegenstände können also vielfach durch Merkmale weitgehend definiert werden. Dies hat durch viele induktive Versuche und deduktive Kontrollen unser definitorisches Denken gefördert. Aber nur durch die gedankliche Setzung kann die Deduktion zwingend werden.

In der Folge dieser Denkart hat sich die Mutmaßung entwickelt, nun auch durch Negation und das *tertium non datur* der realen Wirklichkeit näherzukommen sowie ein objektives Bild von den Wahrheiten des reinen Denkens gewonnen zu haben. De facto aber können es nur Merkmale der Eigentümlichkeit unseres Sprachdenkens sein.

Unsere Kultur hat ihre sprachliche Vernunft, Ratio und Deduktion überbewertet, weil sie sich schärfer fassen und leichter unterrichten läßt, weil sie scheinbar ohne Verluste abheben kann von jener ‚schmutzigen Wirklichkeit' der realen Welt, der die Induktion verhaftet bleibt.

Geht es aber um den Kenntnisgewinn in dieser Welt, dann sind Induktion und Deduktion, Heuristik und Logik nur miteinander erfolgreich und nur auseinander zu verstehen. Das Heran- und Herbeiführen muß zueinanderführen, in einer Umkehrung des Vorgangs, über den sie in unserer Kulturgeschichte getrennt wurden.

Das Problem vom Entdecken und Erfinden
(oder: Anpassung und Konstruktion des Weltbilds)

Lexika und Handbücher geben über den hier zu behandelnden Konstruktivismus noch keinen Aufschluß. Dort findet man Kommentare über eine abstrakte Mal- und eine mathematische Verfahrensweise, die diesen Titel schon länger tragen. Hier ist von einer erkenntnistheoretischen Strömung die Rede, welche dafür noch zu jung ist. Man findet sie bei S.SCHMIDT (1987) mit ihren wichtigsten Autoren und der einschlägigen Literatur zusammengestellt. Es geht um Selbstreferentialität.

Dies ist eine Systembedingung, deren Bedeutung auch für alle adaptiven Prozesse allmählich erkannt wird. Ich habe dieser Einsicht 1975 einen Band gewidmet, die funktionellen Bürden und Fixierungen in der Evolution der Ordnungsmuster der Organismen dargestellt und die Parallele zu unseren Denkmustern entdeckt. Dort auch die Literatur. Das Thema entwickelte sich im englischen Sprachraum, wo man heute von Constraints spricht. Man vergleiche auch RIEDL 1977 sowie WAGNER 1983 a, 1985 und 1986.

Die verbliebene Debatte mit den Konstruktivisten dreht sich um die Grenzen zwischen adaptionistischen und konstruktivistischen Erklärungsmodellen, namentlich für das Weltbild des Menschen. Zu diesem Thema äußere ich mich auch in meinen Beiträgen von 1988 a und 1994.

Zuletzt ist ein Problem zu referieren, das nochmals auf divergierenden Standpunkten beruht, die aber erst jüngst ihre Namen bekamen. Diese seine Jugendlichkeit läßt das Problem auch weniger gravierend erscheinen als die bisher besprochenen. Da es aber einige der grundlegenden einschließt und zu unserem Ausgangsthema zurückführt, gehört es an diese Stelle.

Es geht um die Debatte zwischen Adaptionisten und Konstruktivisten mit deren radikalen Ansprüchen. Konstruktivismus nennt man zwar auch eine in Rußland entwickelte Kunstform sowie eine Problematik, die sich um Mathematik, Logik und Informatik gruppiert, neuerdings aber auch eine erkenntnistheoretische Strömung. Nur von letzterer ist hier die Rede.

Dieser ‚radikale Konstruktivismus' nimmt das ‚Wie' des Erkenntnisvorganges ins Zentrum des Interesses sowie dessen Wirkungen und Resultate. Die Wirklichkeit werde von unserem jeweils individuellen Gehirn nur konstruiert, gewissermaßen erfunden, weil es kein Fenster nach außen hat. Erst mit der Konstituierung dieser Lehre wird die Auffassung, die sich vorwiegend um das ‚Was', die Gegenstände der Erkenntnis bemühte und die Sinne für Fenster in die Welt hält, zu einem ‚radikalen Adaptionismus'.

Man ahnt schon, daß sich hier eine Reihe von Problemen verflechten, wie wir sie schon behandelt haben: Vor allem das Problem der Herkunft des Wissens kehrt hier wieder, das Problem des Ortes der Wirklichkeit, also Dispositionen aus der Monismus-Dualismus-Problematik (vgl. Abb. 40/41, S. 182), sowie die Korrespondenz-Kohärenz-Problematik in der Diskussion um die Wahrheit. Die Wurzeln reichen also wieder in die Zeit der Vorsokratiker, an den Ausgangspunkt der westlichen Philosophie zurück.

Von der Antike zur Neuzeit

1) Die Ansicht, daß unsere Sinne der Welt entsprechen, ist uns schon von den ‚ionischen Physiologen' bekannt und die Bürde eines kritischen Realismus von ARISTOTELES, der auf eine Entsprechung von Welt und Sinnen baute.

Gegenüber einem naiven Realismus, der annimmt, daß schon durch das Zusammenwirken unserer Sinne ein Bild von der Welt entstehen müsse, wie sie wirklich ist, geht der kritische Realismus vorsichtiger vor. Es wird zwar auch eine vom Beobachter unabhängige Außenwelt vorausgesetzt, aber angenommen, daß wir aufgrund unserer ‚kritisch geläuterten Erfahrung' und der Bewährung unserer Prognosen den Formen einer objektiven Wirklichkeit wenigstens hypothetisch näherkommen.

Dieser Objektivismus wird für die weitere Diskussion eine Rolle spielen. Denn es ist nicht nur für den gesunden Hausverstand naheliegend, anzunehmen, daß diese Welt den Menschen in gleicher Weise erscheinen werde. Auch in den Naturwissenschaften zählt diese Erwartung zu den Selbstverständlichkeiten ihres Paradigmas, und dies seit den Tagen des GALILEI. Sie würden es für absurd halten, daß etwa die Hebelgesetze für jedermann verschieden wären. Man konnte in diesen Fächern nicht daran zweifeln, die Welt zu entdecken. Aber auch noch WILHELM DILTHEY, den wir als den Begründer der Geisteswissenschaften kennen, in seinem Sinne eine Erfahrungswissenschaft der geistigen Erscheinungen, vertraute dem Methodenideal der Naturwissenschaften.

2) Der Zweifel an dieser Position ist fast ebenso alt wie diese selbst. Er existiert aber in so verschiedenen Formen, daß etwa eine Lehre vom ‚kritischen Subjektivismus' nicht bestimmt werden könnte. Zweifel an allgemein gültiger Wahrheit selbst ist uns allerdings auch schon vor SOKRATES, von den Sophisten, namentlich PROTAGORAS, bekannt, dann von den Skeptikern. PYRRHON sagt, nichts sei an sich schön oder häßlich, gerecht oder ungerecht. Im Grunde sei all das gleichgeltend und erst eine Setzung der Sitte. Eine Bürde gegenläufiger Art beginnt zu wirken.

Diese Sicht verliert ihre Geltung ebensowenig wie jene der Naturwissenschaften. Für die letztvergangenen Jahrhunderte gelten der Neapolitaner GIOVANNI BATTISTA VICO, der Ire BERKELEY und der Sachse FRIEDRICH NIETZSCHE als berühmte Repräsentanten dieser Position. Doch es geht freilich keineswegs um Hebelgesetze, sondern stets um Werte. In jüngster Zeit ist auch der DILTHEYsche Ansatz etwa durch HANS-GEORG GADAMER in Frage gestellt worden, und JÜRGEN HABERMAS unterstellt aller Erkenntnis die Relativierung durch unterschiedliche Interessen, wohl nur mit den ‚technischen Verfügungen' in den Naturwissenschaften als Ausnahme. Ganz anders lautet die Objektivitätskritik von KANT und der nachfolgenden Kantianer, auf die sich die Konstruktivisten ebenfalls berufen. Da geht es im wesentlichen um ‚das Ding an sich‘, das grundsätzlich nicht erkannt werden könne. Erst HANS VAIHINGER kommt wieder ausdrücklich auf die Fiktionen der Menschen zurück. Und wieder geht es um Ideale und Werte.

Von der Abstammungslehre zur Gegenwart

1) Die Vorstellungen von der objektiven Übereinstimmung unserer Erwartungen und der Welt ist durch die Einbeziehung des Tierreichs in diese Problematik beträchtlich erweitert worden: durch die aufkommende Abstammungslehre. In Spuren bei LUKREZ vorausgeahnt, im 18. und 19. Jahrhundert von MOREAU DE MAUPERTUIS geahnt, von LAMARCK, DARWIN und ALFRED RUSSEL WALLACE begründet.

Seither spricht man von Anpassung, insofern man erwartet, daß organismische Strukturen und Funktionen schlechthin durch den Druck der Selektion zu einer Entsprechung mit dem Milieu herangeführt würden. Die Übereinstimmung etwa der Stromlinienform bei Hai, Delphin und U-Boot oder des optischen Apparates bei Tintenfischen, Wirbeltieren und unseren Kameras schien dies ganz plausibel zu machen. Nun liegt ein Constraint vor, der zum Adaptionismus führen wird (Abb. 50).

Auch die Evolutionäre Erkenntnistheorie begann mit dem Konzept eines solchen Adaptionismus, denn es kam ja zunächst darauf an, die *a priori* Bedingungen unseres Erkenntnisvermögens als *a posteriori* Anpassungen an die außersubjektive Wirklichkeit zu verstehen. Im Zuge der Erforschung der Evolutionsmechanismen konnten dann leicht Begriffe wie Sinnesfenster, Passungen oder physische Entsprechung den kritischen Objektivismus in einen ‚naiven oder radikalen Adaptionismus‘ wuchern lassen. Die Figur des angepaßten Herrn Schulze konnte sich damit in seiner Ansicht bestätigt sehen, der Welt, wie sie ist, auch mit seinen Vorstellungen völlig zu entsprechen. Ein radikaler Adaptionismus ist damit disponiert (Abb. 50).

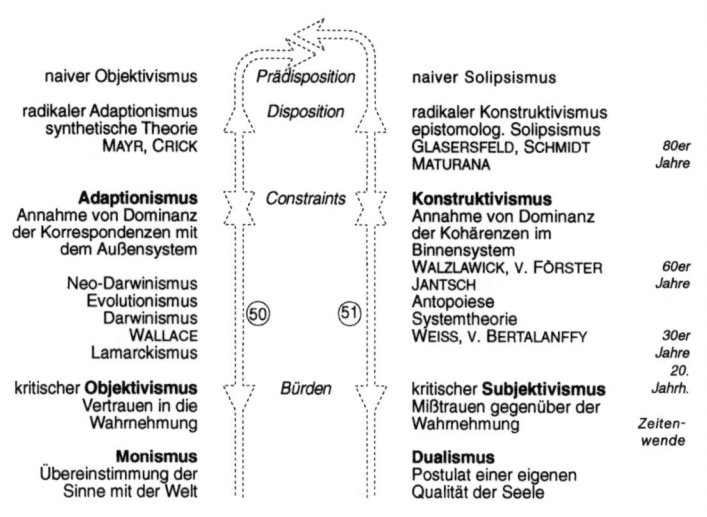

naiver Objektivismus ┊ Prädisposition ┊ naiver Solipsismus

radikaler Adaptionismus · Disposition · radikaler Konstruktivismus
synthetische Theorie ┊ ┊ epistomolog. Solipsismus
MAYR, CRICK ┊ ┊ GLASERSFELD, SCHMIDT   *80er*
┊ ┊ MATURANA   *Jahre*

Adaptionismus · Constraints · **Konstruktivismus**
Annahme von Dominanz ┊ ┊ Annahme von Dominanz
der Korrespondenzen mit ┊ ┊ der Kohärenzen im
dem Außensystem ┊ ┊ Binnensystem
┊ ┊ WALZLAWICK, V. FÖRSTER   *60er*
Neo-Darwinismus ┊ ┊ JANTSCH   *Jahre*
Evolutionismus ┊ ┊ Antopoiese
Darwinismus (50) (51) Systemtheorie
WALLACE ┊ ┊ WEISS, V. BERTALANFFY   *30er*
Lamarckismus ┊ ┊   *Jahre*
┊ ┊   *20.*
kritischer **Objektivismus** · Bürden · kritischer **Subjektivismus**   *Jahrh.*
Vertrauen in die ┊ ┊ Mißtrauen gegenüber der
Wahrnehmung ┊ ┊ Wahrnehmung   *Zeiten-*
┊ ┊   *wende*
Monismus ┊ ┊ **Dualismus**
Übereinstimmung der ┊ ┊ Postulat einer eigenen
Sinne mit der Welt ┊ ┊ Qualität der Seele

Abb. 50/51: BCD-*Serie zum Adaptionismus-Konstruktivismus-Problem*. Die
Bürden von Objektivismus oder aber Subjektivismus führen zu den
Constraints, zum reinen Adaptionismus oder aber reinen Konstruktivismus, mit den Dispositionen und Prädisposition zum radikalen Adaptionismus und naiven Objektivismus oder aber zum radikalen Konstruktivismus und naiven Solipsismus.

247

Nicht DARWIN und den Altdarwinisten, zu denen sich auch ERNST HAECKEL zählte, ist diese Verengung vorzuwerfen, sondern beiden Milieu-Theorien, sowohl den Nachfolgern LAMARCKs als auch jenen WALLACEs, also zahlreichen Darwinisten und Neodarwinisten, bis in die Synthetische Evolutionstheorie unserer Lehrbücher, wie sogar noch bei dem Klassiker ERNST MAYR. Auch bei bedeutenden Molekular-Genetikern, wie bei JAMES WATSON, liest man von solchen Erwartungen. Der Widerspruch blieb also nicht aus. Schon in der Debatte um jene Mechanismen wurde klar, daß systemeigene Bedingungen nicht übersehen werden dürfen, seien es Konstruktionsbedingungen physikalischer oder systemischer Art oder jene Constraints, die aus der durchlaufenen Konstruktions-Geschichte zu verstehen sind.

Man täuschte sich zwar nicht darüber, daß es in den Gehirnen wie in der Welt finster und still ist, daß also Helligkeiten, Farben und Geräusche Interpretationen sind. Aber auch diese Repräsentationen symbolischer Art konnte man für Entsprechungen von beliebiger Objekt-Treue halten, und das, obwohl Biologen von JAKOB VON UEXKÜLL bis ERICH VON HOLST überzeugend nachwiesen, daß jede Wahrnehmung und cerebrale Verrechnung funktionsbedingte Interpretation ist.

2) Der Konstruktivismus, der zur Bestimmung jenes Adaptionismus führte, geht nun keineswegs direkt aus GADAMERs ‚philosophischer Hermeneutik‘ oder VAIHINGERs ‚Philosophie als ob‘ hervor, jenem Subjektivismus, an den zeitlich anzuknüpfen wäre. Vielmehr entspringt er Einsichten in Systembedingungen, wie diese bei PAUL WEISS und LUDWIG VON BERTALANFFY in den vierziger Jahren vorbereitet sind. Und er formiert sich in den sechziger Jahren aus der Debatte um Selbstorganisationsprozesse oder Autopoiese und rekursive Kybernetik durch HEINZ VON FÖRSTER und in den siebziger Jahren mit ERICH JANTSCH sowie aus der Psychotherapie PAUL WATZLAWICKs. Und bald hatten sich Sprach- und Entwicklungs-Psychologen wie ERNST VON GLASERSFELD sowie Biologen wie UMBERTO MATURANA und dessen Schüler FRANCISCO VARELA angeschlossen (Abb. 51).

Der neue Subjektivismus kommt also kaum aus der deutschen Philosophie und auch nicht durch die Hintertür herein, sondern eher aus einem Mißtrauen gegenüber dem kritischen Realismus, ein Constraint, der sich in den dafür besonders sensitiven Disziplinen der Naturwissenschaft in Resten erhalten hatte.

Die Entwicklung eines ‚Radikalen Konstruktivismus' ist damit disponiert (Abb. 51), ein Begriff, den GLASERSFELD einführte. Er bezeichnet so die Absicht, mit den verschiedenen halbherzigen Konstruktivismen Schluß und mit den erkenntniskritischen Konsequenzen Ernst zu machen. Wahrnehmung ist Bedeutungszuweisung, das Nervensystem ist kognitiv und semantisch abgeschlossen, es hat kein Fenster nach außen, und nach GERHARD ROTH setzt erfolgreiche Orientierung auch keine isomorphe Repräsentation der Welt im Gehirn voraus. Die Wirklichkeit ist eine individuelle oder gruppenspezifische Erfindung.

Auch da blieb der Widerspruch nicht aus. Der nächstliegende Vorwurf lautete auf Solipsismus, wie wir diesen von STIRNER kennenlernten, demzufolge die Welt nur der Traum des einzelnen ist. Warum streite man dann aber über Träume? Nun, so faßt SIEGFRIED SCHMIDT die radikalen Positionen zusammen, vertrete man keinen ontologischen, sondern – wenn überhaupt – einen erkenntnistheoretischen Solipsismus. Was das nun auch sein mag, die Existenz der Außenwelt wird anerkannt.

Andere kritisierten, man argumentiere empirisch mit Gesetzlichkeiten der Natur, um zu zeigen, daß diese Natur nicht erkannt werden könne. Das hat man ernster genommen. Aber man entzieht sich dem Widerspruch durch die Annahme, daß die Kritiker Theorien eine realistische Entsprechung mit der Welt zumäßen, die Radikalen aber nur eine vereinbarliche Pragmatik innerhalb des gemeinschaftlichen Verstehensbereiches.

Für gravierender halte ich daher ihre eigene Einsicht, daß die Position des radikalen Konstruktivismus keine Möglichkeit hat, hinsichtlich einer behaupteten Korrespondenz einer Aussage mit der Welt zwischen wahr und falsch zu unterscheiden.

Denn auch die Radikalen finden immer wieder nach Hause und korrigieren die Lösung, wenn sie in eine falsche Wohnung geraten. Wie könnte sich selbst das wunderlichste Zufallskonstrukt in seinem Milieu orientieren, wäre es nicht an diesem durch Prüfungen herangebildet?

Adaptionismus und Konstruktivismus in evolutionärer Synthese

Die Lösung des Widerstreits zwischen den radikalen Adaptionismen und Konstruktivismen (3) sehe ich in evolutionärer Perspektive in zwei Dingen: einmal im Verzicht auf Radikalität, ein andermal in deren Zusammenwirken.

Die Lehren von der Evolution, wie vom evolutionären Kenntniserwerb, lassen erwarten, daß alle Innovationen zunächst nichts als Erfindungen sind, freilich im Rahmen der schon jeweils gewonnenen Erfahrungen (gespeicherten Entdeckungen). Dies reicht von den Experimenten der Evolution mit Mutationen über solche mit Assoziationen bis zu unseren Experimenten mit logischen Implikationen.

Sobald sich aber Erfolg im Umgang mit der Welt einstellt, führt die Erfindung des Flügels, der Schall- und Feuerzeichen sowie der Diagonale im Quadrat zur Entdeckung der Aerodynamik, der Schallgeschwindigkeit sowie der quadratischen Funktion.

Nicht zu bezweifeln ist, daß die Aerodynamik auf den verschiedensten Wegen entdeckt, ihr sogar in verschiedenster Weise entsprochen werden kann. Wir sind, wie vorauszusehen war, an den Ansatz zum ganzen Thema zurückgekehrt. Man wird vor Augen haben, wie verschieden die aerodynamischen Lösungen des Fliegens von Libelle und Schwalbe aussehen. Man erinnert sich, in welch unterschiedlichen Weisen allein das Problem der Statik von Organismen gelöst wurde (Teil 1, Abb. 1, S. 23). Die Constraints als eine Folge von Bürden aus den eingeschlagenen Wegen der Konstruktion sowie deren schicksalhaftes Gebundensein an den sich selbst entwickelnden Binnensystemen sind nicht zu übersehen.

Aber ebensowenig ist daran zu zweifeln, daß der Lebenserfolg jeder Kreatur nur aus einer funktionellen Entsprechung ihrer Leistungen mit den für sie relevanten Bedingungen des Milieus zu verstehen ist. Was also bedeutet hier Isomorphie? Das ist der entscheidende Punkt. Denn die Kreaturen haben sich alle ihre Welten entdeckt, wie wir die Passate, die Kontinente und die Rückseite des Mondes. Wenn die Funktionen nicht der Welt entsprächen, dann wären jene Organismen nicht existent und unsere Entdecker weder von den anderen Kontinenten noch vom Mond zurückgekehrt.

Freilich stammen meine Beispiele aus dem Gebiete eliminativer Selektion, von dort, wo eine unpassende Funktion, Handlung oder Hypothese sogleich zur Desintegration des jeweiligen Binnensystems führt oder doch die Wiederanwendung verhindert; wie im genetischen Tod sein Erbgut nicht vererben, oder im Tod einer Hypothese seine Erwartung nicht tradieren zu können.

Wo eliminative Selektion nicht herrscht, können freilich die Erfindungen beliebig wuchern. Dies gilt in bescheidenem Maße schon für manche närrischen Produkte unserer Züchter, welche die freie Wildbahn sogleich der Elimination ausliefern würde. Es gilt aber nahezu unumschränkt für den gehegten Menschen. Er ist nun gewitzt, seine Theorie an seiner Statt sterben zu lassen. Die Verkünder der wunderlichsten, ja sogar lebensgefährdenden Theorien hegen wir in ‚geschützten Werkstätten' und unter Hospitalisierung, und dies sehr wohl aus tiefen, humanitären Gründen. Die Psychotherapie und unsere Toleranz feiern mit dieser Einsicht neue Erfolge.

Ich schlage darum zum besseren Verständnis eine Teilung in die Welten A und B vor und deren vorläufige Zuteilung an die beiden Paradigmen, freilich vorläufig, denn offenbar ist die Trennung nur eine der funktionellen Intoleranz, der Elimination, und zwar sowohl durch das Außensystem, die Welt, als auch durch das äußere Binnensystem, nämlich durch welche intolerante Weltansicht auch immer. Ebenso soll ein Beispiel, mit all seiner Vorläufigkeit, hier schließen: Einzeln und aus einer Waldschlucht treten in Abständen drei Personen. Befragt nach ihren Wahrnehmungen, erweisen sich diese als völlig unvergleichbar.

Ob nun VAIHINGER oder HABERMAS oder meine Freunde WATZLAWICK oder VON FÖRSTER mit uns beobachten, wir bestätigen uns die Existenz der Welt B. (Näher befragt, darf ich verraten, erwiesen sich der eine als Wilderer, der zweite als Moostier-Spezialist und der dritte als verliebter Dichter.) Wie konnten sie aber alle aus der Schlucht gefunden, an keinem Ast ein Auge verloren, sich an keinem Stamm gestoßen haben? Diese Welt A muß für sie nahezu übereinstimmend erlebt worden sein. Wir übergeben diesen Teil der Welt den ebenso versammelten Adaptionisten.

Die Konstruktivisten haben recht, daß alles mit Konstruktionen beginnt und diesen nicht zu entkommen ist. Sie irren aber, wenn sie behaupteten, daß dies stets ungestraft geschehe. Die Leiden der Menschheit an ihren Phantastereien beweisen das zur Genüge. Die Adaptionisten haben recht, daß letztlich nur das Tüchtige überlebt und auch dem nicht entkommen werden kann. Aber sie irren nicht minder, wenn sie behaupteten, daß wir die Welt im Griff hätten. Die Leiden der Menschheit an ihren zerstörerischen Machern beweist dies nicht minder. Auch darauf ist zurückzukommen.

Rückblick auf die Eigentümlichkeiten unserer Vernunft
(oder: Wie gespalten diese Welt gesehen wird)

Der Rückblick ist als Synthese gedacht, um die Spaltung unserer Weltsicht aus den erworbenen Einzelerfahrungen wechselseitig zu bestätigen und anschaulich zu machen. Er ist aber auch als Ausblick gedacht, und man wird den Phasenübergang von der Kritik unserer Denkweise zur Kulturkritik voraussehen. So werden auch die Quellen zu einer weiteren Gattung von Schriften wechseln. Sie werden im Teil 4 weiter unten vorgelegt.

Wir sind von der allgemeinen Frage ausgegangen, ob diese Welt auch anders verstanden werden könnte als nach den konservativen, nicht-evolutionären Erkenntnistheorien, ob diese Widersprüche aufwiesen und aus welcher Zeit diese stammten.

Im Verlauf der historischen Untersuchung zeigte es sich zum ersten, daß alle grundlegenden Probleme tatsächlich schon von den Vorsokratikern wahrgenommen wurden. Sie entspringen damit allesamt bereits den Anfängen kritischen Reflektierens unserer Kultur.

Zweitens ergab es sich, daß alle sechs Grundprobleme in eine Dichotomie, ein Schisma von zwei alternierenden, einander ausschließenden Lösungen führten und daß diese bis in unsere Zeit ihre Widersprüchlichkeit nicht verloren haben. Die Herkunft des Wissens wird empiristisch oder rationalistisch gedeutet, die Wirklichkeit materialistisch oder aber idealistisch (ideistisch). Das Wahrheitsproblem wird über Korrespondenzen mit der Welt oder über Kohärenzen im Subjekt zu lösen versucht, die Grundursache kausalistisch oder aber finalistisch. Und was endlich unsere Vorstellung von den Erkenntnis- und Entstehensmechanismen betrifft, so hat man diese entweder induktiv und adaptionistisch oder aber deduktiv und konstruktivistisch zu begründen versucht.

Was schließlich, drittens, eine andere Sicht der Welt betrifft, so kann aus der Position der Evolutionären Erkenntnistheorie, und zwar für jedes der sechs Paare widersprüchlicher Lösungen, eine auch im ganzen kohärente, widerspruchsfreie Lösung angeboten werden.

Neben diesem allgemeinen Zusammenhang sind noch die folgenden speziellen Bezüge zu erkennen.

Die Dichotomie der sechs Achsen

Die jeweils sechs voneinander getrennten Achsengruppen der Entwicklungen zeigen zwei Merkmale. Zum einen läßt jede der beiden Achsengruppen jeweils erkenntnistheoretisch wie philosophiegeschichtlich eine Kohärenz ihrer sechs Achsen erkennen, insofern Empirismus, Materialismus, Korrespondenz- und Kausalitätskonzept, Induktionismus und Adaptionismus einander in der Regel ebenso wechselseitig stützen (Abb. 52) wie Rationalismus, Idealismus, Kohärenz- und Finalitätskonzept, Deduktionismus (oder Logik) und Konstruktivismus. In unserer Geistesgeschichte steht auch keine der zwölf Achsen jemals isoliert. Zum anderen ist die Symmetrie zwischen den jeweils sechs Lösungszusammenhängen (Abb. 52) deutlich und bleibt in ihrer Gesamt-Widersprüchlichkeit durch die ganze Kulturgeschichte erhalten.

Zwischenpositionen und Kombinationen

i) Positionen, die zwischen den beiden Achsengruppen liegen, sind nicht ausgesprochen oft vertreten worden. ARISTOTELES, MARK AUREL und GOETHE, in einem anderen Sinne KANT, aber auch weniger bekannte Denker sind aus einzelnen Teilen der Achsengruppen zu einer Mitte ausgewichen (Abb. 53, S. 257). Doch es entstand entweder keine Schule, es waren nicht alle Achsen in Betracht genommen, oder die ganze Position wurde von den Nachfolgern zurückgedeutet. Eine zentrale Achsengruppe ist jedenfalls nie entstanden.

ii) Auch Kombinationen aus den Achsen-Positionen zwischen den alternativen Gruppen, gewissermaßen über die Symmetriegrenze hinweg, sind nicht häufig. Erwähnt sei der ‚empiristisch-kausalistische Deduktionismus' eines GALILEI oder ein ‚finalistisch-subjektivistischer Monismus' des SPINOZA. Aber auch sie und manche andere haben den Charakter von Ausnahmen behalten, wie diese die Regel bestätigen.

Philosophen pflegen ihre Heroen achtungsvoll als erratische Systeme nach dem Geburtsjahr zu ordnen. Aber die verfolgte Regel steckt schon in der Terminologie dessen, was ich hier als Achsen durch unsere Kulturentwicklung nachvollziehe. Und diese Bezeichnungen sind nicht meine Erfindung. Es ist eine Typologie, die im Gefolge langer Diskussionen und

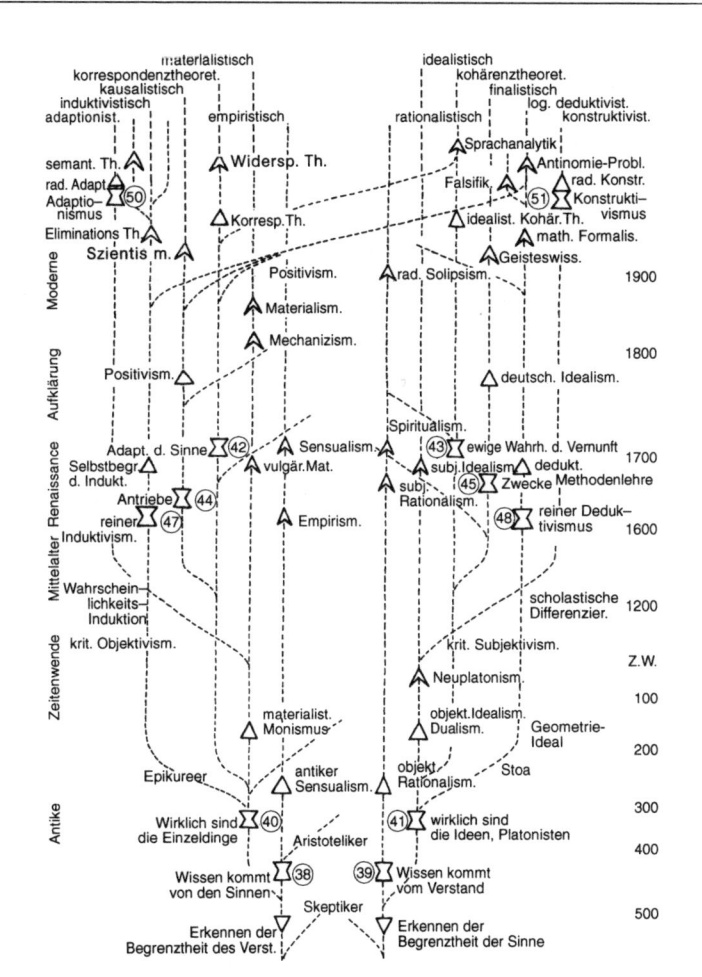

Abb. 53: *Übersicht über den Zusammenhang zwischen den* BCD-*Serien in der Geschichte der Philosophie.* Man beachte die getrennten Wurzeln aus den alternativen Ansätzen (nach Abb. 37, S. 165), die Differenzierung in die alternativen Subprobleme und das Beibehalten der Spaltung. Synthesen haben sich kaum, Seitenwechsel gelegentlich vollzogen. (Symbole wie in den bisherigen BCD-Serien; zur besseren Übersicht sind deren Abbildungsnummern hinzugefügt).

257

Zusammenfassung

Faßt man die allgemeinen und die fünf speziellen Merkmale dieser ‚Eigentümlichkeiten unserer Vernunft' zusammen, so ist wohl die Realität dieser Symmetrien nicht zu verkennen. Und dies auch vor der Möglichkeit des Nachweises, daß es in unserer Philosophiegeschichte nicht einen einzigen Denker geben kann, der mit der Auffassung eines zweiten völlig zur Deckung käme.

In den Grundannahmen oder Vorbedingungen jedoch lassen sich die Haltungen in den beiden Achsengruppen, einmal auf das Erkennen einer Begrenztheit unseres Verstandes, ein andermal auf das Erkennen einer Begrenztheit unserer Sinne, zurückführen (Abb. 53).

Die Ursachen und die tiefreichende Begründung sowohl dieser Einsichten als auch des damit entstandenen Zwiespaltes haben wir (in Teil 2) erarbeitet. Die beiden Positionen gehen auf die getrennte Entwicklungsgeschichte, die Stammesgeschichte, zum einen der angeborenen Anschauungsformen, zum anderen der Entwicklung von Kommunikation, Lautsprache und der im Griechischen wurzelnden Syntax zurück; dies sind die ratiomorphen und rationalen Wurzeln (Abb. 37, S. 165).

Wieder wird man sich der Käfer-Metapher erinnern, von der unsere ganze Untersuchung ausging. Freilich sind wir dem Käfer überlegen, und es geht auch nicht mehr um die widersprüchlichen Meldungen aus den Nah- und Fernsinnen. Aber es geht um die Widersprüche zwischen den Algorithmen sinnlicher Wahrnehmung und sprachgelenkter Vernunft. Nach den Gesetzen der Evolution geht es nach wie vor um die Frage, ob ein Problem zu einem Existenzproblem wurde, Fehler der Passung der personellen Elimination anheimfallen mußten oder nicht. Die Lösung des Problems wurde nicht durchgesetzt.

Außerdem ging es nur wieder im analogen Sinn um eine undurchdringliche Wand, vor welcher wir rätseln. Auch hätte man die Wand lokalisieren können. Denn wo immer ein

System regelmäßig an seinen Prognosen scheitert, wird eine solche Wand vor uns stehen.

Die Theorien vom Kenntnisgewinn scheitern zwar, wie wir feststellten, im Verlauf unserer gesamten Kulturgeschichte schon an den Widersprüchen ihrer alternativen Lösungen, aber es ging aufgrund dieser Widersprüche nur wenigen wie etwa SOKRATES oder SAVONAROLA an den Kragen. Man hat sich später auf ‚soziale Strafen‘, Diskriminierung und Verleumdungen beschränkt. Und heute stehen die widersprüchlichen Positionen in der Friedlichkeit scheinbar bedeutungslosen philosophischen Rätselratens nebeneinander.

Wer nun meint, daß jener Widerstreit unser Lebensproblem gar nicht berührte, mag die Auseinandersetzung tatsächlich für nur akademische Querelen halten. In Wirklichkeit aber haben diese Widersprüche schon längst unseren Lebensnerv berührt. Schon heute beginnen sie uns zu schaden. Und wo sie bedrohlich werden, müssen wir sie übersteigen. Die Lösung scheinen wir aus der Evolutionstheorie zu gewinnen. Zwar lassen sich weder die angeborenen Formen der Anschauung noch die angeborenen und tradierten Formen der Sprache ändern. Sie sind eben nur zu übersteigen. Und wieder bilden Kenntnis und Erfahrung Ansatz und Methode.

4

Die Eigentümlichkeiten unseres Umgehens mit der Welt

Wir wechseln von einer Kritik unseres Denkens zu einer Kritik an unserer Kultur und somit von den Theorien zu deren Folgen. Damit treten weitere Quellen auf und eine andere Art deren Verwendung. Die Synopsis unserer traditionellen Denkformen war (in Teil 3) noch als Skizze möglich, eine Synopsis traditioneller Kulturkritik zu versuchen hätte keinen Sinn. Ich werde darum von den bloßen Fakten unserer zerspaltenen Kultur ausgehen, empfehle die Stichworte der kommenden Kapitel in Lexika und den empfohlenen Handbüchern nachzuschlagen und werde diese aus der evolutionären Perspektive untersuchen.

Kulturkritik aus biologischer Sicht ist vom Auffallendsten, von der Ethologie, ausgegangen. Mut gemacht haben die Bücher von LORENZ (1963 a, 1973 a und 1983). Es folgten Schüler und Freunde (EIBL-EIBESFELDT 1970, 1972, 1988, MORRIS 1968, WICKLER 1969, 1971 und CRANACH 1987). Diese Kritiken gehen von den Sozialstrukturen aus, die Kritiken an den kognitiven Strukturen waren damit eingeleitet. Sie wurden von mir (1980, 1982, 1985, 1987, 1988) und OESER (1988) vorgelegt. Sie sind Teil des Hintergrundes der ‚Grünen Welle' mit einer umfänglichen und neuen Gattung von Schriften: mit DITFURTH (1976 u. 1981) und vielen anderen.

Es zählt wohl zu den Eigenschaften unsichtbarer Wände, daß sie schwer sichtbar zu machen sind. Jede sichtbare Wand, und sei es die gefährlichste, ist von Menschen schon überstiegen worden. Wahrnehmbar ist aber noch eine zweite Eigenschaft, nämlich die definitive Art, wie sie uns die offensichtlichen Widersprüche verharmlost, die sie hervorruft. Man hat sich mit diesen zu arrangieren. Man lebt mit ihnen.

Der Käfer in meiner Metapher hätte auch aufgegeben – aus Erschöpfung. Und an dieser Erschöpfung wäre er verendet. Wir Menschen dagegen haben uns vermehrt. Ist die Wand, die ich heraufbeschwor, fiktiv oder, sollte sie existieren, dem Fortkommen des Menschen nur nützlich? Nun hat sich die Menschheit gewiß vermehrt, allerdings in der gefährlichsten Weise, und noch dazu mit wachsenden Ansprüchen an Substanz und Energie. Jedenfalls kündigt sich das geradezu vorprogrammierte Unheil durch sein erstes Wetterleuchten an. Es soll aber keine Apokalypse entworfen werden. Oft genug ist sie schon an die Wand gemalt worden, und es hat nichts genützt. Vielmehr geht es mir darum, das Eigentümliche dieser Widersprüchlichkeiten aus der Struktur der Wand und unserer Ausstattung sichtbar zu machen. Ich werde die Fakten ordnen, und man mag selbst urteilen.

Die Schwierigkeiten, vor denen die Zivilisation steht, sind uns wie ein Schicksal zugefallen, zugleich aber sind sie, wie unsere ganze Zivilisation, selbstgemacht. So ist die Verschuldensfrage nicht auf den Punkt zu bringen – ähnlich, wie der Erfinder des Explosionsmotors nicht der Hauptverursacher der Massen-Unfälle auf unseren Autobahnen sein kann. Alle haben wir zu diesen Unfällen beigetragen, denn wir haben uns bloß mit dem Fortschritt arrangiert. Wir sind nicht *im* Stau, wir *sind* der Stau.

Mußten wir uns aber nicht arrangieren? Fast jeder in der Kette von hunderten Generationen wollte, daß es wenigstens den Kindern besser gehe. Doch die verschiedensten Mängel unserer Adaptierung, Folgen von Bürden und Constraints, haben uns in die Enge getrieben; und sie alle gehen auf unsere grundlegende Bürde zurück: auf die Widersprüche zwischen Wahrnehmung und Vernunft.

Man hat der Evolutionären Erkenntnislehre, in deren Rahmen ich argumentiere, den Rang einer dritten kopernikanischen Wende eingeräumt. KOPERNIKUS klärte unseren Platz im Kosmos auf, DARWIN unsere Stellung in der Natur, LO-

RENZ die Herkunft unserer Vernunft. Für das Überleben dieser Spezies werden die Dinge also relevanter. Denn weiterhin geht es um Erhaltungsbedingungen unseres Systems.

Die Widersprüche in unserer Kultur werde ich in fünf Kapiteln darstellen, nämlich jene (A) zwischen Glauben und Wissen, (B) Philosophie und Wissenschaft, (C) Natur und Kultur, (D) Natur- und Geisteswissenschaften sowie (E) Sprache und Welt. Auch dies folgt in den Ansätzen der Chronologie unserer Geistesgeschichte, allerdings nicht minder mit kumulativen Effekten. Auch die einzelnen Probleme und Hindernisse werden andere Namen haben. Ihre Ursachen aber liegen in den übergeordneten Schismen.

Die Kapitel selbst werde ich der Vergleichbarkeit wegen wieder dreiteilen. In 1) wird die Kulturgeschichte der Widersprüche dargestellt, in 2) die Konsequenzen und in 3) die Lösungsvorschläge aus der evolutiven Betrachtung. Die Widersprüche beziehen sich auf die Spaltung der Achsen, die in den ‚Eigentümlichkeiten unserer Vernunft' beschrieben wurden. Die Konsequenzen werden zunächst bescheiden und abstrakt erscheinen. Sie sind eben von kumulativer Wirkung und können erst in der Folge konkret werden.

Glauben gegen Wissen
(oder: Was man zu wissen glaubt)

Im wesentlichen geht es um die Position und die Funktion der Metaphysik, nur am Rande um Ethos oder Moral. Zu letzterem Thema vergleiche man WICKLER (1969, 1971) und WUKETITS (1993). Zur Metaphysik, die manche Positivisten abschaffen wollten, findet man Beiträge von mir in den Arbeiten von 1982 und 1988 und einigen meiner dort zitierten Aufsätze. – Die frühe Kosmologie der Griechen ist von SCHWABL (1958) bearbeitet. Die Kritik an der Überlieferung der Griechen geht auf HEKATEIOS von Milet zurück; über ihn und PROTAGORAS gibt CAPELLE (⁵1968) Aufschluß.

Ob unsere Vorfahren mit dem aufrechten Gang, mit dem Werkzeug oder erst mit dem Feuergebrauch vom Tier zum Menschen wurden, ist eine fast müßige Frage. Daß sie aber mit dem metaphysischen Problem, mit dem Rätsel um Geburt und Tod, bereits Menschen waren, das halte ich für ausgemacht; datiert bereits in die Zeit der Neandertaler vor vierzig bis sechzig Jahrtausenden.

Die Zweiteilung des Lebensproblems

Die Zerteilung des menschlichen Lebensproblems beginnt also schon mit der Menschwerdung. Wann sich der Mensch seine Schöpfer erdachte, wissen wir nicht. Der Witz, daß man Gott, gäbe es ihn nicht, erfinden müßte, ist also so witzig nicht. Denn jede Kultur besitzt ihn, ob erfunden oder geoffenbart. Wer oder was immer den Urknall verursachte, die Disposition des Werdens von Kreaturen, in welchen schließlich Gott wohnt, mußte zuvor gegeben sein, nicht aber die Destination; soweit unsere Erfahrung reicht, deutet nichts darauf hin, daß Gott erdacht oder erkannt werden mußte. Als Möglichkeit aber ist er allen evident.

Wie auch immer, die metaphysische Frage steht an der Wiege des Menschseins. Den unlösbaren Fragen nach dem Ursprung der Welt oder dem Sinn des Vergehens, dem Woher und Wohin, kann der reflektierende Mensch nicht entkommen. Also entstanden überall Demiurgen. Die geplagte Kreatur, die verunsicherte Seele erschuf sie als reißende Ungeheuer und trachtete danach, sich auch mit ihnen zu arrangieren. Und wenn das zu gelingen schien, dann wandelten sich die Ungeheuer über die Jahrhunderte in liebende Väter, und der Mensch entdeckte darauf seine Gottähnlichkeit.

Freilich stattet er seine Götter noch mit all seinen eigenen Schwächen aus und spricht ihnen Untaten zu. In den Vorläufern unserer europäischen Kultur trennt Kronos, von der bedrängten Mutter angestiftet, das kopulierende Paar mit der geschärften Sichel, wodurch sich Uranos als Himmel erst von

Gaia der breitbrüstigen Erde hebt. Aus dem Samen des geköpften Penis entsteht Aphrodite und aus dem Blut die Erinnyen, die Göttinnen der Rache.

Freilich empfanden, wie erinnerlich, kritische Geister die ‚Überlieferungen der Griechen.bald als zu zahlreich und zu kindisch‘ und suchten nach der Wahrheit, etwa zur gleichen Zeit, als man meinte, die Existenz einer Weltseele annehmen zu müssen, und man sich folglich fragte, welchen Anteil die Menschenseele daran haben müsse. Da man die Weltseele als ewig zu betrachten hatte, mußte auch die Menschenseele in dem Maße unsterblich sein, als es ihr gelang, Anteil an der Weltseele zu finden. Die Disposition für die Entstehung der Weltenrichter war komplett. Auch dies war schon zu belegen.

Aber schon zwei Jahrhunderte davor wurde PROTAGO-RAS, der bedeutendste der Sophisten, weil er behauptete, von den Göttern nichts zu wissen, „weder ob es welche gibt, noch auch ob es keine gibt", als Ketzer verurteilt, und er ertrank (?) auf der Flucht. Nur zweihundert Jahre später wurde JESUS in Jerusalem und PAULUS in Rom getötet. Und von nun an begleitet das Unheil der Märtyrer wie der Ketzer unsere Kulturgeschichte bis in die Moderne. Dabei bezeichnete Märtyrer zunächst nur ‚Zeuge des Lebens JESU‘ und wurde später weder auf die Märtyrer der Juden noch des Islam ausgedehnt.

Die resultierenden Konsequenzen

Die erste Konsequenz aus dieser Konfrontation muß man bereits eine Todfeindschaft nennen, wie sie unsere Kultur früh und über Jahrhunderte unversöhnlich gespalten hat; in Menschen, die zu glauben wußten, und solche, die zu wissen glaubten. Die Bürde, mit der unsere Kultur damit beladen wurde, ist Gegenstand ihrer großen Dramen geworden, sei es im Zweifel der Christenverfolger oder in den Vorwürfen, die der Großinquisitor in DOSTOJEWSKIs ‚Brüder Karamasow‘ dem gefangenen JESUS macht.

Der Constraint daraus hat zwei Gesichter. Zum einen finden

Absender

Name

Straße

PLZ/Ort

Ich wurde auf dieses Buch aufmerksam durch:

Ich habe diese Karte folgendem Buch entnommen:

Mit Rücksendung dieser Karte erkläre ich mich damit
einverstanden, daß ich in Ihre Informationskartei
aufgenommen werde.

Antwort

**Klett-Cotta
Abteilung Vertrieb
Postfach 10 60 16**

7000 Stuttgart 10

Sehr geehrte Leserin,
sehr geehrter Leser,

mit dem Kauf dieses Buches haben Sie
Interesse an unserem Programm gezeigt. Wir
möchten Sie daher gerne in eine Kartei von
Interessenten aufnehmen, die bevorzugt über
unser Programmangebot informiert werden.

Bitte senden Sie uns diese Karte zurück.

Selbstverständlich gibt Ihnen auch Ihr Buch-
händler gerne Auskunft über unser Programm.

Übrigens:
Einmal im Jahr verlosen wir unter den Einsendern
folgende Preise:
1. Preis: Klett-Cotta-Bücher im Wert von DM 400,-
2. - 10. Preis: Bücher im Wert von je DM 50,-

Ich interessiere mich besonders für:

☐ Literatur (LT)

☐ Sachbücher (SH)

☐ Psychologie/Psychoanalyse/
Psychotherapie/Pädagogik (HU)

☐ Geschichte/Politik (GE)

☐ Kultur und Gesellschaft (KG)

☐ Philosophie (PL)

Ich interessiere mich für Ihr
Programm aus:

☐ ☐ privaten

☐ beruflichen Gründen

P 905627

2G

wir ihn als den ‚Heiligen Krieg', sei es der Kreuzzüge oder der Eroberungen des Islam, sei es in den Judenverfolgungen; zum anderen als nur scheinbar weniger dramatisch, weil den Hintergrund bildend, die Trennung in Glauben und Wissen, die in unserer Kultur nun festgeschrieben ist; als jene scheinbaren Legitimationen, von welchen man behaupten konnte, sie von Gottes Gnaden oder aber aus den nicht minderen Gnaden des Wissens empfangen zu haben.

Da stehen nun nicht nur Monarchien und Republiken gegeneinander. Die Disposition war gegeben, in Monarchien wie in den Republiken die Fakultäten zu trennen. Und keine ihrer hohen Schulen ist mehr imstande, die theologische mit den wissenschaftlichen Disziplinen wieder zu vereinen. Wir haben die Spaltung zur Kenntnis genommen, als entspräche diese der Welt und nicht unserem Unvermögen.

Da ist Glaube, eine von Gott geschenkte Tugend, geoffenbarte Wahrheit anzunehmen. Man müsse das Wissen aufheben, erklärt KANT, um für den Glauben Platz zu bekommen; wohl so, wie man im Englischen den theoretischen Glauben (belief) vom religiösen (faith) trennt. Was aber ist dann Wissen? Für MAX SCHELER ist er die ‚Teilhabe am Sosein eines Seienden', was nicht minder transzendierend ist: eine Art Liebe. Daneben findet man Erlösungswissen und ein Wissen zur praktischen Beherrschung der Welt.

Letzteres wird man in erster Linie vor Augen haben, wenn man an Wahrheit denkt. Was aber ist Beherrschung ohne Bildung und ohne Metaphysik? Was wäre Metaphysik ohne Kenntnis der realen Welt? Da stehen nun die ewigen Wahrheiten einer hinfälligen Welt gegenüber und die empirischen Wahrheiten vor hinfälligen Paradigmen, beide mit der Disposition, aus sich die gefährlichsten Ansprüche abzuleiten, mit der Prädisposition entweder für die ‚Aufklärer' und ‚Macher', um die Welt zu ändern, ohne sie verstanden zu haben, oder aber für die widersprüchlichsten Heilslehren und Ideologien, um zu agitieren und selbst für sie zu sterben.

Die Lösung aus evolutionärer Sicht

Die evolutionäre Sicht sieht die ‚Wahrheiten' in Relation zueinander. Ihre Verbreitung mag durch Bildung, Bescheidung und Abklärung erreichbar sein. Man wird zur Kenntnis nehmen müssen, daß wir dieser Welt mit der uns beschiedenen Ausstattung weder ohne metaphysische Frage noch ohne empirische Kenntnis weder entsprechen noch in ihr existieren können; und beide Positionen verlangen Einsicht in ihre Grenzen.

Metaphysik, die unsere extrapolierende Vernunft nicht vermeiden kann, ist, wie schon festgestellt, gewiß ein notwendiger Antrieb, aber ein schlechter Führer. Es bleibt uns Kreaturen nicht erspart, irgend etwas jenseits des Erfahrbaren als wahr anzunehmen. Und hat man noch die Wahl zwischen den Lehren, dann sollte es die humanste Form sein, eine, welche die Mühseligkeiten der menschlichen Existenz in einer Kultur und in dieser Welt sowie unsere Verantwortung für dieselben im Auge hat, aber freilich unter der Bedingung, aus solch hoffendem Glauben weder Rechte noch Richtsprüche abzuleiten. Denn wie sonst könnten Ajatollahs, Oberrabbiner und Kirchenfürsten jemals miteinander verkehren?

Nicht weniger bescheiden ist mit dem empirischen Wissen umzugehen, zu dessen Gewinn uns die Stammesgeschichte mit Sinnen und Verstand ausgestattet hat. Denn keine der einzelnen erfahrunggestützten Erwartungen kann für sich allein gewiß sein. Wie erinnerlich, entsprächen wir in diesem Fall zu sehr dem Huhn des BERTRAND RUSSELL. Erst wenn sich das Netzwerk unserer Theorien dicht genug geflochten hat, alles Erfahrbare überzieht und sich lückenlos bestätigt, mögen wir empirischer Wahrheit nahekommen. Auch da mit der Bedingung, daß sich niemand aufschwingt zu dekretieren, was wahres Wissen ist, und keine Schule andere diskreditiert.

Kollektive Wahrheit schließlich, in welche wir aus Unsicherheit, Unvermögen und Schutzbedürfnis gelockt werden, ist die gefährlichste. Majoritäten können in der Demokratie, nicht aber in Erkenntnisfragen entscheiden. Schließlich sollte man auch nicht erneut auf die Idee verfallen, entweder Glauben oder Wissen abschaffen zu wollen. Beide sind sie Teile unseres Menschseins. Doch sollten diese Atlanten unserer Kultur einander keine Wunden schlagen. Alle drei Wahrheiten zu relativieren ist eine Voraussetzung der Erhaltungsbedingungen unseres Systems. Wenn wir mit all den Widersprüchen nicht überleben, so erübrigte sich freilich die Sorge.

Philosophie gegen Wissenschaft
(oder: Ob eine Priorität zu bestimmen sei)

Eine Bestimmung dessen, was unter Philosophie beziehungsweise Wissenschaft verstanden wird, geben detailliert die Handbücher der Philosophie (RITTER ab 1971, MITTELSTRASS ab 1980, und andere). In knapper Form empfehlen sich die Stichworte in H. SCHMIDT (1991). Eine kritische Position von Bedeutung vertritt POPPER (1979). Die ‚evolutionäre Theorie‘ hat sich bisher mit Philosophiekritik zurückgehalten. Aus der Gegenrichtung findet sich jedoch schon einige Literatur (ENGELS 1989, LÜTTERFELDS 1987, 1993, PÖLTNER 1993, auch IRRGANG 1993, ferner die ‚Kommentare‘ in RIEDL und WUKETITS 1987).

Als Problem ist die Trennung von Philosophie und Wissenschaft nicht viel jünger als die zwischen Glauben und Wissen. Dem Namen nach finden wir sie schon bei den Vorsokratikern und die Methode bei PLATON und ARISTOTELES. So wie das Ich und die Welt in prähistorischer Zeit auseinander hervorgegangen sein werden, ein Vorgang, den auch JEAN PIAGETs Entwicklungspsychologie bestätigt, haben sich auch Philosophie und Wissenschaft allmählich und auseinander entwickelt. Im Grunde ist das wieder als eine Entwicklung aus der Bürde des Gegensatzes zwischen Reflexion und Wahrnehmung zu verstehen, den beiden so verschieden erlebbaren Anleitungen.

Gewiß provoziert sinnliche Erfahrung ebenso die Reflexion wie die Produkte des Denkens neue Wahrnehmungen anregen. So ist das Philosophieren ein Kind des Wissens, wie sich andererseits alle Wissenschaften als Kinder der Philosophie erweisen.

Die Entwicklung der Teilung

Die Zerteilung beginnt also früh. Bereits SOLON, so erfahren wir schon von HERODOT, sei philosophierend durch die Länder gereist. ,*Sophia*' mochte ,Klugheit' und ,Tüchtigkeit', ,*sophos*' den ,Könner' bezeichnet haben. PYTHAGORAS schreibt man die Erweiterung auf unseren Begriff der ,Weisheit' zu, von HERAKLIT wird er dagegen im Sinne von ,Wissen' verwendet. Die zweifache Bedeutung kündet sich an. Aber erst bei PLATON und ARISTOTELES gilt die Trennung als vollzogen. Was also ist ihr Inhalt?

Philosophie ist bei PLATON die Erkenntnis des ewig und unvergänglich Seienden, Wissen vom Einzelnen dagegen nur Erfahrung vom Vergänglichen. Für ARISTOTELES dagegen hat Philosophie die Untersuchung der Prinzipien und Ursachen der Dinge zum Inhalt, wobei das physisch Wahrnehmbare und die hinter den Dingen erwarteten Prinzipien thematisch getrennt dargestellt werden. Das eine Thema handelt von der Physik, den physischen Dingen, das zweite von der Metaphysik, davon, was hinter den Dingen liegt, von der ,Ersten Philosophie'. Die Trennung wird zwischen dem physisch Erfahrbaren und Nicht-Erfahrbaren einziehen, der neue Constraint liegt in der Scheidung von sinnlicher Wahrnehmung und gedanklicher Konstruktion.

Freilich wird sich diese Grenze zwischen Physischem und Metaphysischem als tief verzahnt erweisen, sowohl von der Konstruktion als auch von der Erfahrung her gesehen. Denn zum einen empfiehlt sich bald eine Unterscheidung zwischen zwei Formen der Metaphysik. Während eine spekulative Metaphysik versucht, die Gesamtwirklichkeit aus angenommenen, obersten Grundsätzen abzuleiten, versucht eine induktive Metaphysik, diese Grundsätze aus allem verfügbaren Erfahrungswissen zusammenzusetzen. Zum anderen ist keine Erfahrungswissenschaft denkbar, welche ihre Erfahrungen an Einzeldingen nicht zur Konstruktion von Oberbedingungen, den Theorien, verwenden müßte.

Aber von der Spätantike bis ins Mittelalter wird Metaphysik zur Voraussetzung philosophischer Disziplinen überhaupt. KANT spricht darauf der spekulativen Konstruktion jede Wirklichkeitserkenntnis ab. Im deutschen Idealismus wird wieder versucht, KANT zu überwinden. Die Metaphysik erlebt neuen Aufschwung, mit der Folge, daß die Positivisten metaphysische Probleme zu Scheinfragen deklassieren und die Philosophie darauf reduzieren, ihr Gebiet auf den berechenbaren Teil der Welt zu beschränken. Und in diesem Hin und Her geht es im 20. Jahrhundert weiter.

Philosophie aber bleibt, unbeschadet dieser Widersprüche, Rahmenbegriff für alle inzwischen entstandenen Wissenschaften. Bis in die Wende zum 19. Jahrhundert findet sich der Namen Philosophie als eine Art Hervorhebung im Titel großer Werke begründender Naturwissenschaft, wie in der ‚Philosophie Anatomique' von GEOFFROY SAINT-HILAIRE oder der ‚Philosophie Zoologique' von JEAN BAPTISTE DE LAMARCK, weil sie sich nicht nur als beschreibend, sondern auch als begründend verstehen. Und bekanntlich wird heute noch an einigen Universitäten der Natur- und der Geisteswissenschaftler zum Doktor der Philosophie promoviert. Wie kam es zur endgültigen Trennung von Philosophie und Wissenschaft?

Im Grunde ist die Trennung durch die Ansicht der Philosophen entstanden, daß Gegenstandsbereiche, welche einer empirischen Prüfung zugänglich werden, nicht mehr Sache der Philosophie seien. Die Philosophie setzte ihre Kinder aus, und die neuen Wissenschaften wurden zu undankbaren Nachkommen.

Diese Eigentümlichkeit unserer westlichen Geistesgeschichte ist ebenso bemerkenswert wie folgenreich. Sie wird durch PLATONs Geringschätzung der Empirie angeführt und aus der Eigentümlichkeit der Menschenseele zu verstehen sein, wie diese aus dem Empfinden ihrer selbst, intuitiv und kreatürlich, zu viel weitergehenden Vermutungen gelangt, als ihr solche der pragmatische Umgang mit den konkreten Gegenständen dieser Welt anbieten kann. Und es ist im Gegenzug das pragmatische Erfolgsbedürfnis des Westens, welches mit dem Riesenwuchs der Naturwissenschaften ihre *mater scientiae* sowie sich selbst in diese merkwürdigen Positionen brachte. Viele Philosophen meiden nun die ‚Niederungen' (und die Mühen) des fachwissenschaftlichen Spezialwissens und operieren in einer Art Schwebezustand; vielen Naturwissenschaftlern wird im Gegenzug jedes Philosophieren (und dessen Mühen) zum wichtigtuerischen Geschwätz, und die Nähe zur Philosophie wird wie ein Übel gemieden.

Die Konsequenzen der Spaltung

Die ersten Konsequenzen dieser Zerteilung sehen noch harmlos aus, wie eine Unbestimmtheit der Begrenzung dieser Alternativen. Doch reichen sie schon tief in unsere Lebensumstände. Man muß sich nur vorerst über diese Unbestimmtheit orientieren. Heute ist keine verbindliche Bestimmung mehr möglich, was Philosophie eigentlich sei. Sie selbst räumt ein, keine allgemeingültigen Ergebnisse, anerkannt zwingenden Gründe oder Erkenntnisse zu besitzen oder zu beanspruchen. Sie fühlt sich nur zuständig für Ansprüche sehr allgemeiner Art wie die Vergewisserung, ‚bei deren Gelingen das ganze Wesen des Menschen oder des Seins mitspricht', als eine Art Überwissenschaft, der es gelingen soll, die (unveränderbaren) Gründe und Prinzipien des Seins überhaupt zu erforschen.

Die Kontinuität der Philosophie garantiere dabei nur jene ungelösten (der Vernunft allein unlösbaren) Probleme, um deren mächtigen Stamm, wie WINDELBAND so bildlich sagt, sich ihre Systeme und Schulen gleich Zweigen und Blättern ranken. Man hat es aber zugleich den Skandal der Philoso-

phie genannt, daß sie diesen an den Vorsokratikern wurzelnden Stamm über die Zeitspanne von zweieinhalb Jahrtausenden unserer Kulturgeschichte nicht zu übersteigen vermochte.
Nimmt, wie Wissenschaftler vermuten, am Erkenntnisprozeß
nur teil, wer die Philosophie vermeidet?

Mit der Bestimmung, was Wissenschaft sei, scheint man es
leichter zu haben; ,das nach Prinzipien geordnete Ganze der
Erkenntnis', pflegt man zu definieren. Aber um welche Prinzipien handelt es sich dabei? Solche, die jeweils eine widerspruchsfreie Ordnung zulassen? In diesem Fall unterscheiden
sich solche Prinzipien in der Physik und in den Kulturwissenschaften sehr, scheinen einander sogar auszuschließen. Solche Wissenschaften brauchen einander nicht, sie stehen einander sogar im Wege: dort Quantifizierbarkeit, Deduktion,
Entropie und Reversibilität, hier, in Umkehrung, Qualifizierbar-
keit, Induktion, das Schöpferische und Historizität als Maß
und Bedingung der Wissenschaftlichkeit.

Ist nun die Zersplitterung in zahllose Fächer und Subfächer
als der Skandal der Gegenseite, nun der Wissenschaft aufzufassen, das Sprachengewirr eines solchen Babylonischen
Turmbaues, die Beziehungslosigkeit der Ergebnisse? Führt
das ,Abenteuer der kollektiven Vernunft', wie ERHARD
OESER es nennt, notwendig zu seiner Selbstauflösung, zur
Disposition der Vertrauenskrise, zum Theorien-Defizit, und
zum Fachidioten? Sieht, wie Philosophen vermuten, den Erkenntnisprozeß nur, wer an ihm nicht teilnimmt?

Was sich als Konsequenz der Spaltung in Glauben und
Wissen andeutete, gewinnt durch diese akademischen Widersprüche sogar noch eine Art Legitimation und scheinbar
festen Boden. Das gilt für die Legitimation von Ideologien auf
der Grundlage philosophischer Positionen ebenso wie für
Legitimationen auf der Basis der Pragmatik einzelner Naturwissenschaften.

Große philosophische Systeme erheben ihren jeweiligen
Wahrheitsanspruch, und die Fülle ihrer Gegenstände sowie
ihre inneren Kohärenzen nötigen uns mit der Achtung, welche
sie verdienen, auch ein gewisses Vertrauen ab. Sie bilden

Haltepunkte und Orientierung in einer Welt voller Ungewiß-heiten, ohne daß gleich auffällt, daß sie vielfach von unüber-prüfbaren Annahmen ausgehend ihre Systeme entwickeln. So hat die christliche Philosophie von den Kirchenvätern bis in den Beginn der Scholastik, dann im Humanismus, in der Renaissance und in der Neuscholastik großen Einfluß auf die Idee einer zweckgerichteten Weltordnung genommen, aus welchen dann die Feudalsysteme ihre Rechte abgeleitet ha-ben. Nicht minder beruht umgekehrt die Ideologie des KARL MARX so sehr auf HEGELS Modell, daß MARX selbst der Ansicht war, HEGEL bloß vom Kopf auf die Füße gestellt zu haben.

Nicht anders steht es mit der Gegenseite, mit dem Beherr-schungswissen, wie es die Philosophen nennen. Die Erfolge der Naturwissenschaften ab der Renaissance gipfeln in einem mechanistisch-dominierten Weltbild der Aufklärer und legiti-mieren ihrerseits eine Fortschritts-Ideologie, die uns mit ihren Irrungen nicht minder zu schaffen macht. Was den Wissen-schaften mit ihren Partikular-Theorien bereits in der Frühent-wicklung der Geographie, Physik, Chemie und der Pharmako-logie unterlaufen ist, beruht auf der Überzeugungskraft ihrer Erfolge. Sie verlieren aus den Augen, was wir als ‚das Wesen des Menschen oder des Seins' bezeichnet fanden. Schon die wirtschaftlichen Gewinne der Entdecker und Erfinder und später der Unternehmer und ihrer Staaten lassen neue Sta-tus- und Machtsymbole entstehen, und dies in bislang irrever-sibler Form.

Es bildete sich daraus ein Wildwuchs mit der Disposition, ein Heer von Zauberlehrlingen zu entlassen, und mit der Folgedisposition, für einen monumentalen Irrglauben: den ontologischen Reduktionismus. Wo dieser zu voller Blüte gelangt, parallel zu der Spaltung in „Natur- versus Geisteswis-senschaften", werde ich auf ihn und seine Bedrohlichkeit näher eingehen.

Die evolutionäre Lösung

Die Lösung kann nicht in solchen Ideologien und wohl auch nicht in den dahinter liegenden Paradoxien liegen; auch nicht in solitären Theorien, weder in den einander widersprechenden, wiewohl gewaltigen philosophischen Systemen noch in dem Heer zusammenhangloser Mikrotheorien, wie diese zur Rechtfertigung der Interpretationen in manchen Fächern für jeweils eine kleine Gruppe von Phänomenen vorgeschlagen werden.

Wie es sich uns bei der Annäherung an die empirische Wahrheit schon darstellte, kann die Lösung nur im Gesamtzusammenhang von Netzen in sich widerspruchsfreier Theorien liegen, die von allen wahrnehmbaren Fällen zur Gesamt-Theorie reichen müssen. Keine Theorie hat ohne Bezug auf ihre einschlägigen Fälle Sinn und keine Deutung eines Falles ohne Bezug auf eine Theorie, Hypothese oder eine wohldefinierte Erwartung. Aber auch Theorien können nicht isoliert stehen, sondern müssen sich weiterhin, als Fälle von Obertheorien, bewähren u. s. f. Und umgekehrt kann keine rationale Wahrheit gewisser sein als die Relativität der Gewißheit des Ansatzes, von dem sie ableitet, und der Logik, mit der sie operiert. Philosophie und Fachwissenschaft nehmen vielfach diametrale Ausgangspunkte ein. Diese operiert induktiv von den Einzelfällen, jene deduktiv von obersten Prinzipien. Auf beide Alternativen finden wir uns genetisch vorbereitet.

Die Induktion, ausgehend von allen Einzeldingen unserer Wahrnehmung, ist uns, wie schon beschrieben, von der Konstanz- und Gestaltwahrnehmung bis zur Invarianten- und Begriffsbildung vorbereitet. Die Deduktion, vom weitesten uns erlebbaren Umfeld, ist biologisch in der differenzierten Reaktion auf Befindlichkeiten, subjektives Erleben und Lebensgefühl von ebenfalls lebenserhaltender Bedeutung. Dies nicht von ungefähr. Das induktiv-deduktive Wechselspiel kennen wir als einen Schraubenprozeß, der uns das Gewinnen von Kenntnis im Grunde erst möglich macht.

Keiner der beiden Zugänge wird darum entbehrlich. Jeder

für sich aber wird in die Irre führen; zunächst in einen Irrglauben, dann in einen Konflikt mit der Welt.

Natur gegen Kultur
(oder: Ob Kultur ohne Natur zu verstehen sei)

> Die Bedeutung der Begriffe Natur und Kultur, ihre Entwicklung und ihr kulturgeschichtlicher Wandel ist meist unterschätzt worden. Ihre Auffassung ist aber höchst kennzeichnend für das Weltverständnis in den Abschnitten unserer Geschichte. Man konsultiere vor allem die kulturgeschichtlichen Artikel zu beiden Stichworten in RITTER (ab 1971), aber auch in EISLER (1927–30). Dort findet sich auch alle wichtige einschlägige Literatur. Werke hervorzuheben, die sich aus der Sicht der evolutionären Theorie mit dem Gegenstand befassen, ist fast nicht möglich. Im Grunde befassen sich alle damit. Vielleicht beginnt das Thema schon mit der Einsicht in die Tötungshemmung (LORENZ 1963 a). Für uns zieht Natur durch Kultur hindurch. Für die Philosophie der Moderne ist vielleicht die Metapher von NEURATH (1931) kennzeichnend. Eine Lösung für NEURATHs Paradoxie ist in meinem Buch von 1992 angeboten.

Der Gegensatz in der Sache ist alt, in den Begriffen jünger, in der methodischen Auseinandersetzung relativ neu. In der Sache beginnt die Trennung mit dem Eingreifen der Hochkulturen in die Natur. Aber schon die beiden Begriffe entstehen später, wenn auch zeitlich weit getrennt.

‚Physis' steht am Beginn der Geschichte unseres Naturbegriffs. Der Begriff spielt schon bei den ionischen Naturphilosophen des 6. vorchristlichen Jahrhunderts eine Rolle und umfaßt ‚Wesen' und ‚Werden' der Dinge. So, wie wir heute vom Wesen und Werden der Pflanzen sprechen und damit zum einen die Lebensprinzipien, die bei diesen Organismen die Grundlage bilden, zum anderen die stammes- wie keimesgeschichtliche Entwicklung meinen. Das findet sich schon bei

THALES, ANAXIMANDER und ANAXIMENES, von PARME-
NIDES und ARISTOTELES später etwas abschätzig Doxographen (Geschichtenerzähler) genannt. Aber bereits bei HERA-
KLIT tauchen Erkenntnisfragen auf. So wird im Werden und
Vergehen auch das Nichtsein vorausgesetzt, eine Harmonie
der Gegensätze erwartet und die weitsichtige Feststellung
getroffen: die Physis liebt es, das wahre Wesen ihrer Dinge zu
verbergen.

Zur gleichen Zeit und dann fortgesetzt ins 5. Jahrhundert ist
die Position der Eleaten und der von ihnen beeinflußten
Denker ganz anders. Bei XENOPHANES beginnt sich das
,Wesen' als ,wahres Wesen' vom bloßen Werden abzuheben.
Mit PARMENIDES wird das ,Wesen' von anderer, ewiger Art,
ein ,wahres Sein', worin das Werden, schon in seiner Schein-
nämlich Wechselhaftigkeit, keinen Platz mehr habe. Da nun
beginnt schon die Diskussion und die Zerteilung der
Ansichten.

Der Kulturbegriff ist viel jünger, weil er im wesentlichen erst
durch die Diskussion um den Naturbegriff provoziert wurde.
Die Alten sprachen von Geschichte, Gesellschaft und Milieu,
auch noch LUKREZ und SENECA. Kultur, abgeleitet von
cultura, im Sinne von Agrikultur, wurde erst von CICERO
metaphorisch auf *cultura animi* angewendet, als Pflege (eigentlich: Beackerung) des Geistes. Darin wirken noch die Mahnun-
gen der Stoa, aber bald darauf hat man fromme Läuterung im
Sinn, bis schließlich in der CICERO-Renaissance mit ERAS-
MUS und THOMAS MORUS wieder eine ,*ingenii cultura*', eine
geistige Kultur, gemeint ist.

Aber immer noch erforderte *cultura* den Genitiv, so bei
FRANCIS BACON. Erst SAMUEL PUFENDORF, sächsischer
Naturrechtslehrer im 17. Jahrhundert, von GROTIUS und THO-
MAS HOBBES beeinflußt, stellte *cultura* absolut, nämlich dem
glücklosen (!) Naturzustand entgegen. Von da an stand der
,werklosen' Natur das individuelle Sinn-Moment in der sich
entwickelnden Kulturphilosophie gegenüber und reifte mit
den Begriffen ,kulturell' und ,kultiviert' bis HERDER zum Problem und zur Auseinandersetzung unserer Tage.

Die Bürden des entstehenden Gegensatzes

Die Zerteilung trägt also zwei Bürden: im Naturbegriff die Frage, ob dem Wechsel des Werdens oder dem ewigen Wesen des Seins der Vorrang, im Kulturbegriff, ob der ‚glückhafte Zustand' der Natur oder aber unserer Kultur zuzumessen wäre. Die Disposition der beiden, in ein Generalproblem zu verschmelzen, ist offensichtlich. Die Zerteilung aber begann schon, wie gesagt, in der Debatte um den Physis-Begriff. Dort muß man ansetzen.

i) Wir haben die Vorbereitung der Zerteilung bis PARMENIDES, bis ins 5. Jahrhundert, verfolgt. Nun bleibt sie erhalten. Und die Auseinandersetzung hat den entstehenden Prinzipien-Dualismus zum Inhalt. Bei ANAXAGORAS stehen inaktive Stoffe, die Homoiomerien, einem aktiven Geist gegenüber, der aus dem Chaos die Weltordnung schafft. Im Werden des anthropologischen Interesses wird nun Physis sowohl der Konvention (Nomos) als auch dem Zufall (Tyche) entgegengestellt. Es entsteht die moderne Frage, ob die Begabung des Menschen vorwiegend auf Erbe oder auf Übung zurückzuführen sei. LEUKIPP und DEMOKRIT sind für Übung, PINDAR für natürliche Anlagen, von Übung nur überformt.

Daran schließt sich das Problem von den Ursachen der Heilung. Beruht Heilung auf Selbstheilung, weil die Physis göttlich, also weise und zuverlässig ist, oder auf Beihilfe durch die ärztliche Kunst? ALKMAION findet man in der Tradition des PARMENIDES, HIPPOKRATES in der des HERAKLIT.

Mit den Sophisten tauchen die pädagogischen und juridischen Konsequenzen der Teilung auf. Alle Tyrannen erlassen Gesetze, willkürlich, wandelbar, widersprüchlich und ohne rechtes Wissen. Dagegen, sagt HIPPIAS VON ELIS, ist Weisheit und Unwandelbarkeit bei den Göttern. Die Natur wird vom Staat mißachtet. Das Menschengesetz ist der Tyrann der Menschheit. Gesetztes Recht oder Naturrecht?, das ist schon hier die Frage. Ferner: Ist die Sprache gesetzt oder naturgegeben? Von wem stammen die Namen der Dinge? Diese Kontroverse wird bis auf PYTHAGORAS zurückgeführt. DEMO-

KRIT ist für Setzung, Sprache ist Menschenwerk, KRATYLOS und später PLATO plädieren für Anlage, denn der Sprachschöpfer müsse den naturgegebenen Ideen folgen. All diese Fragen der Vorsokratiker begleiten uns heute noch. Heute als die kontroversen Theorien der Begabung, der Gesundheit, des Rechts und der Sprache. Und im Grunde sind alle Kontroversen noch offen.

PLATO kommentiert die Frage nach der Herkunft der Tugend und die Differenzierung des Begriffes ‚techne‘. Steht das vernünftig gestaltende Schaffen des Demiurgen der blind waltenden Natur entgegen? Ist dem Schöpfer die *techne* des Menschen gleichzusetzen, weil er an den Göttern teilhat? Die wahre Natur der Dinge müsse das Geistige vor dem Körperlichen sein. Bei ARISTOTELES dagegen wird der Naturbegriff wieder einheitlich, der Zusammenhang umgekehrt. Nicht die Natur ahmt eine göttliche *techne* nach, vielmehr die *techne* die zweckmäßige Ordnung der Natur. Die Tugend ist vorgegeben, der Geist eingefügt.

ii) Die Grenzen sind damit abgesteckt; das Physis-Konzept nähert sich dem uns heute geläufigen Begriff des Körperlichen, die Natur des Menschen enthält Leib und Seele, das Erfahrbare und das Eingegebene. Und weiter geht es um Prioritäten.

Beginnend mit den ‚kynischen‘ Philosophen, DIOGENES VON SINOPE voran, werden die Gesetze des Menschen von denen der Natur überragt. Daher lerne man eher von Tieren als von dem von der Natur schlecht ausgestatteten Menschen. Ähnliches lehrt die Stoa; denn nur der Mensch könne sich der göttlichen Ordnung entfremden. Und auch nach den Epikureern muß die Vernunft von der Physis ausgehen, denn der Geist kann sich verlieren.

Umgekehrt in der jüdisch-hellenistischen Philosophie: Die nun personifizierte Weltseele wird, wie bei PHILON, zur besten Physis. Der Neuplatonismus entwickelt eine Hierarchie metaphysischer Wesenheiten, und die Physis ist wie schon bei PLOTIN zur zweiten Weltseele abgewertet und bleibt auf dieser Stufe der griechischen Patristik bis ins christliche Mittelalter.

AUGUSTINUS faßt Natur als ein von Gott geschriebenes Buch auf, welches das Übel und das Böse nicht enthält. Später werden natürliche Vorgänge zu Symbolen für eine heilsgeschichtliche Wirklichkeit. Und bei DUNS SCOTUS endlich wird Natur eine formale Realität, die jeder Vernunft vorausliegt.

iii) Der Übergang zum humanistischen Naturbegriff der Frührenaissance liegt in der Ersetzung der Zeichen Gottes durch eine Teilhabe der Vernunft. So wäre bei NIKOLAUS VON KUES die Mathematik Spiegel und Rätsel der Werke Gottes, Geist Bewegung und die Weltseele kosmisches Leben, – nochmals ein kompliziertes System, das sich erst mit der aufblühenden Astronomie wandelt; mit der kosmischen Geometrie des KOPERNIKUS, mit der Entdeckung der *Stella nova* des TYCHO DE BRAHE, dem Beweis, daß die Schöpfung nicht abgeschlossen sein kann. Bei KEPLER, der irdische und himmlische Physik vereinigt, ist Natur animistische wie geometrische Vernunft, eine für die Spätrenaissance charakteristische Zweideutigkeit.

In diese Zeit beginnen die Begriffe der *cultura animi* und bald der *ingenii cultura* hereinzuwirken. DESCARTES bestimmt die Höhe einer Kultur nach dem Grad der Natur-Unabhängigkeit und Natur-Beherrschung, und bei KANT findet sich die Trennung einer ‚Metaphysik der Natur‘ von einer ‚Metaphysik der Sitten‘. Die lang vorbereitete Diskussion um den Anteil des Menschen an der Natur geht über in die Diskussion um den Anteil der Natur an der Kultur.

ROUSSEAU nimmt bekanntlich die Natur vor der Kultur in Schutz, um jene künstlichen Schranken zu überwinden, die nur Heuchelei und Irreführung gebracht hätten. Die Scheidung der Geister wird schließlich haargenau durch ein erstes Gespräch auf den Punkt gebracht, das GOETHE aufgezeichnet hat.

Von SCHILLER kannte man die Ansicht, Kultur müsse Sinnlichkeit der Vernunft unterwerfen, um höchste Fülle von Dasein und Freiheit zu gewinnen. „Im höchsten Gefühl der Freiheit und Selbstbestimmung" fand ihn daher GOETHE,

„undankbar gegen die große Mutter (Natur), die ihn gewiß nicht stiefmütterlich behandelte". Im ersten Gespräch, erinnert sich GOETHE, „trug ich die Metamorphose der Pflanzen lebhaft vor, und ließ mit manchen charakteristischen Federstrichen eine symbolische Pflanze vor seinen Augen entstehen. Er vernahm und schaute das alles mit großer Anteilnahme . . .; als ich aber geendet, schüttelte er den Kopf und sagte: ‚das ist keine Erfahrung, das ist eine Idee'. Ich stutzte, verdrießlich einigermaßen; denn der Punkt, der uns trennte, war dadurch aufs strengste bezeichnet." GOETHE hielt SCHILLER für einen „gebildeten Kantianer", sich selbst für einen hartnäckigen Realisten (Platonist versus Aristoteliker wäre treffender gewesen). Aber der Punkt war genau bezeichnet. GOETHE hoffte, die Vernunft durch die Natur zu läutern, SCHILLER die Natur durch die Vernunft.

Der Neuplatonismus war zwar auch längst Geschichte, aber der zentrale Gedanke einer Befreiung des stoffgefesselten Menschen zur reinen Geistigkeit begleitet uns bis heute. Natur und Geist wurden ‚Pole des Absoluten'. Bei FICHTE ist Natur das, was unabhängig von der Freiheit festgesetzt und bestimmt ist, bei SCHELLING ‚unreife Intelligenz'. Kultur dagegen bestehe in der Aufgabe, ‚alles Vernunftlose sich und nach seinen eigenen Gesetzen zu unterwerfen . . . zu einer Vervollkommnung ins Unendliche'. Auch dieses anmaßende Konzept ist noch Teil unserer Kultur.

Nicht anders aber die materialistische Ideologie, wie sie besonders durch Denker der Aufklärung, des Positivismus und des dialektischen Materialismus formuliert wurde. Schon bei den SAINT-SIMONISTEN, wie AUGUSTE COMTE, ist Kultur ‚als die Beherrschung der Umgebung durch den Menschen' gedacht, nun zwar nicht so sehr durch den Geist als vielmehr durch naturwissenschaftliche Methoden. Die meisten Aufklärer hofften damit den Menschen glücklich zu machen, und die Marxisten sahen darin sogar eine Gesetzlichkeit der Geschichte. Die Anmaßung ist um nichts geringer.

Die Konsequenzen der Konfrontation

i) Die ersten Konsequenzen dieser Zerteilung, hier das geistig Kulturelle, dort das physisch Materielle zu überschätzen, gehen von zwei Bedingungen aus. Zum einen sind es die naheliegenden Verbindungen Glaube-Philosophie-Geist versus Wissen-Wissenschaft-Natur, zwei Extreme, die notwendig zu einer Verengung der Perspektive und zu einem Mißverstehen der Stellung des Menschen führen.

ii) Zum anderen werden beide Paradigmen zu Ideologien einer zweckgerichteten Weltordnung, mit einer Einladung zur Plünderung des Planeten. Gleich nun, ob die Welt dem Geist zu unterwerfen wäre, dessen Läuterung wohl ebenso fraglich ist wie das vermeintliche Zureichen der Weltsicht der Wissenschaften, welche nun physisch zu herrschen trachten. Und dies führt nochmals und nur noch viel deutlicher zu einem Verkennen der Stellung des Menschen in der Natur.

Das ganze Gespinst der Natur-Kultur-Problematik, wie wir diese schon von den Vorsokratikern wahrgenommen fanden, ist somit noch um uns. Und nicht nur das, sie ist bereits disponiert, vom theoretischen Disput zur Legitimation jener weltanschaulichen Polaritäten zu werden, wie sie uns später als die Rechten und die Linken, als notwendige Gesellschaftstheorien oder als unvermeidliche Übel erscheinen werden. Daraus entstehen die zweiten Konsequenzen.

Auf der rechten Reichshälfte hält man bekanntlich Gesundsein für eine Verantwortlichkeit des Individuums, Recht und Tugend für gottgegeben und Begabung für eine Gabe seines Erbteiles. Das ist dem Sozialdarwinismus nahe, – mit den Vorrechten des Stärkeren, was auch ein volles Recht auf die Macht ererbten Kapitals umschließt. Die Zuteilung von Verantwortung wird dem Zufall zugeschrieben. – In der linken Reichshälfte dagegen wird Gesundheit für eine Sorgepflicht der Gemeinschaft gehalten, Recht und Tugend für jeweils verhandelbar und Begabung für das Produkt und die Ausbildungspflicht seiner Gesellschaft. Nun finden sich fast alle Individuen pflicht-entbunden; die Institutionen werden verantwortlich. In beiden Lagern wird das Ethos anonym. Die Dispositionen für die Utopien des reinen Kapitalismus sowie der egalitären Gesellschaft sind wohl wieder nicht zu übersehen.

Was uns heute in den industrialisierten ‚Erfolgsgesellschaften' umgibt, enthält durchaus keine neue Lösung, vielmehr die Widersprüche einer Art Real-Utopie, indem die Utopie und die Inhumanität des Kapitalismus durch irgendwelche Umverteilungen, die Utopie und die Inhumanität des Marxismus durch irgendwelche Sozialismen gemildert wird. Wie gemildert auch immer, die Widersprüche sind geblieben. Und beide Utopien haben gemeinsam das Umweltproblem der Moderne auf dem Gewissen, die Einladung zur Plünderung ist nun sogar eine Bedingung unserer Existenz.

Wo es um Erhaltungsbedingungen unser selbst geht, treten wir endgültig aus dem heraus, was man noch für akademische Querelen halten konnte. Damit sind wir wieder beim Problem der unsichtbaren Wand, bei der Käfer-Metapher, die aber so metaphorisch nicht ist; wie noch zu zeigen sein wird, wird sie mindest zur Analogie unserer Überlebens-Problematik. Und nach dem Zusammenhang zwischen den Grundbedingungen schöpferischen Kenntnisgewinns und der Systemerhaltung wird diese Metapher sogar der wesensähnlichen, der homologen Entsprechung nahekommen. Ich werde, um dies zu belegen, Fakten, die zunehmend ins Detail gehen, anschließen; damit sind wir bei der Natur-Kultur-Problematik dritter Konsequenzen.

iii) Diese dritten Konsequenzen haben mit dem Verlassen der menschlichen Maße zu tun, deren Wahrnehmung beide Utopien verdunkelt haben. Man muß Natur und Kultur in deren Zusammenhang sehen, um dies erkennen zu können. Da sind zunächst Mängel unserer sozialen Adaptierung anzuführen; Mängel in unserer Ausstattung, die dadurch entstanden sind, daß die Entwicklung unserer angeborenen Adaptierung mit jener der Machtentfaltung der technischen Zivilisation nicht Schritt halten konnte. Zwei Beispiele mögen dies erläutern.

Rang und Risiko mußten bei unseren frühmenschlichen Vorfahren korreliert gewesen sein, und sie sind es noch bei unseren ‚haarigen Vettern'. Der höhere Rang der ‚Ober-Affen', die sich mit den Privilegien eines Harems belohnen, vor den anderen ans Futter und diese vertreiben zu dürfen, ist mit gefährlichen bis lebensgefährlichen Risiken verbunden. Im Falle eines Raubtier-Angriffes müssen sie an die Front. Kneift einer, was sich vor aller Augen abspielt, so verliert er jene Privilegien allesamt.

In der Komplexität unserer Zivilisation spielt sich das Kneifen unserer Heerführer, der Lenker von Staaten, Industrien und Banken keineswegs mehr vor aller Augen ab. Vieles läßt sich verdecken. Und sie konnten auch auf den naheliegenden Gedanken kommen, ihren höheren Rang zur Verringerung ihres Risikos zu verwenden. Ergebnis: Einladung zu Verantwortungslosigkeit, Korruption und Bestechung und im Gegenzug Mißtrauen, Geringschätzung und die Terrorszene.

Ähnlich unübersichtlich ist die Waffe geworden. Die angeborene Tötungshemmung war von arterhaltender Bedeutung. Sie ist uns in dem Sinne noch bekannt, daß ein psychisch gesunder Mann ein weinendes Mädchen nicht schlagen können sollte, allerdings unter der Bedingung, daß er das verzweifelte, tränenüberströmte Gesicht direkt vor Augen hat. Das ist im Artilleriestand und im Bombenflugzeug anders. Die gesündesten Männer können nun hunderte verzweifelte Mädchen zu Tode kommen lassen. Der Besitz der Fernwaffen hat das Menschliche ausgeschaltet, und keine Armee hatte den Einfall, auf Kanonen und Bomben weinende Kindergesichter zu malen.

Im Übergang von den sozialen zu den kognitiven Mängeln nehme ich als Beispiel die negative Korrelation zwischen Verantwortungs-Umfang und Verantwortungs-Gefühl, auch sie eine gefährliche Konsequenz überspannter menschlicher Maße. Unser Käfer wird wieder ins Bild kommen. Nehmen wir die absichtsvolle Schädigung des Nachbarn. Im Familienkreis gilt sie als moralische Katastrophe. Schädigt eine Handelsfirma durch Konkurs Hunderte, so gilt dies rechtlich nur mehr als Fahrlässigkeit, z. B. ‚fahrlässige Krida'. Kollabiert eine Großbank und schädigt eine halbe Nation, so ist dies gar nichts mehr. Das Kapital wird aufgefüllt. Und trachtet eine ganze Nation, eine Nachbarnation absichtsvoll zu schädigen, so gilt dies bereits als eine Form der Vernunft. Dies heißt Staatsraison. Ich denke, die Wand, vor der diese Gesellschaft krabbelt, wird fühlbar.

Da sind schließlich die kognitiven Mängel, von welchen ich vorerst auch nur zwei Beispiele geben will, wie sie noch unmittelbar mit der Unübersichtlichkeit der Natur-Kultur-Problematik zusammenhängen. Erst in den Folgekapiteln darf ich jene Einzelfaktoren darstellen, welche den monumentalen Unfug näher explizieren, den wir nun aufzuschließen beginnen. Die Wohlfahrt von Ländern und Gemeinden wird nach Maßen der Prosperität und nach einer Wertschöpfung bestimmt, die man als Brutto-National-Produkt berechnet. Dabei blieb der Umstand verdunkelt, daß mit wachsender Prosperität Lebensqualität oft verlorengeht. Je mehr an einem Ort produziert und verdient wird, umso mieser kann das Leben werden. Wasser und Luft, Freiheit und Sicherheit, Gesundheit und Humanität überhaupt werden gefährdet. Wohin fährt der Geplagte zur Erholung? Dort sieht es anders aus. Was also wollten wir mit unserer Zivilisation? Wir gerieten in den Mahlstrom materiellen Wachstums und wissen nicht, wie nun dem Strudel zu entkommen wäre.

Ein zweiter Aspekt jener Wand wird wahrnehmbar, wenn man bemerkt, daß mit wachsendem BNP (Brutto-National-Produkt) BNV (nennen wir dies ‚Brutto-National-Vermögen‘) verlorengeht. So verlieren wir beispielsweise durch das Wachsen unserer Chemie- und Stahlkocher Wälder. Deren Vermögenswert vermag, ja wagt man noch gar nicht abzuschätzen. Dabei lebt niemand nur von Chemie und Stahl, nicht minder vom Boden und vom Wasser, die uns der Wald erhält, von der Luft, die er ebenso regeneriert wie Brenn- und Baustoffe, von den Ruhegebieten und der genetischen Vielfalt, wie dies alles zum Erhalt unserer Biosphäre nicht zu ersetzen ist. Was aber kostet die Wiederherstellung eines reifen Waldes in einem vertrockneten, menschenleeren Sand- und Felsenland?

Wer könnte das leisten? Die Fernsinne unserer Phantasie bieten uns Traumstädte und Traumlandschaften, die Nahsinne zeigen uns, daß wir uns vor einer Wand erschöpfen. (Man wird unseren Käfer vor Augen haben.)

Die evolutionäre Lösung

Wie also wäre die Lösung, um der Sackgasse zu entkommen? Mit unserer Ausstattung sind wir auf diese Probleme nicht vorbereitet. Wir müssen sie mittels Kenntnis der Eigentümlichkeiten unserer Ausstattung übersteigen. Nach dem genetischen und assoziativen Kenntnisgewinn ist es eine dritte Phase der Evolution, von der hier die Rede ist. ‚Die Physis liebt es‘, dies kennen wir von HERAKLIT, das wahre Wesen ihrer Dinge zu verbergen‘. Die Natur ist ohne Kultur zu verstehen, die Kultur nicht ohne Natur.

Dies hängt mit dem hierarchischen Schichtenbau unserer Welt zusammen. Es ist nicht zu verkennen, daß aus Quanten Atome entstanden, aus diesen Moleküle, darunter Biomoleküle, und daraus Zellen, Gewebe und Organe in Organismen; daß einige von diesen Sozietäten entwickelten, Kommunikation und Sprache, subjektives Erleben und Bewußtsein. Und eine Art entwickelte Kultur. Das kann noch trivial erscheinen.

Nicht minder ist evident, daß die Gesetze der tieferen Schichten durch alle höheren hindurchreichen. Keine Zelle ist ohne Quantengesetze zu verstehen, kein Individuum ohne die Gesetze seiner Zellen, keine Kultur ohne die Gesetze seiner Individuen. Jede Schicht aber entwickelte neue Schichtgesetze, die auch in Spuren in den tieferen nicht gegeben sind. Es sind neue Qualitäten.

Dies ist schon weniger trivial, denn die definitorische Eigenart unserer Sprache und Logik erschwert es beträchtlich, wie man sich erinnert, Phasenübergänge wahrzunehmen und mit dem Entstehen von qualitativ völlig Neuem zu rechnen. Folglich haben die Wissenschaften die Welt nach Schichten zerlegt. Und die Übergänge vom physikalischen zum chemischen, biologischen, psychischen und kulturellen Gesetz versucht man entweder reduktionistisch zu erklären, was nicht gelingen kann, oder sie werden angezweifelt, was keinen Sinn hat. Das gilt vor allem für die Grenze Natur-Kultur. So ist Natur ein notwendiger Erklärungsinhalt für jede Kultur, aber kein zureichender. Denn neue Schichtgesetze treten hinzu.

Am wenigsten jedoch ist unser Sprachdenken für die Erkenntnis disponiert, daß alle neuen Schichten als Einschübe entstehen. Sie können nicht nur kumulativ aus der Disponibilität ihrer Konstituenten, den Unterschichten, verstanden werden. Es besteht immer ein vorabgegebenes Obersystem, das durch die Bestimmung darüber, was in seinem Rahmen Bestand haben kann, eine zweite, notwendige Erklärung bietet. Man nennt dies im allgemeinen ein Milieu.

Für eine Galaxie nennen wir solch ein Milieu das System der Gravitationsfelder des Kosmos, für einen Planeten die Randwirbel seiner Protosonne, für ein Gewebe seinen Organismus und für den Organismus sein Biotop. Für jede Kommunikation muß eine Sozietät als Milieu vorgegeben sein, für die Sprache eine Gesellschaft, für die Zivilisation eine Organisation und für eine Kultur ein auch ihr vorauslaufendes Obersystem, nämlich ein System kollektiver Annahmen und Erwartungen magischer, mythologischer oder metaphysischer Art.

Eine zureichende Erklärung kann erst eine aus den beiden notwendigen entstehen. So ist auch die Natur der Sprache des Menschen aus seiner Kultur und seine Kultursprache aus seiner psychophysischen Natur erst ganz zu verstehen. Aber schon die Art dieser Sprache erschwert es, das nachzuvollziehen.

Man hat die Wirkung der Obersysteme auch weniger untersucht, zumal sie meist nicht in die Pragmatik der exakten Wissenschaften passen. Sie beruhen auf geschichtlichen, nicht nachahmbaren Zuständen, daher experimentell kaum prüfbar. Sie sind das Historische, nicht Wiederholbare aller Evolution. Das nächste Kapitel erlaubt, näher auf sie einzugehen.

Natur- gegen Geisteswissenschaft
(oder: Wo Geist und Natur sich trennten)

> Die Entwicklung dieses Gegensatzes hat eine übersichtliche Ge-
> schichte. Man konsultiere etwa DILTHEY (1883), KRAFT (1934),
> GRASSI und UEXKÜLL (1950), BODAMMER (1987) und STEGMÜL-
> LER (1974). Aus evolutionärer Perspektive habe ich das Verhältnis
> von Natur- und Geisteswissenschaft kompakt in dem Band von
> 1985 dargestellt. Dort findet man auch das weitere einschlägige
> Schrifttum. – Zitierungen beziehen sich auf den Vortrag von SNOW
> (1967), die Experimente von DÖRNER (1975) und die Theorie von .
> HEMPEL und OPPENHEIM (1948).

Die Trennung der wissenschaftlichen Betrachtung von Gegenständen der außermenschlichen Natur und der Produkte der
Kultur ist der Sache nach wieder so alt wie Wissenschaft. Der
Methode nach jünger und der namengebenden Trennung
nach erst ein Gegenstand des ausgehenden 19. Jahrhunderts.
Man muß von der Methode ausgehen, will man das Schisma
verstehbar machen.

Die ältere der näher bezeichneten Methoden ist die Hermeneutik. Schon dies beruft sich auf Hermes, den Vermittler
zwischen den Göttern und den Menschen. So beginnt die
hermeneutica sacra als Auslegekunst früher jüdischer wie christlicher heiliger Texte, mit Wurzeln in der alexandrinischen
Philosophie. Eine *hermeneutica profana* schließt sich an mit
rechtsgelehrten Gutachten und einem ersten Höhepunkt in
der Renaissance, namentlich zur Auslegung vermögens-
regelnder Testamente. Im 17. Jahrhundert spricht J. G. DANN-
HAUER von einer ,*Idea boni interpretis*', G. F. MEIER im 18. Jahrhundert von einer ,allgemeinen Auslegekunst'.

Methodisch wurde der Vorgang wohl zuerst von FRANCIS
BACON 1623 mit der Feststellung gefaßt: „Aus allen Worten
müssen wir den Sinn entnehmen, in dessen Licht jedes Wort
zu interpretieren ist." Der echten fachlichen Durchdringung

begegnen wir aber erst an der Wende vom 18. zum 19. Jahrhundert, zum einen 1795 in GOETHEs Morphologischen Schriften im Zusammenhang mit dem Typus-Problem, zum andern seit 1809 in AUGUST BOECKHs Vorlesungen zur Interpretation lateinischer Texte, die aber erst 1877 von seinen Schülern herausgegeben wurden.

Die jüngere Methode bereitet sich erst in der Renaissance vor. Zur selben Zeit wie BACON veröffentlicht GALILEI 1623 ‚Il saggiatore‘, der eine Entwicklung anstößt, die später als Positivismus, Reduktionismus und Szientismus bezeichnet wird. Man denke nur daran, daß das ‚Buch der Natur‘ in geometrischen Formen geschrieben gedacht war und daß man erwartete, die Welt mechanistisch-mathematisch beschreiben zu können.

Die Entwicklung der Spaltung

Die namengebende Trennung wird durch den Boom der Industrialisierung im 19. Jahrhundert provoziert, was zu einem erdrückenden Übergewicht der Physik an den Hochschulen führte. Die schon aufblühenden Kulturwissenschaften mußten sich abgrenzen, und die Methodendiskussion beginnt.

Der Name ‚Geisteswissenschaften‘ geht auf den Übersetzer von MILLs ‚Logik‘ zurück, der dessen Begriff ‚moral sciences‘ in dieser Form übertrug. Das war um 1850. Der Südtiroler WILHELM DILTHEY war damals noch Student. Im Jahr 1883 erscheint sein epochemachendes Werk ‚Einleitung in die Geisteswissenschaften‘.

Zunächst war der Gedanke vorgegeben, das Gebiet nach seinen Gegenständen von den Naturwissenschaften abzugrenzen. Aber bereits DILTHEY wußte, daß dies schon der Psychologie wegen nicht gelingen kann. An die Biologie dachte man noch nicht. Deshalb sollte darum die Methode die Trennung bestimmen, denn war es nicht nur zu offensichtlich, daß die Physiker zu erklären, die Linguisten zu verstehen trachteten, daß die Zwecke hier sehr wohl, dort aber keine Rolle spielten?

Heute muß man erkennen, daß auch diese Abgrenzung nicht gelingen kann. Auch abgesehen von der Permutierbarkeit der Begriffe ‚Erklären' und ‚Verstehen', werden in den Geisteswissenschaften ebenso Ursachen-Zusammenhänge erforscht wie in sämtlichen Biowissenschaften Zwecke und Geschichte.

Wieder begegnen wir hier einer List des Schicksals, die unsere Kultur getroffen hat. BOECKHs methodische Einsichten blieben unbekannt, und bei GOETHE wurden sie verkehrt zurechtinterpretiert. Aber auch GOETHE hatte BOECKH nicht wahrgenommen und BOECKH nicht GOETHEs Morphologie. Man hätte schon nach diesen beiden erkennen können, daß der kenntnisgewinnende Prozeß an Gegenständen der Natur wie auch der Kultur dieselbe Struktur besitzt.

Im Ergebnis blieben die anorganischen Naturwissenschaften strikt physik-orientiert und wirkten zunehmend in die physiologisch-funktionellen Disziplinen der organismischen Naturwissenschaften hinein. Die morphologischen und systematischen Disziplinen der Biowissenschaften blieben methodisch unbestimmt. Und die Hermeneutik, deren wissenschaftliche Behandlung durch BOECKH von den Philosophen unbeachtet blieb, wurde zu einem Tummelplatz idealistischer Spekulationen, wie dies HANS ALBERT karikiert, „zu einem Ersatz theologischer Heilspläne, zur Bewahrung traditioneller Selbstentwürfe und zur Suspendierung von jeglicher methodischer Prüfung" zerredet. Alle Wissenschaften, auch die Geisteswissenschaften, distanzieren sich.

Die Trennung war aber vollzogen, so fatal wie methodisch unbestimmt, und schied nun erst recht die Geister. Und über die vergangenen hundert Jahre teilte man sich in zwei Kulturen. Sir CHARLES SNOW war der erste, der in seiner ‚Rede-Lecture' 1959 vor diesem Zerfall effektvoll warnte.

Die Art, wie man ihm affektbetont widersprach, zeigt, daß man hier wieder von der Ebene akademischer Querelen in die des Existentiellen aufgestiegen war. Dabei hatte SNOW im Grunde nicht mehr behauptet, als daß die naturwissenschaftliche Intelligenz etwas unbekümmert diese Welt verändert und die literarische dies nicht beachtet oder doch außer Wehklagen nichts beigetragen hat. Nach der Veröffentlichung meines Buches ‚Die Spaltung des Weltbilds', in dem ich eine methodische Synthese vorschlage, bin ich nicht minder emotionsgeladen verteufelt worden. Es geht also auf beiden Seiten um die Verteidigung eines Ethos einander widersprechender Selbstverständnisse. Sie bilden den Rahmen der Konsequenzen.

Was war geschehen? Die Positivisten verlangten Verifikationen und verwiesen alles experimentell Nichtprüfbare in die Gefilde der Phantasie. Die pragmatischen Reduktionisten wollten alle komplexen Systeme allein auf deren Konstituenten, letztlich auf Physik, zurückführen, die Szientisten akzeptierten nur die auf diese Weise lösbaren Probleme als sinnvoll, und im ontologischen Reduktionismus – der monumentalste dieser Irrtümer – wird behauptet, daß dies in der Welt auch schon alles sei. Die Welt ist aus Kräften zu erklären, der Rest spekulative Philosophie.

Die Eigentümlichkeit unserer Sprache und Logik verdichtete sich noch in der Diktion der sogenannten exakten Wissenschaften. Anerkannt wurden nur klare Fälle, *causa efficiens*, lineare und begrenzte Kausalketten ohne Rekursivität und replizierbare Experimente, was allein alle historischen Phänomene aus der wissenschaftlichen Behandlung ausschließt. Wir kennen dies aus dem ‚Problem von den Ursachen der Dinge'.

Es versteht sich, daß sich literarische Intelligenz, um mit SNOW zu sprechen, davon abgewendet hat. Was ihre Wirkung auf unsere Welt betrifft, so sind ihre Aufrufe zu Humanität, christlicher Moral, Friedensappelle und Menschenrechtsdiskussionen respektabel, doch wohl von vergleichbar geringer Wirkung geblieben.

Die Eingriffe in die Ressourcen und Machtverhältnisse der Menschheit, in die Atom- und Zell-Kerne, haben weiterhin den Reigen der Appelle immer nur angeführt und ausgelöst. Da wie dort aber finden sich Wissenschaftler zusammen und dekretieren, was eine Wissenschaft ist. Der gefangene Käfer wird dem Leser wieder einfallen.

Die Konsequenzen

Diesen Rahmen an Konsequenzen will ich nun mit einigen Fakten füllen und die Herkunft dieses Puzzles an Problemen und Mißverständnissen auflösen. Sie gehen alle wieder auf Mängel der Adaptierung unserer Ausstattung zurück und auf Mängel der Passung zwischen den Vorgaben an Anschauungsformen und unserer Sprache. Man denke zunächst an die Extrapolierbarkeit von Quantitäten. Keine Zahl scheint groß genug, um ihr nicht noch weitere anfügen zu können. Und unsere Logik warnt uns nicht vor dem Umstand, daß allein quantitative Änderungen, sofern an materielle Dinge gedacht ist, notwendigerweise neue Qualitäten zur Folge haben müssen. Der Chef jenes multinationalen Konzerns, der seinen Jahresumsatz von 100 auf 200 Milliarden vergrößern konnte, muß der Ansicht sein, daß sich dasselbe ereignete (Operation: × 2), als er seinerzeit vielleicht noch als Hausierer seinen Wochenumsatz von 10 auf 20 Dollar vergrößern konnte.

Der übersehene Qualitätssprung wird anschaulich, wenn wir unseren Körper um jene hundert Milliarden vergrößert dächten. Wir würden den Durchmesser des inneren Planetensystems erreichen. Wir wären aber dann keine Materie mehr. Unser Körper würde der Masse von vielen Sonnen entsprechen, so daß die Gravitationskräfte Atomkerne und Elektronen trennten oder uns zusammenstürzen ließen. Wir wären kosmisches Plasma oder ein Schwarzes Loch im Kosmos.

Allein quantitative Änderungen müssen schon wegen der ungleichen Reichweite der vier physikalischen Wechselwirkungen zu neuen Qualitäten führen, und in Dimensionen, die wir nicht überblicken, fehlt uns dafür der Sinn und wird von logischen Operationen überlaufen. Die Folgen sind sämtliche Eskalationen des Wachstums, in der Wirtschaft die sich selbst steuernden ‚kranken Riesen‘ mit den menschenverachtenden Mechanismen ihrer Existenzkämpfe und den menschlichen Katastrophen ihrer Zusammenbrüche.

Nicht anders verhält es sich mit unserem bescheidenen Kausal-Verständnis, das durch die Eigentümlichkeit unserer

Sprache lineare Abläufe und durch die Grenzen des Gedächtnisses erste Ursachen und letzte Wirkungen annehmen läßt, als müßte nicht jede Ursache selbst aus vielen Ursachen entspringen und jede Wirkung verzweigte Folgewirkungen haben.

Tatsächlich hat die gesamte industrielle Entwicklung Kausalketten gerade gerichtet. An einem Ende hat man Löcher in die Erde gebohrt oder eine Industrie mit Blech gefüttert; am anderen Ende erzielten die Barrel Öl oder die Flugzeuge, die dabei herauskamen, ihren Preis am Weltmarkt, genauso wie in der Funktionskette des Schokolade-Automaten vom Münzeinwurf bis zur Schokoladen-Ausgabe nichts im Design der Ingenieure umgekehrt werden darf, auch wenn außerhalb des Kastens nicht nur die Schokolade, sondern jegliches Produkt auf seinen und alle anderen Werte zurückwirkt. So fehlt auch der Sinn für Rekursivität und Selbststeuerung. Erste Folgen sind eine Expansions-Industrie und die Nicht-Steuerbarkeit großer Systeme.

Tatsächlich hat sich unserer Gesellschaft eine Industrie beschert, die nur noch von der Erfindung zuvor nicht gekannter Bedürfnisse existieren kann, einschließlich eines Werbeaufwandes, der diesen Bedarf auch durchsetzt. Die Possessivität und die schätzbare Betriebsamkeit der Kreatur, der Nachbar als Maß der Bedürfnisse und die Verwechselbarkeit von Prosperität und Lebensqualität – all dies wird zu Handhaben, um nach der ‚Sättigung' eines Marktes sogleich ein neues Sättigungsbedürfnis zu indoktrinieren.

Zweitfolgen sind Energie- und Ressourcen-Verschwendung, Überbelastung von Atmosphäre, Boden und Wasser sowie das unaufhaltsame Wachsen der Müllhalden. Die Nichtsteuerbarkeit der Systeme nennt man dagegen ‚Zugzwänge'. Alle sind in ihnen gefangen: die Lenker von Banken, Industrien und Staaten gleichermaßen, und bei den Industrien sind die Teufelskreise geradezu tastbar, denn die soziale Aufgabe, Vollbeschäftigung zu erhalten, verlangt, die Produkte durchzusetzen, auch die unnötigsten und schädlichsten. Und in der verbliebenen Alternative zwischen der unmittelbaren Arbeitslosen- und den nur mittelbar fühlbaren Wachstums- und Umwelt-Katastrophen müssen letztere gewählt werden.

Als Drittfolgen entstehen eskalierende Regelkreise. Aber die Evolution hatte immer nur mit dämpfenden Regelkreisen Erfolg, und Ausbeuter sowie Massenentwicklungen wurden in Ökosystemen eliminiert, einfach durch den Tod der Individuen und Arten. Übersetzt in die Zivilisation entsprechen dämpfende Regelkreise steten paritätischen Verhandlungen zwischen widerstreitenden Interessen.

Eskalierende Regelkreise kann man mit Umsicht wahrnehmen: etwa zwischen Automobil-, Öl- und Straßenbau-Industrie. Mehr Autos verlangen erweiterte Verkehrsflächen, erweitertes Mobilitäts-Angebot verlangt mehr Autos, und alles verbraucht noch mehr Öl. Jeder im Regelkreis muß dies fördern, sogar wenn wir von Gewinnsucht absehen, dann allein schon aus den Bedingungen der Kreditgeber, der Systemerhaltung und der sozialen Aufgabe.

Böden und Gewässer werden verdorben, Wälder und Dörfer zerschnitten, Städte verstopft und verpestet, dies ist bekannt. Unbekannt ist der Verhandlungspartner vergleichbaren wirtschaftlichen Gewichts. Die Staaten haben ihn nicht geschaffen, und sie können dies auch nicht. Vielmehr werden sie selbst in den Kreis hineingezogen.

Der Superkreislauf, der sich daraus ergibt, verläuft zwischen dem Recht auf Wertschöpfung und dem Erhalt von Vermögen und führt in die Schere zwischen Arbeitslosigkeit und Geldverfall. Diesem können die Staaten nur durch Wachstumsförderung begegnen, und sie sitzen folgerichtig auf wachsenden Getreide-, Fleisch-, Schrott- und Müllbergen. Und sagt man ihren Lenkern, daß jedes System, das nur von Wachstum leben kann, allein schon an diesem zugrunde gehen muß, wird einem gesagt: ‚5 Prozent müssen sein'. Ist der Käfer schon im Begriffe, aufzugeben?

Die evolutionäre Lösung

Die Lösung ist in aller Munde: ‚die Welt ist ein vernetztes System‘. Das ist so richtig, wie es ein bloßes Schlagwort geblieben ist. Zum ersten ist weder unsere Anschauung darauf vorbereitet, dies vorauszusehen, noch kompensiert unsere Sprache diesen Mangel. Vielmehr lenkt sie uns noch mehr von der Erwartung rekursiver, nicht linearer Zusammenhänge ab.

Das beweisen auch Experimente: Der Sozialpsychologe DIETER DÖRNER setzte begabte Studenten der Wirtschafts- und Sozialwissenschaften vor Computer, die vernetzte Daten eines gedachten Entwicklungslandes eingespeichert hatten. Das Land sollte gerettet werden, aber sie haben es alle, und Schritt für Schritt, so gut wie ruiniert. Spielt sich nicht dasselbe Experiment in der Welt unserer Tage ab?

Zum zweiten ist es nicht möglich, diese Welt nur aus einer der vier Ursachen zu verstehen. Ich habe dieses ‚Problem von den Ursachen der Dinge‘ schon dargelegt. Man muß mit Kenntnissen den uns vorgegebenen kognitiven Dualismus überwinden und auch dem Versuch widerstehen, diese uns differenziert erscheinenden Ursachenformen auf eine einzige zurückzuführen.

Wir müssen anerkennen, daß die unter Experimentalbedingungen ‚gesäuberten‘ Wenn-Dann-Zusammenhänge zwar unserem Vorstellungsbedürfnis, nicht aber der komplexen Welt entsprechen. Dies verlangt, wie schon dargelegt, die zusätzliche Einsicht, daß die Dinge weder allein aus ihren Konstituenten noch allein aus ihren Obersystemen zu verstehen sind, wie letzteres allgemein als Milieu, im Anorganischen als Rand- und Erhaltungsbedingung, im Organischen und Kulturellen als der Zweck des Systems erlebt wird.

Auch unsere eigene Geschichte ist weder allein von oben, aus den Zwecken der Heerführer und ihren metaphysischen Legitimationen, noch allein aus den kleiner Leute und deren Ausstattung zu verstehen, und nirgends gibt es eine erste Ursache oder eine letzte Wirkung. Ohne die konvergierenden Ketten der Vorbedingungen und die divergierenden der Folgewirkungen wahrzunehmen, werden wir in ihr niemandem gerecht werden.

Zum dritten ist auf die Hermeneutik zurückzukommen. Sie leitet schon hinüber zum folgenden Kapitel. Denn die Leistung der ‚wechselseitigen Erhellung‘, in Hierarchien von Erwartungs-Zusammenhängen zu denken, ist uns angeboren und wird offenbar von unserem Sprach-Denken ganz besonders verdunkelt. Ich illustriere den Vorgang an einem Fall, dem wohl jeder meiner Leser schon begegnet ist:

Man erhält einen Brief mit schwer entzifferbarer Handschrift, und der Absender läßt Englisch erwarten, und natürlich definierte Buchstaben, verstehbare Worte und Sätze und im ganzen einen vernünftigen Kontext. Sofort beginnt eine so komplexe Hypothesen-Dynamik, wie ich sie schon aus sprachlichen Gründen nur einseitig aufrollen kann. Steigen wir also durch die Schichten auf, wo in Wirklichkeit unser Vergleichen in allen Schichten ebenso gleichzeitig wie wechselweise ansetzt. In der Buchstabenschicht steht ein Zeichen, das ebenso ein ‚a‘ wie ein ‚z‘ sein könnte. Sogleich suchen wir in der Wortschicht Aufklärung durch Fälle von Worten, die ‚add‘, ‚and‘, ‚age‘ oder ‚all‘ heißen könnten, die uns bald eine, wie auch immer provisorische Hypothese einer Zeichenbedeutung aufstellen lassen, und genauso stellen wir aus Fällen vermuteter Zeichenbedeutungen Hypothesen über Wortbedeutungen auf: erster Wechselbezug. – In der Wortschicht entziffern wir ‚bow‘. Wie bekommen wir heraus, ob es sich um eine Verbeugung, eine Waffe oder einen Schiffsbug handelt? Der Sinn des Wortes ergibt sich aus dem Satz, wie der Sinn des Satzes wechselseitig aus seinen Worten erhellt: zweiter Wechselbezug. – Und ob ein Satz ironisch zu verstehen ist oder nicht, ist wieder nicht dem Satz, sondern dem Kontext zu entnehmen, in dem er steht, ebenso wie wechselweise der Sinn des Kontexts aus seinen Sätzen erhellt: dritter Wechselbezug, verschränkt mit den beiden anderen. Stets sind es provisorische oder Arbeitshypothesen, die so lange permutiert werden, bis uns die Entzifferung eindeutig, das heißt widerspruchsfrei erscheint.

Dies gilt für das Aufschließen aller komplexen Zusammenhänge, so zum Beispiel für das Erkennen des Typus einer Gattung, Familie oder Ordnung im Organismenreich. Tatsächlich haben die Systematiker zwei Millionen Arten zu einer halben Million solcher Systemkategorien so zutreffend geordnet, daß aus dem ‚Natürlichen System' die Abstammungslehre folgen mußte. Auch dies geschah nicht bewußt oder doch nur mit jenen Ahnungen, die auch der Leser bei seinen Entzifferungen miterlebt haben mag. Die Struktur des Vorgangs ist den meisten Wissenschaftlern nur vage bekannt und verdächtig oder ganz unbekannt.

Erkenntnistheoretikern ist ein ‚Subsumtions-Schema', ein hierarchischer Theorien-Zusammenhang geläufig, zum Beispiel insofern die Theorien der irdischen und der Himmelsmechanik von GALILEI und KEPLER, als Subtheorien selbst wieder zu Fällen einer Obertheorie aufsteigend, NEWTONs Gravitationstheorie haben entstehen lassen; um im Gegenzug aus dieser auch wieder kontrolliert zu werden. Wendet man das Schema spiegelbildlich verdoppelt an, dann läßt sich der Vorgang der Hermeneutik methodisch genau darstellen. Ich habe dies an anderer Stelle ausgeführt, aber hier muß ich mich auf den Hinweis beschränken, daß unsere Anschauungsformen von der Selektion an die Lösung komplexer Fragen herangeführt sein müssen, unsere Sprache aber ablenkt, weil sie, wie man bemerkt haben wird, schon in einfachsten Fällen in Schwierigkeiten gerät.

So sind es wieder die Hürden unserer Sprache, welche auch die naturwissenschaftliche und die literarische Intelligenz trennten. Erstere verwechselt Wechselbezüge mit dem logischen Zirkel und verbannt sie aus den Wissenschaften (wie könne man A aus B erklären, wenn B aus A erklärt werden muß?), letztere verwendet sie, ohne es zu wissen, entzieht sich der Aufklärung und gilt den exakten Naturwissenschaften bestenfalls als Kunstform.

Zwei halbe Wahrheiten ergeben keine ganze, vor allem dann nicht, wenn diese Wahrheiten widersprüchlich sind. Wen wundert es also, wie wir mit dieser Welt umgehen?

Sprache gegen Welt
(oder: Worin wir uns überschätzen)

Die Themen Sprach- und Kultur-Relativismus werden in diesem Kapitel eine Rolle spielen. Die Schlüsselliteratur dazu sowie deren Einfügung in die evolutionäre Theorie findet man in meinem Buch von 1987. Eine Untersuchung der Schulprobleme mit Experten ermöglichte mir der Auftrag eine ‚Umwelt-Bildungs-Charta' zu erstellen (RIEDL und LÜFTENEGGER 1992). Das Lateralisations-Phänomen behandelten wir schon (vgl. GAZZANIGA und LEDOUX 1978). Das Thema Jurisprudenz ist in meinem Band 1985 berührt und hat zur Abfassung rechtstheoretischer Texte angeregt, zunächst von HELSPER (1989).

Wir sind dem Schicksalhaften unserer Sprache schon wiederholt begegnet, etwa in welcher Weise der Zweckbegriff ein Hindernis darstellt, unsere Position in der Welt wahrzunehmen, wie dagegen der Kraft-Begriff ohne Umstände auf Kernkräfte wie Anziehungskräfte in kosmischen Dimensionen ausgedehnt wurde. Man erinnert sich auch des Schicksalshaften der Kopula und des Aussagesatzes.

Die übersehenen Constraints

Dem Vorgang dieser Entwicklung war schon der zweite Buchteil gewidmet. Hier bleibt noch das Weiterwirken dieser Constraints in unserem Umgehen mit der Welt zu schildern. Denn wieder, und diesmal sehr allgemein, haben wir es mit den nicht mehr in die komplexe Welt passenden Anschauungsformen zu tun, deren Mängel durch die Sprache nicht nur nicht kompensiert, sondern vielfach noch überhöht werden.

Zunächst sind es Vereinfachungen unserer angeborenen Lösungs-Strategien. Denk-Experimente zeigen die zunächst nützliche Funktion, im Problemlöse-Prozeß bevorzugt regelhafte, deterministische, funktionale und positiv lineare Zusammenhänge zu erwarten. Diese sind am verläßlichsten aufschließbar. Das hindert aber daran, probabilistische, nichtfunktionale, negativ lineare wie exponentielle Zusammenhänge rechtzeitig in Betracht zu ziehen, wie diese mit der Komplexität unserer Welt immer wichtiger werden.

Dazu gehört auch das Polymorphie-Problem. Lernpsychologen verstehen darunter unsere Schwierigkeit, Kategoriebegriffe von Gegenständen zu bilden, deren Merkmale sich kombinatorisch, am einfachsten jeweils aus zwei von drei möglichen, zusammensetzen. Wenn ein solcher Zusammenhang überhaupt erkannt wird, pflegt er in umständlichen Konjunktionen und Disjunktionen dargestellt zu werden. Versuchstiere sind bei solchen Aufgaben dagegen so erfolgreich, daß es wieder das sprachliche Denken sein muß, das die Lösung behindert. Unsere komplexe Welt besteht aber überwiegend aus solchen Polymorphien.

Phänomene wie die geschilderten tragen mit allen übrigen Eigentümlichkeiten unserer Ausstattung dazu bei, Systemzusammenhänge zu verkennen oder doch in ihrer Wirkung zu unterschätzen. Dies wird noch durch den schon besprochenen Zwang zu linearen Sprachabläufen gefördert. Für unsere Sprache ist ein System schon dadurch gekennzeichnet, daß es gleich schlecht ist, gleich wo man mit dessen Beschreibung beginnt. So schlecht verstehen wir sie auch, und doch regieren sie unsere Welt.

Die Konsequenzen für unsere Kultur

Diese Eigenschaften sind in ihrer Wirkung auf unsere Kultur noch kaum zu überblicken; sie könnten aber Bausteine zu einer gerechteren Kulturtheorie werden. Entsprechend muß ich hier wieder auswählen und mich auf zwei Beispiele beschränken. Ich wähle sie aber so, daß sie typisch sein sollen, einmal für Institutionen, die für uns wichtig sind, ein andermal für Funktionen im gesamten Zusammenhang.

Als Institution wähle ich das Recht. Drei seiner Eigentümlichkeiten sind im gegebenen Thema auffallend, zunächst das, was Juristen die Zurechnungslehre nennen. In dieser wird gelehrt, die Kausalketten eines Falles möglichst kurz zu halten und deren Vernetzungen aufzulösen. Natürlich kann sich der Richter nicht auf endlose Recherchen von Vorbedingungen einlassen, weil sie die Schuldfrage sogar um Generationen zurückverlegen könnten. Aber man verkenne nicht die Vereinfachung und den Umstand, daß sie unserer heutigen Welt oft nicht gerecht werden kann.

Weniger wird dagegen gelehrt, was man Rechtsetzung nennt. Man kann dieses Gebiet mit der Frage beschreiben: Wie erkennt wohl der Souverän, warum etwas rechtens ist, was er erläßt? Die Betrachtung dieser induktiv-schöpferischen Akte wird der Soziologie und Politologie überlassen. Der Jurist ist vorwiegend auf die deduktive Aufgabe der Rechtsfindung verwiesen, die darin besteht, seinen Fall im Gesetzbuch aufzufinden. Der induktiv-deduktive Kreislauf des Kenntnisgewinns ist noch nicht in Gang gekommen. Bei den Wahlen wählt der Bürger das ‚kleinere Übel‘, dieses bestimmt eine Oligarchie von Ministern und ein Parlament, das eine Legislaturperiode lang Gesetze erläßt. Derlei sollte uns mit der Welt verbinden?

Diese deduktive, gesetzesfolgende Funktion wird dann zur Institution der ganzen obersten Verwaltung. Unsere Minister und Chefs von deren Geschäftsbereichen sind fast ausschließlich Juristen. Dies hat mit der schieren Unüberschaubarkeit der Materie zu tun, mit der deduktiven Schlagseite unserer Kultur, auf die ich zurückkomme, und wohl auch mit dem Wunsche, Gesetze weniger debattiert als vielmehr eingehalten zu sehen. Das Schöpferische, das unsere Welt verlangt, wird ausgeschlossen. Bürgerinitiativen und bürgerlicher Ungehorsam trachten dies zu kompensieren. Müssen es Turbulenzen sein, die uns der Ordnung der Welt nahebringen?

Wie sehr sich diese deduktiv, gesetzesfolgende Seite unserer Kultur mit ihrem Gesamtzusammenhang verflicht, kann ich am Beispiel der Schule zeigen: Seit der Zeit der Schreibschu-

298

len des HAMMURABI wurde zunehmend deutlich, was sich am leichtesten unterrichten und am eindeutigsten in der Leistung bewerten läßt. So sind die Gesetze in der Arithmetik so eindeutig wie die Fehler zählbar. In der bildnerischen Erziehung sind schon die Gesetze nicht eindeutig und die Fehler numerisch nicht bestimmbar. Tatsächlich korreliert dieses Gefälle mit dem deduktiven Gehalt, der von der Mathematik über die alten und neuen Sprachen bis zu Biologie, Musik und Zeichnen abnimmt. Mit diesem Gefälle korreliert aber auch auffallend die Bedeutung, die diesen Fächern beigemessen wird. Dies entnimmt man den Stundenzahlen der Lehrpläne und noch deutlicher dem Anteil an Repetenten und solchen, welche die Schule aufgeben: 30 Prozent entfallen auf Mathematik, kaum 1 Prozent auf die musischen Fächer.

Zunächst ist dies nochmals aus dem Phänomen der ‚Lateralisation' zu verstehen. Die Hemisphären unseres Gehirns haben sich eben spezialisiert. Während die linke mit ihren vorwiegend deduktiven Leistungen mit Sprache und Bewußtsein verbunden ist, bleibt die rechte, mit vorwiegend induktiven Leistungen, stumm und operiert nicht bewußt. Die Leistungen der linken Hemisphäre sind darum im einzelnen mitverfolgbar, die der rechten sind es nicht. Ihre schöpferischen Lösungen werden uns wie vorgefertigt, erst als das bekannte BÜHLERsche ‚Aha-Erlebnis', bewußt wahrnehmbar. Kein Wunder also, daß diese Fächer ungleich unterrichtbarer und benotbarer sind. Ernst und bedenklich wird erst die Korrelation mit der ihnen zugemessenen Bedeutung. Unsere ganze Kultur leidet damit an einer deduktiven Schlagseite.

Wir überschätzen überkommene Gesetzlichkeit, vor allem die selbstgemachte. Wir unterschätzen das Schöpferische, wo es gerade der neuen Ideen, Lösungen und Qualitäten bedarf, um unsere Zivilisation allein zum Zwecke des Überlebens wieder dieser Welt anzupassen.

Die Lösung aus evolutionärer Sicht

Die evolutionäre Lösung ist im Prinzip einfach. Wir dürfen uns nicht weiterhin überschätzen. Die Konsequenzen der Aufklärung müssen solchen einer Abklärung weichen.

Das unbegrenzte Erkenntnisvermögen, das wir uns andichten, ist zu relativieren. Ebenso dringlich sind Einsichten in den Sprach- und Kultur-Relativismus. Wir müssen von der Irreführung abgehen zu glauben, ein Sprachdenken unserer Art entspreche dieser Welt am besten, und es bleibt zu beachten, daß der Erfolg unserer Kultur, wie wir diesen an unserer Eroberung der Welt messen, auf wirtschaftliche und militärische Machtentfaltung zurückgeht, an der wir den Wert einer Kultur wohl doch nicht messen wollen.

Über das Woher und Wohin

Der Kreis schließt sich über zwei Theorien: der ‚Systemtheorie der Evolution' (RIEDL 1975) und der ‚Evolutionären Erkenntnistheorie', deren repräsentative Publikationen auch schon wiederholt zitiert wurden. Sie sind durch zwei Eigenschaften verbunden: durch strukturgleiche Mechanismen möglichen Kenntnisgewinns und durch die Wechselwirkung von Korrespondenzen und Kohärenzen, durch strukturgleiche Bedingung für Adaptierung und Organisation der Systeme.

An dieser Stelle mag noch ein Rückblick empfohlen sein. Wir haben festgestellt, daß die ganze Entwicklung unserer Anschauungsformen, wie die Frühformen unseres Kommunizierens, wenn auch in den Schranken von Constraints, adaptiv gefördert wurde. Es wurden, mit dem Ergebnis der Arterhaltung, wie man erkennen muß, die ungeeigneten Versuche ausgeschieden; durch Unheil und Tod, stete, grausame, persönliche Elimination.

300

i) Daß wir uns hier befinden und über Evolution und Kultur reden können, muß darauf zurückzuführen sein, daß alle unsere Vorfahren bis zurück zur Amöbe Lebenserfolg gehabt haben müssen. Ihre Entwicklung wurde stetig an ihrer funktionalen Entsprechung mit der Welt geprüft. Die Welt reicht durch alle hindurch, auch durch alle unsere Anlagen. Die Evolution hat uns fest im Griff. Und sie behält uns auch weiterhin im Griff, weil sich aus der historischen Diskrepanz zwischen unseren Anschauungs- und Kommunikationsformen mit dem Beginn der kritischen Reflexion, Widersprüche ergaben. Die Formen, der Welt verstehend zu entsprechen, zerfielen in widersprüchliche Alternativen und wirkten hinein in die Eigentümlichkeiten unserer Vernunft und unseres Umgehens mit der Welt.

ii) Es hätte wohl bei bloßen Unsicherheiten und philosophischem Geplänkel bleiben können, hätte sich nicht schon seit der Zeit der Doxographen und mit steigendem Tempo eine komplexe Zivilisation entwickelt, deren gespaltene Lager sich jeweils eine der widersprüchlichen Weltdeutungen zur Legitimation erhoben haben, zur Legitimation gerade ihres Umgehens mit dieser Welt. Dabei hat diese Zivilisation Macht über die Welt gewonnen, ohne ihr verstehend zu entsprechen, und sie vollzieht Eingriffe, deren Wirkung weder die Ausstattung noch die Moral dieser Gesellschaft mehr entsprechen konnte; beide wurden überrannt. Der Griff der Evolution ist damit noch fester, für Weitsichtige sogar schon erkennbar geworden. Aus dem kollektiven Abenteuer der Vernunft und der Zivilisation sind wir in die Sippenhaftung für kollektiven Unsinn geraten, und es ist nicht zu bezweifeln, daß dieser Griff der Evolution, wenn unsere Art ausartet, zum Würgegriff werden muß.

iii) Diesem Griff werden wir uns nur dann entwinden, wenn wir uns dieser Welt wieder einfügen, von den elementarsten bis zu den differenziertesten ihrer Bedingungen. Schon die Bedingungen der Entropie verlangen zur Selbsterhaltung fortgesetzte Wertschöpfung und Differenzierung. Das bedeutet das Schaffen von Ordnung und Kenntnis in einer Weise, daß das Chaos, das dieser Prozeß als Abfall produzieren muß, aus der Biosphäre wieder abgeführt werden kann, und dies verlangt Differenzierung mit Achtung und Schutz aller Eigenart, weil eine uniforme Art von einem einzigen Virus, eine uniforme Menschheit von einem einzigen kulturellen Virus zerstört werden kann.

Zu alledem bedarf es jener dritten Evolution, um die Limitationen unserer sensorischen wie sprachlichen Ausstattung durch Kenntnis zu übersteigen. Dieser Erkenntnisweg hat natürlich schon lange begonnen und ist vom Greifbaren bis zu den Gesetzen der Materie in die Tiefe, bis zu den Gesetzen des Kosmos hinaufgestiegen. Der Weg unserer Erklärungen läuft von jenen umfassendsten Theorien wieder dem Greifbaren entgegen und parallel mit den Bedingungen und der Schöpfungsgeschichte der Evolution.

Die Welt zieht nicht nur physisch durch uns hindurch. Wir haben die Chance, sie auch geistig durch uns hindurchziehen zu lassen. Dann könnte sich auch dieser Zauberlehrling der Evolution, anders als unser Käfer, selbst aus der Falle befreien, in die er geraten ist.

Literaturverzeichnis

BODAMMER, T. (1987): Philosophie der Geisteswissenschaft. München, Alber

BOLTZMANN, L. (1979): Populäre Schriften. Ausgewählt und eingeleitet von Engelbert Broda. Braunschweig-Wiesbaden, Vieweg und Sohn

BÜHLER, K. (1922): Handbuch der Psychologie I: Die Struktur der Wahrnehmung, Jena

BÜHLER, K. ([3]1930): Die geistige Entwicklung des Kindes. Jena, Fischer

CAMPBELL, D. (1966): Pattern matching as an essential in distal knowing. New York, Holt, Rinchart and Winston

CAMPBELL, D. (1974): Evolutionary epistemology. In: SCHILPP, P. (Hrsg.): The library of living philosophers, Vol. 14 I und II. The philosophy of Karl Popper. Lasalle, Open Court. 413–463

CAMPBELL, D. (1984): Evolutionary Epistemology. In Radnitzky G. und Bartley III W.W. (Hrsg.): Evolutionary Epistemology, Rationality and the Sociology of Knowledge. La Salle Ill.

CAPELLE, W. ([5]1968): Die Vorsokratiker. Stuttgart, Kröner

CARNAP, R. ([2]1961): Der logische Aufbau der Welt. Hamburg, Felix Meiner

CHOMSKY, N. (1959): Review of Skinner's verbal behavior. In: Language 3, 26–58

CRANACH, M. v. (1987): Makroskopische Ansichten. Essays über die Entwicklung der Welt, über den Menschen und die Gesellschaft. Forschungsberichte aus dem Psychologischen Institut der Universität Bern

DARWIN, CH. (1859): The origin of species by means of natural selection; or the preservation of favoured races in the struggle of live. London, John Murray

DARWIN, CH. (1868): The variation of animals and plants under domestication, 2 Bände. London, Methuen

DILTHEY, W. (1883): Einleitung in die Geisteswissenschaften. Neuauflage, Bd. I–VII (71 973). Göttingen, Vandenhoeck & Ruprecht

DITFURTH, H. v. (1976): Der Geist fiel nicht vom Himmel. Die Evolution unseres Bewußtseins. Hamburg, Hoffmann & Campe

DITFURTH, H. v. (1981): Wir sind nicht nur von dieser Welt. Naturwissenschaft, Religion und die Zukunft des Menschen. Hamburg, Hoffmann & Campe

DOBZHANSKY, T. ([3]1951): Genetics and the origin of species. Columbia Univ. Press, New York

DÖRNER, D. (1975): Wie Menschen eine Welt verbessern wollten und sie dabei zerstörten. In: Bild der Wissenschaft (1975), 298–253

EIBL-EIBESFELDT, I. (1970): Liebe und Haß. Zur Naturgeschichte elementaren Verhaltens. München, Piper

EIBL-EIBESFELDT, I. (1972): Der vorprogrammierte Mensch. Das Ererbte als bestimmender Faktor im menschlichen Verhalten. Molden, Wien

EIBL-EIBESFELDT, I. (1988): Der Mensch, das riskierte Wesen. Zur Naturgeschichte menschlicher Unvernunft. München-Zürich, Piper

EISLER, R. (^{4}1927–1930): Wörterbuch der philosophischen Begriffe. Berlin, Mittler & Sohn

ENGELS, E.-M. (1989) Erkenntnis als Anpassung? Eine Studie zur Evolutionären Erkenntnistheorie. Frankfurt/M., Suhrkamp

GAZZANIGA, M. und LEDOUX J. (1978): The integrated mind. New York, Plenum Press

GOETHE, J. W. v. (1795): Morphologische Schriften. Weimar, Böhlau

GRASSI, E. und UEXKÜLL, T. v. (1950): Von Ursprung und Grenzen der Geistes- und Naturwissenschaften. Bern, Franke

GUTTMANN, G. u. LANGER, C. (Hrsg.) (1990): Das Bewußtsein und seine Umwelt. Wiener Studien zur Wissenschaftstheorie 4. Wien, Österr. Staatsdruckerei

HAECKEL, E. (1905): Die Lebenswunder. Gemeinverständliche Studie über biologische Philosophie 2 Vol. Stuttgart, Kröner

HEMPEL, C. und OPPENHEIM, P. (1948): Studies in the logic of explanation. In: Philosophy of Science 15, 135–175

HELSPER (1989): Die Vorschriften der Evolution für das Recht. Köln, O. Schmidt

IRRGANG, B. (1993): Lehrbuch der Evolutionären Erkenntnistheorie. München, Reinhardt & Co. GmbH

KANT, I. (A: 1781, Ausgabe B: 1787): Kritik der reinen Vernunft. Abgedruckt in: I. KANT, Werkausgabe Bd. III u. IV. Frankfurt/M., Suhrkamp

KRAFT, J. (1934): Die Unmöglichkeit der Geisteswissenschaft. Leipzig, Buske

KULLMANN, W. (1982): Wesen und Bedeutung der ‚Zweckursache‘ bei Aristoteles. Berichte zur Wissenschaftsgeschichte 5, 25–39

LAMARCK, J. DE (^{2}1909): Zoologische Philosophie. Deutsch von H. SCHMIDT. (Französische Erstauflage 1809). Leipzig, Kröner

LANG, A. (1904): Das Kausalitätsproblem. 1: Geschichte des Kausalitätsproblems, Köln

LEIBNIZ, G. v. (1710): Essais de théodicée sur la bonté de Dieu, la liberté de l'homme et l'origine du mal. Deutsch: Die Theodizee (1879). Leipzig, Deutsche Buchhandlung

LENNEBERG, E. (1972): Die biologischen Grundlagen der Sprache. Frankfurt/M., Suhrkamp

LÉVI-STRAUSS, C. (1968): Das wilde Denken. Frankfurt, Suhrkamp

LINDSAY, P. H. und NORMAN, D. A. (^{2}1981): Einführung in die Psychologie.

304

Informationsaufnahme und -verarbeitung beim Menschen. Berlin-Heidelberg-New York, Springer

LORENZ, K. (1941): Kants Lehre vom Apriorischen im Lichte gegenwärtiger Biologie. Blätter für Deutsche Philosophie 15, 94–125

LORENZ, K. (1963): Haben Tiere ein subjektives Erleben? Jahrbuch der Techn. Hochschule München. In: Über tierisches und menschliches Verhalten, Band II. München, Piper. 359–374

LORENZ, K. (1963 a): Das sogenannte Böse. Zur Naturgeschichte der Aggression. Wien, Borotha-Schöler

LORENZ, K. (1965): Über tierisches und menschliches Verhalten, 2 Bände. München, Piper

LORENZ, K. (1973): Die Rückseite des Spiegels. Versuch einer Naturgeschichte menschlichen Erkennens. München-Zürich, Piper

LORENZ, K. (1973 a): Die acht Todsünden der zivilisierten Menschheit. München, Piper

LORENZ, K. (1974): Analogy as a source of knowledge. In: Les Prix nobels en 1973. The Nobel Foundation 1974, 176–195

LORENZ, K. (1983): Der Abbau des Menschlichen. München, Piper

LÜTTERFELDS, W. (Hrsg.) (1987): Transzendentale oder Evolutionäre Erkenntnistheorie. Darmstadt, Wissenschaftliche Buchgesellschaft

LÜTTERFELDS, W. (Hrsg.) (1993): Evolutionäre Ethik zwischen Naturalismus und Idealismus. Beiträge zu einer modernen Theorie der Moral. Darmstadt, Wissenschaftliche Buchgesellschaft

MACH, E. (1905): Erkenntnis und Irrtum. Leipzig, Barth

MAYR, E. (1942): Systematics and the origin of species. Columbia Univ. Press, New York

MITTELSTRASS, J. (Hrsg.) (ab 1980): Encyklopädie Philosophie und Wissenschafts-Theorie. Mannheim-Wien-Zürich, BI Wissenschaftsverlag

MONOD, J. (1971): Zufall und Notwendigkeit. Philosophische Fragen der modernen Biologie. München-Zürich, Piper

MORRIS, D. (1968): Der nackte Affe. München-Zürich, Droemer Knaur

NEURATH, O. (1931): Soziologie im Physikalismus. In: Erkenntnis 2, 393–431

OESER, E. (1987): Psychozoikum. Evolution und Mechanismus der menschlichen Erkenntnisfähigkeit. Berlin-Hambrug, Paul Parey

OESER, E. (1988): Das Abenteuer der kollektiven Vernunft. Evolution und Involution der Wissenschaft. Berlin-Hamburg, Paul Parey

PIAGET, J. (1975): Der Aufbau der Wirklichkeit beim Kinde. Gesammelte Werke, Band 2. Stuttgart, Klett

PIAGET, J. (1983): Biologie und Erkenntnis. Über die Beziehungen zwischen organischen Regulationen und kognitiven Prozessen. Frankfurt/M., Fischer

PÖLTNER, G. (1993): Eine Auseinandersetzung mit der Evolutionären Erkenntnistheorie. Stuttgart, Kohlhammer

POPPER, K. (1935, ⁵1973): Logik der Forschung. Tübingen, Mohr

305

POPPER, K. (1970): Objektive Erkenntnis. Ein evolutionärer Entwurf. Hamburg, Hoffmann und Campe

POPPER, K. (1979): Das Elend des Historizismus. Tübingen, Mohr

PUNTEL, L. (1983): Wahrheitstheorien in der neueren Philosophie. Darmstadt, Wissenschaftliche Buchgesellschaft

REMANE, A. (1951): Grundlagen des natürlichen Systems, der vergleichenden Anatomie und Phylogenetik. Königstein/Taunus, Koeltz

RESCHER, N. (1973): The coherence theory of truth. Oxford, Clarendon Press

RIEDL, R. (1975): Die Ordnung des Lebendigen. Systembedingungen der Evolution. Hamburg-Berlin, Paul Parey

RIEDL, R. (1976): Die Strategie der Genesis. Naturgeschichte der realen Welt. München-Zürich, Piper

RIEDL, R. (1977): A Systems-analytical approach to macroevolutionary phenomena. In: Q. Rev. Biol. 52, 351–370

RIEDL, R. (1978/79): Über die Biologie des Ursachen-Denkens – ein evolutionistischer, systemtheoretischer Versuch. In: Mannheimer Forum 78/79, 9–70

RIEDL, R. (1980): Biologie der Erkenntnis. Die stammesgeschichtlichen Grundlagen der Vernunft. Hamburg-Berlin, Paul Parey

RIEDL, R. (1980 a): Die Entwicklung des Begriffs vom taxonomischen Merkmal oder das Problem der Morphologie. Zool. Jb. Anat. 103, 155–168

RIEDL, R. (1980 b): Homologien; ihre Gründe und Erkenntnisgründe. Stuttgart, Verl. Dt. Zool. Ges., Gustav Fischer, 164–176

RIEDL, R. (1981, ⁴1986): Die Folgen des Ursachendenkens. In: WATZLAWICK, P. (Hrsg.): Die erfundene Wirklichkeit. München-Zürich, Piper 67–90

RIEDL, R. (1982): Evolution und Erkenntnis. München, Piper

RIEDL, R. (1982 a): Darwin, ein schlechter Darwinist? Naturwiss. Rundschau 9, 35. Jahrg., 365–368

RIEDL, R. (1983): The role of morpholoy in the theory of evolution. In: GRENE M. (Ed.): Dimensions of Darwinism. Cambridge, University Press

RIEDL, R. (1985): Die Spaltung des Weltbildes. Biologische Grundlagen des Erklärens und Verstehens. Hamburg-Berlin, Paul Parey

RIEDL, R. (1987): Begriff und Welt. Biologische Grundlagen des Erkennens und Begreifens. Hamburg-Berlin, Paul Parey

RIEDL, R. (1987 a): Kultur – Spätzündung der Evolution? München, Piper

RIEDL, R. (1988): Der Wiederaufbau des Menschlichen. Wir brauchen Verträge zwischen Natur und Gesellschaft. München, Piper

RIEDL, R. (1988 a): Über die Realitätsformen von Natur- und Denkgesetzen. Oder die Biologie von Korrespondenz und Kohärenz. In: OESER, E. und BONET, E. M. (Hrsg.): Das Realismusproblem. Wiener Schriften zur Wissenschaftstheorie, Band 2. 55–74

RIEDL, R. (1988 b): Die Realität des Katers „Tom" und biologischer Entitäten überhaupt. In: OESER, E. und BONET, E. M. (Hrsg.): Das Realitätsproblem. Wiener Studien zur Wissenschaftstheorie, Band 2. 253–269

306

RIEDL, R. (1991): Schrödingers Negentropie-Begriff und die Biologie. In: Zeitschr. f. Wissensch.forschung 6 Hrsg: Ludwig Boltzmann Inst. f. Wiss. Forschung. Erwin Schrödingers Beiträge zur Philosophie, Wiss. Theorie und Weltanschauung. Literas Univ. Verlag Wien. 53–65.

RIEDL, R. (1992): Wahrheit und Wahrscheinlichkeit. Biologische Grundlagen des Für-Wahr-Nehmens. Hamburg-Berlin, Paul Parey

RIEDL, R. (1992 a): Bewußtsein, systemisch und evolutionär gesehen. In: GUTTMANN, G. und LANGER, H. (Hrsg.): Das Bewußtsein. Multidimensionale Entwürfe. Wiener Studien zur Wissenschaftstheorie, Band 4, 135–162

RIEDL, R. (1992 b): Bedingungen der Evolution zum Bewußtsein. In: GUTTMANN, G. und LANGER, H. (Hrsg.): Das Bewußtsein. Multidimensionale Entwürfe. Wiener Studien zur Wissenschaftstheorie, Band 4, 163–180

RIEDL, R. (1994): Deficiencies of adaptation in human reason. A constructivistic extension of evolutionary epistemology. In Vorbereitung (Evolution and Cognition)

RIEDL, R. (1994): Goethe and the path of discovery. An anniversary. In Vorbereitung (Evolution and Cognition)

RIEDL, R., ACKERMANN, G. und HUBER, L. (1992): A ratiomorphic problem solving strategy. In: Evolution and Cognition 2, (1992) 23–61.

RIEDL, R. und DELPOS, M. (Hrsg.) (1994): Die Evolutionäre Erkenntnistheorie im Spiegel der Wissenschaften (in Vorbereitung)

RIEDL, R., HUBER, L. und ACKERMANN (1991): Rational versus ratiomorphic strategies in human cognition. In: Evolution and Cognition 1 (1991) 71–88.

RIEDL, R. und LÜFTENEGGER, P. (1991): Umweltbildungscharta unter besonderer Berücksichtigung der kurz-, mittel- und langfristigen Ziele der ökologischen Entwicklung im Rahmen der Bildungspolitik. Typoscript, Ministerium für Unterricht Wien

RIEDL, R. und WUKETITS, F. M. (Hrsg.) (1987): Die Evolutionäre Erkenntnistheorie. Bedingungen – Lösungen – Kontroversen. Hamburg-Berlin, Paul Parey

RITTER, J. (Hrsg.)(ab 1971): Historisches Wörterbuch der Philosophie. Basel-Stuttgart, Schwabe

ROHRACHER, H. (1946): Einführung in die Psychologie. Wien-München-Berlin, Urban u. Schwarzenberg

SANDKÜHLER, H. J. (Hrsg.)(1990): Europäische Enzyklopädie zu Philosophie und Wissenschaft. Hamburg, Meixner

SCHMIDT, H. (^{2}1991): Philosophisches Wörterbuch. Stuttgart, Kröner

SCHMIDT, S. J. (Hrsg.) (1987): Der Diskurs des radikalen Konstruktivismus. Frankfurt/M., Suhrkamp

SCHRÖDINGER, E. (1957, ^{6}1977): Was ist Leben? München, Leo Lehnen. Original-Ausgabe: (1944) What is life? Mind and Matter. London, Cambridge Univ. Press.

SCHWABL, H. (1958): Weltschöpfung. In: Paulys Realencyklopädie der klassischen Altertumswissenschaften. Suppl. Band IX, 1–142. Stuttgart, Druckenmüller

SIMPSON, G. (1952): The meaning of evolution. Yale Univ. Press, New Haven

SNOW, C. (1967): Die zwei Kulturen. Stuttgart, Klett

STEGMÜLLER, W. (1971): Das Problem der Induktion. Humes Herausforderung und moderne Antworten. In: LENK, H. (Hrsg.): Neue Aspekte der Wissenschaftstheorie. Braunschweig, Vieweg, 13–74

STEGMÜLLER, W. (1974): Der sogenannte Zirkel des Verstehens. In: HÜBNER, K. u. HENNE, A. (Hrsg.): Natur und Geschichte. Hamburg, Rowohlt, 21–46

STIRNER, M. (1845, ²1866): Der Einzige und sein Eigentum. Stuttgart, Reclam

TEILHARD DE CHARDIN, P. (1959): Der Mensch im Kosmos. München, Beck

VOLLMER, G. (1975) Evolutionäre Erkenntnistheorie. Stuttgart, Hirzel

VOLTAIRE (1759): Candide ou l'optimisme. Genf, Cramer

VORLÄNDER, K. (¹⁰1990): Geschichte der Philosophie. 3 Bände, Reinbek bei Hamburg, Rowohlt TB.

WAGNER, G. (1983): Über die logischen Grundlagen der evolutionären Erkenntnistheorie. In: LORENZ, K. und WUKETITS, F. M. (Hrsg.): Die Evolution des Denkens. München, Piper. 199–214

WAGNER, G. (1983): On the necessity of a systems theory of evolution and its population biologic foundation. Comments on Dr. Regelmann's Article. In: Acta Biotheoretica 32. 223–226

WAGNER, G. (1984): The logical basis of evolutionary epistemology. In: WUKETITS, F. M. (Hrsg.): Concepts and approaches in evolutionary epistemology. Boston, Reidel. 285–307

WAGNER, G. (1985 a): Über populationsgenetische Grundlagen einer Systemtheorie der Evolution. In: WAGNER, G., OTT, J. und WUKETITS, F. M. (Hrsg.): Evolution, Ordnung und Erkenntnis. Berlin-Hamburg, Parey, 97–111

WAGNER, G. (1986): The systems approach: An interface between development and population genetic aspects of evolution. In: RAUP, D. M. and JABLONSKI, D. (Hrsg.): Patterns and processes in the history of life. Dahlem Konferenzen. Berlin-Heidelberg, Springer

WAGNER, G., KRATKY, K. und ACKERMANN, G. (1992): A probabilistic model for the discrimination between periodic and non-periodic series of events. In: Evolution and Cognition 2 (1) 1–22

WALLACE, A. R. (1855): On the law which has regulated the introduction of new species. In: Annals and Magazine of Natural History 16, 184–196

WALLACE, A. R. (1866): The Darwinism. Deutsch von D. Braus, Braunschweig, Vieweg (1891)

WEIZSÄCKER, C. F. v. (³1977): Der Garten des Menschlichen. Beiträge zur geschichtlichen Anthropologie. München-Wien, Hanser

WEIZSÄCKER, C. F. v. (³1982): Die Einheit der Natur. München, dtv

WHORF, B. (²1976): Sprache, Denken, Wirklichkeit. Beiträge zur Metalinguistik und Sprachphilosophie. Reinbek bei Hamburg, Rowohlt

WICKLER, W. (1969): Sind wir Sünder? Naturgesetze der Ehe. München, Droemer Knaur

WICKLER, W. (1981): Biologie der 10 Gebote. München, Piper

WIMMER, M. und PERNER, J. (1979): Kognitionspsychologie. Stuttgart-Berlin-Köln-Mainz, Kohlhammer

WITTGENSTEIN, L. (1921, ³47): Tractatus logico-philosophicus. London, Paul-Trench-Trubner

WRIGHT, G. H. v. (1974): Erklären und Verstehen. Frankfurt, Fischer Athenäum TB.

WUKETITS, F. M. (1978): Wisssenschaftstheoretische Probleme der modernen Biologie. Berlin, Duncker u. Humblot

WUKETITS, F. M. (1981): Biologie und Kausalität. Biologische Ansätze zu Kausalität, Determination und Freiheit. Hamburg- Berlin, Parey

WUKETITS, F. M. (1983): Biologische Erkenntnis: Grundlagen und Probleme. Stuttgart

WUKETITS, F. M. (1993): Verdammt zur Unmoral. München, Piper

Marvin Harris
Fauler Zauber
Unsere Sehnsucht nach der anderen Welt
Aus dem Amerikanischen übersetzt von Ulrich Enderwitz
274 Seiten, gebunden mit Schutzumschlag,
ISBN 3-608-93132-5

Marvin Harris läßt sich nichts so leicht erzählen. Während andere sich
an den Mythen und Geheimnissen in fremden Kulturen berauschen,
hält er sich an die Tatsachen des Lebens, mit denen die Menschen
überall konfrontiert sind. Statt Wunder sieht er Rätsel, und statt die
Magie zu Hilfe zu rufen, sucht er nach plausiblen Erklärungen.
Ob es sich um die heilige Kuh oder die Verächter des Schweins
handelt, um den Krieg bei den sogenannten Primitiven, um den Wilden
Mann, um Potlatch, Cargo-Kult, Messiasgestalten oder Hexenwahn:
Harris fragt nach den lebenspraktischen Gründen, die zu solchen
irrationalen Kulten führen. Er bleibt bei seinem Gang durch die Welt
immer auf dem Boden dessen, was Sache ist, und stößt dadurch auf
Erklärungen für viele Märchen, die wir uns in unserer Vorliebe für
Mythen und Geheimnisse gerne erzählen.

Klett-Cotta

Etienne Klein
Gespräche mit der Sphinx
Aus dem Französischen übersetzt von Hans Günter Holl
183 Seiten, Leinen mit Schutzumschlag
ISBN 3-608-93188-0

Was die einen als Warnung abschreckt, ängstigt oder lähmt, spornt die
anderen erst richtig an. Das gilt, so Etiennne Klein, auch für die
Wissenschaft. Klein zufolge sind Paradoxien - fundamentale Widersprüche - in der Physik oder gar mathematischen Logik mit
»ausweglosen« Lebenssituationen vergleichbar. Entweder die Ratio
kapituliert vor ihnen; oder sie überwindet den Bruch in ihrer Struktur
und gelangt auf ein höheres Niveau mit allgemeineren Gesetzen - und
neuen, subtileren Widersprüchen. Paradoxien sind janusköpfig. Wie
das Leben ohne Staunen verarmt, so verarmt die Wissenschaft ohne
die Offenheit der Neugier.
Von den sieben Paradoxa, die Klein in seinem Buch darstellt, stammen
fünf aus einer Hochzeit der modernen Physik: das Problem des Welle-
Teilchen-Dualismus, das Zwillingsparadoxon der speziellen
Relativitätstheorie, Schrödingers Katze als Paradox der
Quantenphysik, das EPR-Paradox, von Einstein gegen die gängige
Deutung der Quantenmechanik ins Feld geführt, und die Paritäts-
verletzung der Elementarteilchenphysik. Zwar sind diese Paradoxien
inzwischen formal gesehen überwunden; sie bleiben aber irritierend,
nicht zuletzt weil sie zeigen, daß zwischen mathematischen
Formalismen und unserem begrifflichen Denken eine unüberbrückbare
Kluft verläuft. Zwei ältere Paradoxa verknüpfen jedoch das lebendige
Staunen so tief mit der wissenschaftlichen Neugier, daß sie bis heute
nicht gelöst sind - das Problem des »dunklen Nachthimmels« und die
Frage der »Zeitrichtung«

Klett-Cotta

Geoffrey Hawthorn
Die Welt ist alles, was möglich ist
Über das Verstehen der Vergangenheit
Aus dem Englischen übersetzt von Ulrich Enderwitz
220 Seiten, Leinen mit Schutzumschlag,
ISBN 3-608-91634-2

Wie hätten die Dinge ausgesehen, wenn ..? Antworten auf diese Frage
werden als kontrafaktische Aussagen bezeichnet; ihre Analyse ist
Thema in der analytischen Philosopie, in der Geschichtsschreibung
und in den Sozialwissenschaften.
Die menschliche Welt ist zum Teil durch 'praktische Vernunft'
konstituiert, das heißt durch praktische Überlegungen einzelner
Akteure. Deshalb kann die Frage nach möglichen Welten nur durch
konkrete Fälle beantwortet werden. Geoffrey Hawthorn wählt als
Beispiele: die Ausbreitung und Bekämpfung der Pest im modernen
Europa sowie eheliche Fruchtbarkeit im ländlichen Frankreich und
England des 17. und 18. Jahrhunderts; die Teilung Koreas nach dem
Zweiten Weltkrieg; die Malerei Duccios in Florenz und Siena.
Er zieht die einschlägige Literatur heran und untersucht die Rückwir-
kung seines relativierenden Ansatzes auf allgemein anerkannte
Beschreibungen, die den Erklärungen zugrundeliegen. Sein Buch, das
in allen Punkten darauf angelegt ist, Gewißheitsansprüche von
Erklärungen einzuschränken, führt zu einem neuen Verständnis von
Erklären und Verstehen.

Klett-Cotta